一课研究丛书·图形与几何系列

主编　朱乐平

长方体的认识、表面积和体积教学研究

徐雪霞　吕琼华　严　虹◎著

教育科学出版社
·北　京·

出 版 人　所广一
策划编辑　郑　莉
项目统筹　郑　莉
责任编辑　刘　灿　杨建伟
版式设计　宗沅雅轩　贾艳凤
责任校对　贾静芳
责任印制　叶小峰

图书在版编目（CIP）数据

长方体的认识、表面积和体积教学研究／徐雪霞，吕琼华，严虹著．—北京：教育科学出版社，2014.1（2018.4 重印）
（一课研究丛书／朱乐平主编．图形与几何系列）
ISBN 978－7－5041－8218－0

Ⅰ．①长…　Ⅱ．①徐…　②吕…　③严…　Ⅲ．①几何课—教学研究—小学　Ⅳ．①G623.502

中国版本图书馆 CIP 数据核字（2014）第 017054 号

一课研究丛书・图形与几何系列
长方体的认识、表面积和体积教学研究
CHANGFANGTI DE RENSHI、BIAOMIANJI HE TIJI JIAOXUE YANJIU

出版发行	教育科学出版社		
社　址	北京・朝阳区安慧北里安园甲 9 号	**市场部电话**	010－64989009
邮　编	100101	**编辑部电话**	010－64981151
传　真	010－64891796	**网　址**	http://www.esph.com.cn
经　销	各地新华书店		
制　作	北京金奥都图文制作中心		
印　刷	保定市中画美凯印刷有限公司		
开　本	169 毫米×239 毫米　16 开	**版　次**	2014 年 1 月第 1 版
印　张	17.25	**印　次**	2018 年 4 月第 3 次印刷
字　数	254 千	**定　价**	42.00 元

丛书序

这是一套什么样的书？

你见过对一节课的研究形成一本十几万字的学术专著吗？

你见过查阅百年来课标（大纲）后综述对一节课的教学要求吗？

你见过对一节课的内容进行国内外多个版本教材比较吗？

你见过对主要杂志上关于一节课的研究成果进行综述吗？

你见过根据一节课的内容给出许多个不同的教学设计吗？

你见过对一节课的研究形成系列校本教研的活动方案吗？

你见过以作者与读者互动对话的形式写成的学术专著吗？

本丛书将让你见到上面所有的“样子”。

《一课研究丛书·图形与几何系列》（以下简称“丛书”）是对课的研究。其中的每一本都是围绕小学数学“图形与几何”领域的一节课（或两三节相关的课）进行多视角系统研究而形成。

研究的内容主要根据教师的课堂教学实践与理论水平提高的需要来确定。主要维度如下：

1. 数学知识维度。数学老师要上好一节课，就应该比学生有更多关于这节课的数学知识，即“上位数学知识”。它是指超越了小学数学一节课的内容，在初中、高中（或中等师范学校）以及大学数学中出现的相关数学知识。很显然，没有上位数学知识是无法上好一节课的，但只有上位的数学知识也远远不够，还必须能够从中获得教学的启示。也就是说，要把围绕一节课的上位数学知识与小学数学紧密结合，指导小学数学教学。这一维度的研究主要解决老师在知识上的“一桶水”问题。

2. 课程标准（教学大纲）维度。从理论上说，一个教师有了数学知识以后，首先要关注的就是课程标准（教学大纲）。这是因为数学课程标准（教学大纲）是一个规定了数学学科的课程性质、目标、内容和实施建议的教学指导性文件。对一节课展开研究应该从最高的纲领性文件入手，明确这节课的目标定位。丛书中所涉及的每一节课，其作者都查阅了自20世纪初到现在的一百多年来国内所有和国外部分数学课程标准（教学大纲），从标准的视角，展现出一节课教学要求的历史沿革过程并从中获得启示。

3. 教材比较维度。数学教材为学生学习一节课的内容提供了基本线索和知识结构，它是重要的数学课程资源。丛书对一节课的教材从多个角度进行比较研究。从时间的角度看，进行了纵向与横向比较研究。纵向比较研究是对不同时期出版的教材进行比较，特别是对同一个出版社或同一个主编不同时期编写的教材进行多角度比较，从历史的沿革中感悟一节课不同时期的编写特点；横向比较研究是对同一时期出版的多种不同版本教材进行比较。从地域的角度看，进行了中国大陆与港、澳、台教材的比较，以及国内外教材的比较。教材比较研究可以为研究这节课或去给小学生上这节课的老师开阔视野，帮助找到更多有价值的课程资源。丛书的每一本不但在正文中对教材进行了比较，而且还在附录中完整呈现了多个版本的相关教材，供读者进一步研究参考。

4. 理论指导维度。我们知道，没有实践的理论是空虚的，没有理论的实践是盲目的。要上好一节课，自然需要理论的指导。奇怪的是，虽然有许多教育理论，但要真正系统地指导一节课的时候，特别是要指导一节课进入实践操作时，却又常常是困难的。丛书在数学教育理论指导课堂教学方面做了探索，努力做到让理论进入课堂教学实践，使得实践者能够真正感受到理论的力量。

5. 学生起点维度。学生是学习的主体，要进行一节课的教学，自然要研究学生的起点。丛书不仅阐述了如何了解学生起点的方法，而且还围绕一节课的学习，对学生起点情况进行分析与研究，以便更好地进行教学设计。

6. 教学设计维度。有了上述五个维度的研究后，我们就可以进入教学设计的研究维度。丛书首先对一节课的教学设计进行综述，就是把散见在多种重要杂志和专著上的教学设计成果进行整理（比如，查阅《小学数学教师》《小学教学》等刊物自创刊以来的全部内容），试图明确这节课迄今为止的所有研究成果。然后再根据学生的情况和多个不同的角度设计出新的不同的教学过程。这些新的教学设计都可以直接进入课堂教学实践。

7. 课堂教学维度。有了教学设计就可以进入课堂教学研究。这一维度主要是对一节课进行课堂教学的观察与评价，具体阐述了如何从多个角度了解教师与学生的情况，如何对教师的教与学生的学进行观察与评价。

8. 课后评价维度。课后评价维度是指在学生学习了一节课以后，对学生的学习情况进行了解与评价。丛书主要从情感态度与“四基”（基础知识、基本技能、基本思想、基本活动经验）内容两大方面，对学生进行测查评价，包括如何进行课后测查与访谈，学生容易掌握的内容和容易出错的地方的调查与研究，等等。

9. 校本教研维度。校本教研的重要性不言而喻。丛书主要围绕一节课提供校本教研的活动方案。即提供了老师们对一节课开展系列研究的活动方案，以便在更广的范围内对一节课进行全面深入系统的研究。

上述九个维度是丛书研究的基本视角，丛书中每一本书的作者还会根据课的具体内容与特点有所侧重地展开研究。所以，每本书既有自己的个性，又有丛书的共性。

从写作形式来说，丛书中每一本书的目录基本都采用了问题形式，以便读者能够快速查到自己感兴趣的内容。正文中的阐述方式采用了平等对话的形式，并提出了一些问题让读者思考。这样的写作形式，试图拉近作者与读者的距离，增加读者的参与度，让读者更感亲切。

这套书是如何形成的？

时间与人员：丛书撰写历时五年。丛书作者25人，有省特级教师、省优秀教师、省市教坛新秀和骨干教师。他们都是“朱乐平小学数学名师工作室”的成员，是经过自愿报名、笔试、面试后，在众多的报名者中脱颖而出者。

目标与问题：丛书撰写的目标是为了与大家分享成果，试图在分享中促进数学老师的专业发展，让更多的老师能够减轻工作负担，提高数学教学水平。如何真正促进数学教师的专业发展？有人说，要“实践—认识—再实践—再认识”。这很正确，但任何一个专业要发展都应该如此。也有人说，要“多读书，多交流”。这很对，但对所有专业的发展都适用。还有人说，要“多实践，多反思”。这也很有道理，但缺少了教师专业发展的特点。

观念与操作：通过课例研究，促进专业发展——这是具有教师职业特点的专业发展之路。数学教师主要通过一节课一节课的教学体现出自己的专业水平，学生主要通过一节一节数学课的学习而成长。可见，对一节节课进行研究的重要性怎么强调都不会过分。数学教师通过一节一节课的研究定能提高自己的专业水准，而研究出的成果又可以与同行分享，并有可能减轻同行的工作负担。正是基于上面的这些想法，我们才花五年时间写出了这套丛书，希望同行们能够从中得到一些启迪。

由于水平所限，书中一定存在不足甚至错误，敬请读者批评指正。

朱乐平

2013年7月于杭州

目　录

上篇　长方体认识的教学研究

2 教材比较研究

3 教学设计研究

4 学生课堂前测分析

5 学生常见错误研究

下篇　长方体体积的教学研究

1　课程标准(教学大纲)研究

2　教材比较研究

3 学生课堂前测分析

4 教学设计研究

5 学生课堂后测分析

上篇　长方体认识的教学研究

1 上位数学知识研究
2 课程标准（教学大纲）研究
3 教材比较研究
4 学生课堂前测分析
5 教学设计研究
6 学生常见错误研究
7 校本教研活动方案

1

上位数学知识研究

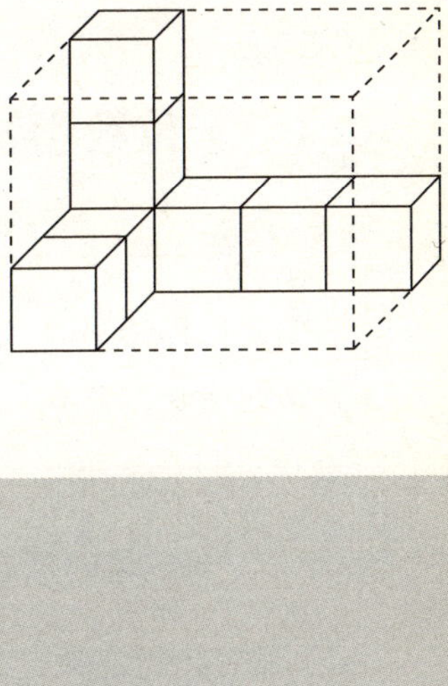

长方体（如果没有特别说明，凡是单独提及长方体之处均包括特殊的长方体——正方体，全书同）是小学阶段几何教学中学生首次接触到的立体图形。对于小学教师来讲，不仅要了解小学教材中所涉及的有关长方体的知识，同时也需要了解和长方体有关的上位数学知识，这里所说的上位数学知识主要是指初中、高中（中等师范学校）和大学的数学知识。小学数学教师只有具备扎实的数学知识基础，才有可能在教学中游刃有余，真正满足学生的学习需求。

思考

一个小学数学教师在进行“长方体的认识”教学时，需要具备哪些数学知识?

1.1 上位数学知识与解读

思考

你还记得读书时，长方体和正方体的概念是如何定义的吗? 如果现在请你给长方体和正方体下个定义，你会如何表达?

长方体的概念是怎样定义的?

长方体的定义有多种不同的表达方式，下面列举几种。

① 定义 1：底面是矩形的直平行六面体叫作长方体。(郁汉冲 等，2013)[306]

② 定义 2：用长方形围成的物体是长方体。(张天孝，2008)

③ 定义 3：长方体是由 6 个长方形（特殊情况有两个相对面是正方形）围成的立体图形。(卢江 等，2007)[28]

正方体的概念是怎样定义的?

正方体的定义也有多种不同的表达方式，下面列举几种。

① 定义 1：正方体是长、宽、高都相等的长方体。（王宁，2006）

② 定义 2：棱长都相等的长方体叫作正方体。（郁汉冲 等，2013）[307]

③ 定义 3：正方体是由 6 个完全相同的正方形围成的立体图形。（卢江 等，2007）[30]

如何理解长方体和正方体的定义？

> **思考**
>
> 上述几种长方体和正方体的定义你是怎么理解的？你认为这些定义可以提炼出哪几个关键词？如果让你去引导他人理解这些定义，你会怎么做？

我们可以通过以下几个问题的提出和解答，来理解长方体和正方体的定义。

（1）什么是棱柱？

有两个面互相平行，其余各面都是四边形，并且每相邻两个四边形的公共边都互相平行，由这些面所围成的多面体叫作棱柱。棱柱的结构特征通俗地讲是“两头一样平，上下一样粗”。图 1－1 中的三个立体图形都是棱柱。

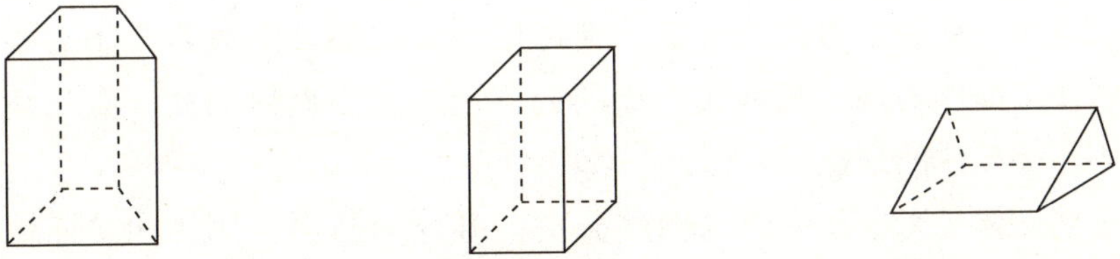

图 1－1

棱柱中，两个互相平行的面叫作棱柱的底面，简称底；其余各面叫作棱柱的侧面；相邻侧面的公共边叫作棱柱的侧棱；侧面与底面的公共顶点叫作棱柱的顶点。（王申怀，2005）

思考

根据棱柱的定义想一想，图 1－1 中的三个立体图形为什么都是棱柱？请分别指出这三个棱柱的底面、侧面、侧棱和顶点。

（2）什么是直棱柱？

按照不同的标准棱柱可以有不同的分类方法。

如果按侧棱和底面的关系进行分类，可以分成斜棱柱和直棱柱。其中侧棱与底面不垂直的棱柱叫作斜棱柱；侧棱与底面垂直的棱柱叫作直棱柱；底面是正多边形的直棱柱叫作正棱柱。如果按底面多边形的边数进行分类，底面是三角形、四边形、五边形……的棱柱分别叫作三棱柱、四棱柱、五棱柱……（王后雄，2012）[2]

现在你一定知道什么叫直棱柱了吧！

思考

1. 图 1－1 中的三个棱柱里，哪几个是直棱柱？为什么？
2. 将图 1－1 中的三个棱柱按底面多边形的边数进行分类，可以分成几类？你是怎么分的？

（3）什么是多面体？

由若干个平面多边形围成的几何体叫作多面体。围成多面体的各个多边形叫作多面体的面；相邻两个面的公共边叫作多面体的棱；棱与棱的公共点叫作多面体的顶点。（薛金星，2010）

按多面体是否在任一面的同侧分类，可分为凸多面体和凹多面体；按多面体的面数可以分为四面体、五面体、六面体……

（4）什么是平行六面体？

底面是平行四边形的棱柱叫作平行六面体。（刘锡宝，2012）

（5）什么是直平行六面体？

侧棱与底面垂直的平行六面体叫作直平行六面体。（刘锡宝，2012）

思考

1. 你能用集合图来表示棱柱、平面六面体、直平行六面体和长方体之间的关系吗?
2. 了解了棱柱、直棱柱、多面体这些概念后，请你再读一读以上长方体和正方体的定义，思考每一种定义是否恰如其分地呈现了概念的内涵和外延?

长方体和正方体概念属于哪种定义方式?

属差式与发生式是两种重要的定义方式。用属差式定义的方法来定义概念，一般采用“邻近的种概念 + 属差”的形式，而且种概念必须是邻近的，属差既是被定义概念的属性，又是它的同位属概念中所没有的。发生式定义的方法一般用事物的发生或形成过程中的属性作为属差，定义时突出其“形成过程”这一特点。

思考

上文中长方体和正方体的定义各是用了哪一种定义方式，请你具体地说一说。

长方体的三个定义中，定义 1 采用了属差式定义方法。我们可以找出这个定义中的属差、种概念和被定义概念。

定义 1：底面是矩形（属差）的直平行六面体（种概念）叫作长方体（被定义概念）。

定义 2、定义 3 则采用了发生式的定义方法。

正方体的三个定义中，定义 1、定义 2 都采用了属差式的定义方法，定义 3 则采用了发生式的定义方法。

思考

请你分别说一说正方体的定义 1、定义 2 中的属差、种概念和被定义概念。

在现行的小学数学教材中，很多版本并没有对长方体和正方体的概念下定义，而是采用形象的描述或举例说明的方法。这是考虑到在小学阶段学生的知识水平和接受能力而采取的处理方法，但是作为小学数学教师或小学数学教学的研究者，应该十分清楚地知道长方体和正方体的明确定义。

长方体和正方体有什么特征?

（1）长方体有什么特征?

长方体的特征可以这样表述：有 6 个面，每个面都是长方形，相对面大小形状相同；有 12 条棱，平行的四条棱长度相等；有 8 个顶点；相邻的两条棱互相垂直。

（2）正方体有什么特征?

正方体的特征可以这样表述：有 6 个面，每个面都是正方形且大小完全相同；有 12 条棱，每条棱长度相等；有 8 个顶点；相邻的两条棱互相垂直。

思考

请你读一读棱柱、长方体和正方体的特征，你认为正方体具有长方体的特征吗？长方体具有棱柱的特征吗？

长方体和正方体如何表示?

一般来说，我们用表示棱柱的底面各顶点的字母表示棱柱，也可以用棱柱的一条对角线两端的字母表示棱柱，长方体是棱柱的一种，因此我们也可以用表示棱柱的方法来表示长方体。图 1－2 的长方体可以表示成长方体 $ABCD-A_1B_1C_1D_1$，也可以表示成长方体 AC_1。（王后雄，2012）[2] 同样，图 1－3 的正方体可以表示成正方体 $EFGH-E'F'G'H'$，也可以表示成正方体 EG'。

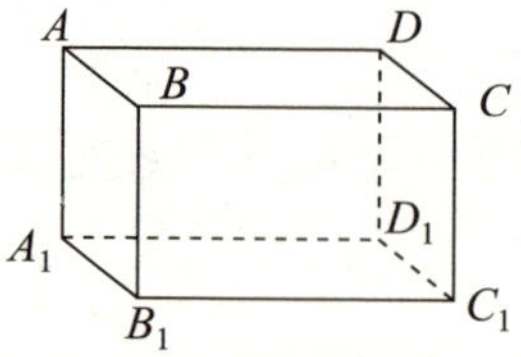

图 1－2

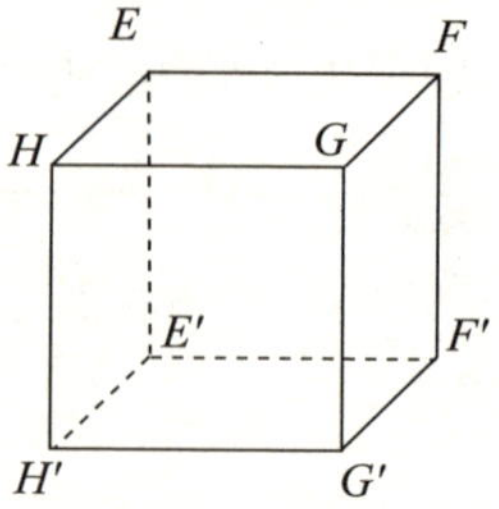

图 1－3

长方体和正方体的其他知识

（1）长方体和正方体的表面积

棱柱的表面积就是各个面的面积之和，因此我们可以把它们展开成平面图形，利用平面图形求面积的方法求立体图形的表面积。棱柱的表面积等于它的侧面积与两底面面积之和。棱柱的侧面积即把棱柱的侧面沿一条侧棱剪开后展开在一个平面上，侧面展开图的面积就是侧面积。

长方体和正方体都是直棱柱的一种，因此可以用棱柱的表面积计算方法来计算长方体和正方体的表面积。（王后雄，2012）[23]

如果长方体的长、宽、高分别为 a、b、c，那么长方体的表面积为 $S_{长方体表}=2\ (ab+ac+bc)$。

如果正方体的棱长为 a，那么正方体的表面积为 $S_{正方体表}=6a^2$。（王后雄，2012）[24]

（2）长方体和正方体的体积

体积是包含在一个立体内的空间的总量的度量。

棱柱的体积等于它的底面积 S 和高 h 的乘积，即 $V_{棱柱}=Sh$。

长方体和正方体都是直棱柱，因此棱柱的体积公式仍适用于长方体和正方体。

如果长方体的长、宽、高分别为 a、b、c，那么长方体的体积为 $V_{长方体}=abc$。

如果正方体的棱长为 a，那么正方体的体积为 $V_{正方体}=a^3$。

思考

上面我们一起交流了长方体和正方体的上位数学知识，你觉得一个小学数学教师了解了上面这些知识后，对教学“长方体和正方体的认识”会有帮助吗？如果有，有哪些帮助？

1.2 上位数学知识对长方体认识教学的启示

了解长方体和正方体的上位数学知识，能使我们更进一步明确长方体和正方体概念的含义及其本质属性，同时对学生在课堂上的各种表述，能够比较好地辨别与引导。长方体和正方体概念的上位知识对于在小学数学中教学长方体和正方体的认识的启示，我们可以通过回答下面的一些问题来表述。

长方体的本质属性是什么？

现行的小学教材都没有给出长方体概念的定义，而是呈现一些实物和图形，采用描述的方法告诉学生，像这样的物体或图形叫作长方体。但是作为小学教师必须清楚长方体概念的本质属性，以便在教学中能去除非本质属性，突出本质属性，更好地帮助学生来掌握概念。

那么，长方体和正方体的本质属性究竟是什么呢？从上文中各个不同的定义来看，无论从直棱柱的角度来思考，还是从直平行六面体的角度来思考，结合小学生的认知特征和年龄特征，最本质的一点是要掌握长方体是由六个长方形围成的立体图形，正方体是由六个正方形围成的立体图形。

当然为了更全面地认识长方体和正方体，我们还要从面的数量和大小、棱的数量和长度、顶点的数量三个角度来认识这两个立体图形：长方体有 6 个面，每个面都是长方形，相对面大小形状相同；有 12 条棱，平行的四条棱长度相等；有 8 个顶点。正方体有 6 个面，每个面都是正方形且大小完全相同；有 12 条棱，每条棱长度相等；有 8 个顶点。

选择哪些实物或图教学比较好？

思考

如果你上“长方体的认识”这节课，你会选择怎样的实物或图进行教学呢？

在小学数学教学中，我们常常要列举一些实物或出示一些实物图或图形，让学生直观地感知长方体的含义。那么我们应该选择怎样的物体或图让学生观察呢？当然首先应该选择可以突出长方体本质属性的物体，比如生活中常见的粉笔盒、牙膏盒、药盒、魔方、骰子等（见图1－4），出示的物体中最好既有长方体，又有正方体，这样可以让学生比对长方体物体的特征正方体物体是不是也具备，使其逐步感受长方体和正方体的关系。同时还可以出示一些不是长方体的物体或图形（见图1－5），让学生通过比较，发现长方体的本质属性。比如通过和长方形的比较，发现平面图形和立体图形的区别；通过和圆柱形状的茶叶罐的比较，发现侧面是平面与曲面的区别；通过和三棱柱的比较，发现长方体每个面都是长方形的特点；通过和棱台的比较，发现长方体相对面一样大的特点。在不断的比较与概括中，凸显出长方体的本质属性。当然还可以通过一般的长方体和正方体进行比较，掌握正方体的特殊性。

图1－4

图1－5

在对长方体的认识中，我们除了可以让学生观察和触摸实物，还可以采用动手操作的方法来感知长方体的特征。下面介绍“切一切”和“做一做”这两种被数学老师经常采用的方法。

（1）切一切

切一切是指将一个土豆（苹果、萝卜等）通过切割，变成一个长方体。切的活动很好地融入了长方体面、棱和顶点的知识点：切一刀出现面，切两刀出现棱，切三刀出现顶点。在切的过程中，感知相对面平行且相等，感受每组的四条棱一样高才能成为长方体；切好之后再来观察面、棱和顶点的数量以及它们的特征。这样的活动非常有趣，又能很好地将数学知识融合到实践活动中去，深受学生的喜爱。

（2）做一做

做一做是指将一些材料（不同长度的小棒、圆球）通过拼搭，做成一个长方体。圆球即长方体的顶点，小棒则是长方体的棱，选择不同长度的小棒成为长方体的长、宽、高。在实际做一个长方体的实践活动中感知长方体面、棱和顶点的特征。

思考

上文所述“切一切”和“做一做”两种操作活动在课堂教学实施过程中各有什么利弊？如果请你选择其中的一种，你会选择哪一种操作方法？为什么？

正方体和长方体有什么关系？

思考

你一定知道长方体和正方体的关系了吧？你会画一个怎样的图来表示它们之间的关系呢？

在立体几何中，正方体和长方体有各自的定义，从这两个概念的定义中，我们可以看到，当长方体的长、宽、高一样长，也就是 12 条棱都相等的时候，这个长方体也就变成了正方体。因此，我们可以说正方体是一种特殊的长方体，当然我们也可以说“长方体不一定是正方体，而正方体一定是长方体”。长方体和正方体可以用图 1 – 6 来表示它们的关系。

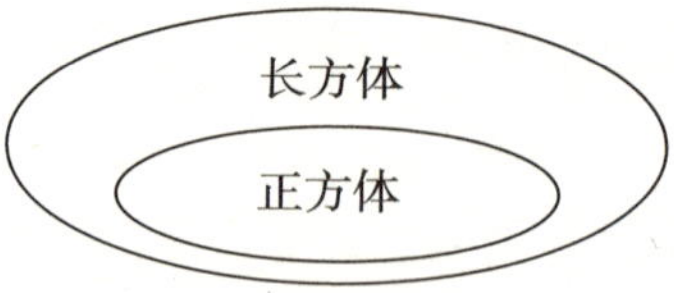

图 1 – 6

在小学低年级，由于学生的理解水平有限，学生往往将长方体和正方体区分开来，而随着年级的升高，他们慢慢具备了按照定义和特征去比对概念的属性和外延，也就能够逐步理解长方体和正方体的包含关系。因此，平时我们所说的长方体其实都包含正方体，而所说的正方体则单指正方体。

画图对学生理解概念有帮助吗?

思考

对于学生来讲，画平面图形比较容易，教材上对画长方形和正方形都有要求，长方体和正方体需要让学生来画一画吗？画图对学生理解概念有帮助吗?

学生画平面图形比较容易，可能是由于平面图形“所见即所得”的特征，将看到的画下来就可以了，并且学生画平面图形有一个从线到面的过渡。在画图的过程中，学生把握好边的长短和角的大小就能比较准确地将图形画出来。而长方体因为有长、宽、高三个维度，学生看到的、想到的和画出来的可能都不一致，因此难度比较大。但是画图对于学生理解概念肯定是有帮助的，特别是理解长方体面、棱和顶点的特征。从图 1 –7 中，我们可以很明显地看到 6 个面，相对面完全相等；看到 12 条棱，每组 4 条棱平行且相等；看到 8 个顶点。有时我们画图也会只画看得见的棱，如图 1 –8 所示。

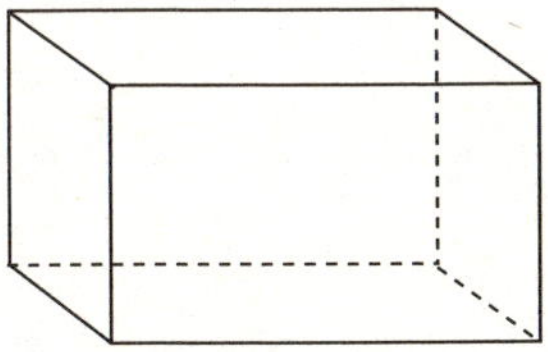

图 1 –7

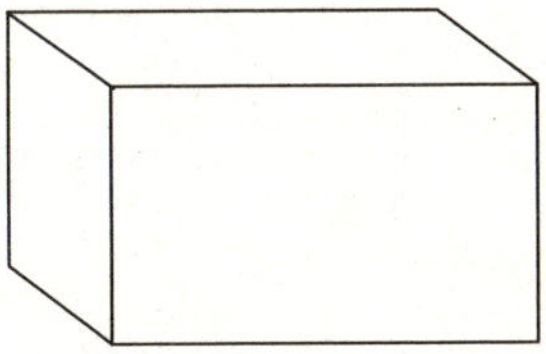

图 1 –8

那么学生画图的难度在哪里呢?

其一，长方体有 6 个面，图 1 –8 显示出来的是其中的三个相邻的面，这三个面的位置关系有些学生摆不好。

其二，长方体的面都是长方形，但是画出来的三个相邻面中至少有两个是平行四边形，有时还会出现三个面都是平行四边形的情况，如图 1 –9 所示。

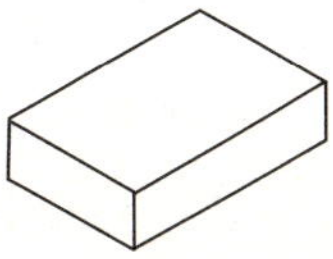

图 1 –9

其三，画平行四边形，学生有困难。

因此，尽管教材上对画图不做要求，但是在实际教学中，教师可以让学生多观察、多感知，尝试着画草图，了解面与面之间的空间关系，这对发展学生的空间观念以及后续学习长方体与正方体的体积和表面积都有帮助。

容易表达错误或不确切的语言有哪些?

思考

下文中我们收集了一些描述长方体和正方体相关知识的话，你读完每一句话时都思考一下，这句话是错的吗？理由是什么?

① 长方体是由 6 个长方形（特殊情况有两个相对的面是正方形）围成的立体图形。

辨析：长方体的相对面是完全一样的，因此 6 个长方形中就有可能存在两个面、四个面或者六个面是正方形的特殊情况。通过分析，我们发现只有四个面是正方形的长方体是不存在的，因此如果要在括号中说明特殊情况，就有两个相对面是正方形或六个面全是正方形两种特殊情况。如果仅如上文所述，则有可能割裂长方体和正方体的包含关系，将正方体排除在长方体之外。

因此，可以表达为："长方体是由 6 个长方形围成的立体图形。"

② 魔方玩具是正方体，而不是长方体。

辨析：正方体是一种特殊的长方体，如果一个物体（或图形）是正方体，则一定是长方体，而长方体不一定是正方体。

因此，可以表达为："魔方玩具是正方体，它是一种特殊的长方体。"

③ 一本数学书可以看作一个长方体，其中的一张纸可以看作是一个长方形。

辨析：数学书其中的一张纸也是一个长方体，只要是物体，都是有厚度的。假设一本有 100 张纸的数学书厚度是 1 厘米，那么每一张纸的厚度就是 0.01 厘米，所以这张纸是一个高为 0.01 厘米的长方体，而不是长方形。

因此，可以表达为："一本数学书可以看作一个长方体，其中的一张纸也是一个长方体。"

2

课程标准（教学大纲）研究

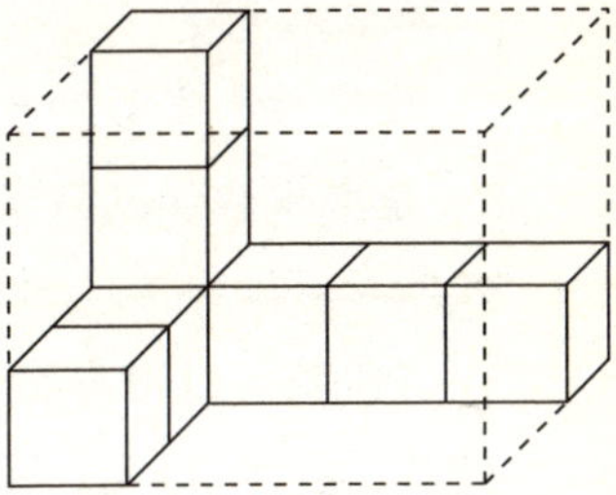

在20世纪的100年中，我们国家一共发布了二十几个课程标准或教学大纲这样的纲领性文件。2001年教育部颁布了《全日制义务教育数学课程标准（实验稿）》（简称实验稿课标），2011年教育部又颁布了《义务教育数学课程标准（2011年版）》（简称2011版课标），这也是沿用至今的课标。这些国家层面发布的文件对小学阶段学习“长方体的认识”这一教学内容会有一些怎样的要求呢？

2.1　课程标准（教学大纲）对长方体认识的教学要求

何时开始在小学进行长方体认识的教学？

思考

你觉得小学数学教学的内容是不断变化的吗？“长方体的认识”一直是小学数学的教学内容吗？

1902—1940年间的课标或相关文件中都没有提出有关“长方体的认识”的教学要求。1941年颁布的《小学算术科课程标准》提出在六年制第五学年中进行“正立方体的实测和计算、长立方体的实测和计算”的要求，而1948年颁布的《算术课程标准》在第五学年的纲要中第一次出现了“正方体、长方体的认识”的教学要求。

课程标准（教学大纲）中是如何安排教学年级的？

思考

翻阅你现在使用的教材，“长方体的认识”安排在哪个年级？从你任教至今，教学年级有没有调整过？如果有调整，你认为安排在哪个年级比较合适？

1941—2000年颁布的课标或大纲中，“长方体的认识”安排的教学年级详见表2－1。

表 2－1　“长方体的认识”安排的教学年级

颁布时间	五年制	六年制	颁布时间	五年制	六年制
1941 年	/	第五学年	1986 年	五年级	六年级
1948 年	/	第五学年	1988 年	四年级	五年级
1952 年	第四学年	/	1992 年	四年级	五年级
1956 年	/	第五学年	1994 年	五年级	五年级
1963 年	/	第五学年	2000 年	五年级	五年级
1978 年	四年级	/			

从表 2－1 中可以看出，从 1941 年起，六年制教材除 1986 年颁布的教学大纲放在六年级学习外，其余都放在五年级学习，而五年制的教材则在四年级和五年级之间反复调整。

1949 年至今的课程标准（教学大纲）提出了哪些教学要求？

思考

你小时候一定学过“长方体的认识”这一内容吧？你认为在小学阶段学习“长方体的认识”，会有哪些教学要求呢？

每个时期的课标或大纲对“长方体的认识”所提出的教学内容的描述都是不同的。

1952 年颁布的《小学算术教学大纲（草案）》在五年制第四学年第二学期中提出“认识体积、正方体和长方体及其面、边和角，并计算其表面积”的要求。具体教学建议：直观几何知识——在小学应使儿童认识正方形和长方形以及面积的求法，正方体和长方体以及体积的求法。这些形、体的特征、要素和计算方法，应在第四学年学习。但对这些形、体的初步认识和作图，应从第一学年就开始，因为它们是很有用的学习材料，并能帮助了解其他的问题（如乘法、分数等）。要使儿童认识几何形体，应充分应用直观教学的原则，使他们获得实际的经验。

1956 年颁布的《小学算术教学大纲（修订草案）》在第五学年第二学期中提出“认识长方体和正方体，以及它们的面、棱和顶点”的要求。

1963 年颁布的《全日制小学算术教学大纲（草案）》在五年级第一学

期中提出“长方体和正方体的认识”的教学要求。具体教学建议：几何形体的知识，在生产劳动中和学习物理、化学等科时用到；讲授几何形体的知识，还有助于发展学生的空间观念，有助于进一步学习几何。因此，在小学算术里应该讲授几何形体的知识。讲授的时候，应该着重讲授常遇到的一些几何形体的特征和这些几何形体的周长、面积、体积的计算方法，并且适当地讲授一些最简单的作图方法和测量方法。

1986 年颁布的《全日制小学数学教学大纲》中提出“掌握长方体和正方体的特征”的教学要求。

1988 年颁布的《九年制义务教育全日制小学数学教学大纲（初审稿）》在教学要求中提出：使学生逐步形成简单几何形体的形状、大小和相互位置关系的表象，培养初步的空间观念。

1992 年颁布的《九年义务教育全日制小学数学教学大纲（试用）》在教学要求中提出：使学生逐步形成简单几何形体的形状、大小和相互位置关系的表象，能够识别所学的几何形体，并能根据几何形体的名称再现它们的表象，培养初步的空间观念。同时在教学建议中还提出：“几何初步知识的教学，要充分利用和创造各种条件，引导学生通过对物体、模型等的观察、测量、拼摆、画图、制作、实验等活动，掌握形体的基本特征和面积、体积的计算方法，并注意在实际中应用，以利于培养初步的空间观念。”

2000 年颁布的《九年义务教育全日制小学数学教学大纲（试用修订版）》在教学内容的确定和安排上提出：“几何初步知识的内容应密切联系学生的生活实际，遵循儿童的认识规律，按照立体—平面—立体的顺序安排，通过观察、测量、拼摆、画图等实际活动，认识常见的简单的几何形体的特征，会计算它们的周长、面积和体积，培养学生的空间观念。”

2001 年颁布的《全日制义务教育数学课程标准（实验稿）》和 2011 年颁布的《义务教育数学课程标准（2011 年版）》对“长方体的认识”提出的教学要求大体相同。

实验稿课标在第一学段（1 至 3 年级）“空间与图形”的具体目标中提出：通过实物和模型辨认长方体、正方体、圆柱和球等立体图形；在第二学段（4 至 6 年级）“空间与图形”的具体目标中提出：通过观察、操作，认识长方体、正方体、圆柱和圆锥，认识长方体、正方体和圆柱的展开图。

2011版课标在第一学段（1至3年级）“图形与几何”的课程内容中提出：能通过实物和模型辨认长方体、正方体、圆柱和球等几何体；在第二学段（4至6年级）“图形与空间”的课程内容中提出：通过观察、操作，认识长方体、正方体、圆柱和圆锥，认识长方体、正方体和圆柱的展开图。

思考

学习了我国不同时期的课标或大纲对“长方体的认识”的教学要求后，我们得到了哪些启示呢？

2.2 课程标准（教学大纲）研究对教学的启示

教学年段放在五年级或六年级进行比较合适

从不同时期的课标或大纲来看，这一内容从1941年起至今，大部分都是在五年级和六年级这两个年级之间进行调整，从学生的思维发展来看，五、六年级的学生比较容易接受和理解。

加强观察、动手操作等活动，在活动中感知长方体的特征

数学活动经验需要在“做”的过程和“思考”的过程中积淀，是在数学学习活动过程中逐步积累的。知识的学习不在于对结论的机械记忆，而在于对过程的研究，因而教学中要加强观察、动手操作、小组合作交流等活动，在活动中引导学生更好地体验、感知长方体的特征。

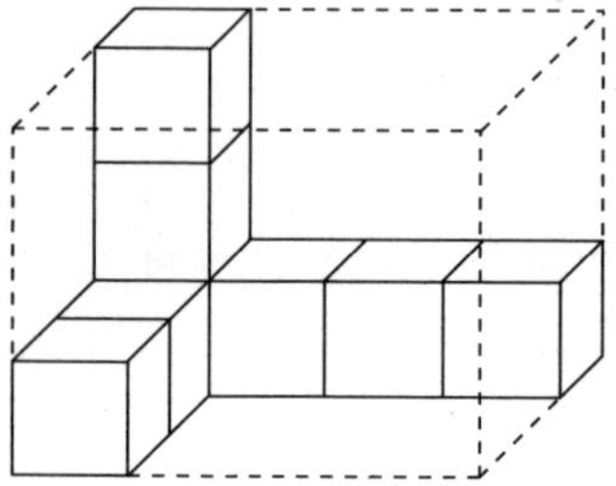

3

教材比较研究

对长方体的认识在几何教学中占了很重要的地位，这一内容是学生从二维空间向三维空间过渡的标志。而对于小学生来说，形成三维空间观念具有一定的难度，那么教材又是如何编排这一内容的呢？

在这一章中，我们将会阅读我国现行的六个版本的小学数学教材，它们分别是由人民教育出版社 2001 年出版（简称人教版教材）、江苏教育出版社 2001 年出版（简称苏教版教材）、浙江教育出版社 2008 年出版（简称浙教版教材）、北京师范大学出版社 2001 年出版（简称北师版教材）、青岛出版社 2003 年出版（简称青岛版教材）、西南师范大学出版社 2001 年出版（简称西师版教材），下面我们一起看看这些教材是如何编排这一内容的。

3.1 如何安排教学年级？

小贴士

不同时期课标（大纲）是如何安排教学年级的？从 1941 年起，六年制教材中除了 1986 年颁布的教学大纲把“长方体和正方体的认识”的内容放在六年级学习以外，其余的都放在五年级学习，而五年制的教材则在四年级和五年级之间反复调整。

本章选取的六套教材都是 2001 年后出版的六年制教材，只有苏教版的教材把这一内容放在六年级第十一册进行教学，其他版本教材都把这一内容放在五年级第十册进行教学。

3.2 采取了哪些引入方式？

六套教材几乎都是从观察生活中的实际物体引入教学的，主要有以下两种引入方式。

（1）呈现生活情境，引导学生观察、分类

如北师版教材呈现了一张路边建筑物的场景图（见图3－1），引导学生在生活场景中去寻找长方体和正方体；西师版教材呈现了一张校园图；人教版教材呈现了厨房、高楼、长城三幅图，引导学生在生活场景中找出长方体和正方体。

哪些物体的形状是长方体或正方体？

图3－1

（2）呈现实际物品，感知长方体和正方体

青岛版教材、苏教版教材、浙教版教材都呈现了一些形状是或者类似于长方体或正方体的生活用品，如电冰箱、洗衣机、微波炉、茶叶盒、牙膏盒、护手霜盒子等物品。通过引导学生观察这些熟悉的生活物品，引出长方体和正方体的概念。正方体和长方体是立体图形，对于学生来说是抽象的，在实物中引入，便于学生从实物中抽象出几何图形。浙教版教材不仅提供了长方体和正方体的物体，同时还提供了圆柱和六棱锥的物体，帮助学生在更为多元的生活背景中去识别。

思考

一个好的教具或学具对于学生形成数学概念非常重要，你认为哪些物品对于认识长方体和正方体来说，是比较好的教具或者学具？

3.3 采取了怎样的编排顺序?

六个版本的教材在“长方体的认识”这一内容的编排顺序上各有不同，主要可以分成两种类型：一是同时探索长方体和正方体；二是先探索其中某一类立体图形，再探索另一类图形。

北师版教材、浙教版教材在编排上都同时给出长方体和正方体的模型，引导学生思考其特征。这样的安排更为开放，学生可以自由选择研究的顺序，便于学生在研究中感受两者的联系和区别。

人教版教材、青岛版教材、苏教版教材、西师版教材都是先引导学生探索长方体的特征，再探索正方体的特征，这样的编排有利于学生从一种立体图形的学习迁移到另一种立体图形的学习中。

思考

你使用的是哪个版本的教材？它是怎样编排长方体和正方体的教学顺序的？如果你来教学，你更倾向于哪种编排顺序，为什么？

3.4 呈现了哪些研究方式?

无论是平面图形的认识还是立体图形的认识，动手操作对认识图形的特征起到了非常重要的作用。操作其实就是一个动手实践的过程，在这个过程中，学生动手、动眼、动脑，充分地观察和思考，多感官一起参与到数学活动中去，这对全面感知图形、形成图形表象、掌握图形的特征很有帮助。

思考

你认为动手操作对认识图形有哪些帮助？在认识长方体和正方体的过程中，你会设计哪些操作活动呢？

六个版本的教材都设计了动手操作的课堂活动，鼓励学生通过做一做、量一量、剪一剪等活动来探索图形的特征，主要设计的操作活动见表 3 – 1。

表 3 – 1　各版本教材设计的操作活动统计

	摸一摸	量一量	比一比	剪一剪（立体→平面）	做一做（平面→立体）
北师版		√	√	√	√
浙教版				√	√
人教版		√	√		√
西师版	√	√		√	
青岛版		√			√
苏教版		√	√	√	

我们发现各版本教材都采用了两种及以上的操作活动来引导学生研究长方体和正方体的特征。其中量一量长、宽、高的长度，把长方体或正方体沿着棱剪一剪，用小棒、橡皮泥、硬纸板等材料来做一个长方体或正方体的操作活动被各版本教材较多选用。

如浙教版教材（见图 3 – 2 和图 3 – 3）就设计了剪一剪、做一做这样两个动手操作活动，引导学生在操作中感受长方体和正方体的特征。学生先通过剪一剪、看一看的活动，在长方体的展开图中初步感受“长方体共有六个面，相对的两个面形状相同，大小相等”这些特征。之后又安排了用小圆球作顶点，并给出四种不同长度的小棒来制作长方体的小组合作活动。这个活动给了学生充分的动手实践、探索交流的空间，学生在选材料时必须要考虑到长方体和正方体的特征，在制作过程中又能进一步感受和巩固对长方体和正方体特征的认识。

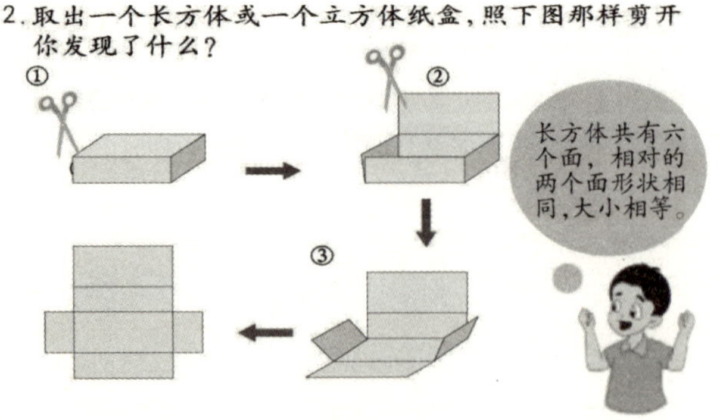

图 3 – 2

用小圆球(顶点)和四种不同长度的小棒(棱)(分别以*A*、*B*，*C*，*D*表示)，制作长方体、立方体模型。

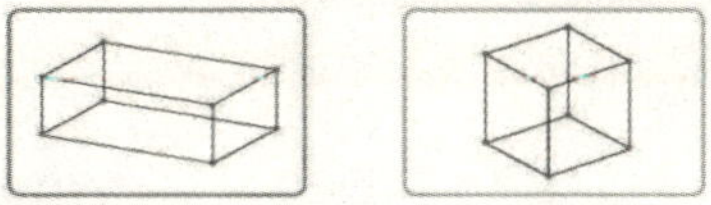

制作要求：

(1) 每组制作一个长方体和一个立方体。

(2) 制作前先小组讨论，填好领料单。

图 3－3

3.5 怎样呈现长、宽、高等概念?

长、宽、高、棱、顶点这些都是认识长方体和正方体过程中需要建立的概念。无论是掌握图形的特征，还是描述图形的特点，都要用到这些概念。在认识长方体和正方体之后，学习长方体和正方体的表面积和体积的计算也都要用到这些概念，因此各版本教材也都非常重视这些基础概念的认识，但是呈现这些概念的方式略有不同。有些教材呈现这些概念时有图有旁注，但没有描述性概念出现；有些教材则是有图有旁注，还有描述性概念出现，各版本教材对长、宽、高、棱、顶点等概念的呈现方式情况见表3－2。

表 3－2　各版本教材对长、宽、高、棱、顶点等概念呈现方式统计

	图	文字标注	棱概念	顶点概念	长、宽、高概念
北师版	√	√			
浙教版	√	√	√	√	√
人教版	√	√			√
西师版	√	√			
青岛版	√	√			√
苏教版	√	√	√	√	√

我们来比较一下这两种呈现方式：西师版教材（见图 3－4）和浙教版教材（见图 3－5）都以图文并茂的形式出现，但西师版教材用箭头的形式

标注了什么是棱、什么是顶点、什么是面，但是不出现棱、长、宽、高等概念；浙教版教材既有标注，又呈现了棱和顶点的定义，在定义棱的过程中描述了长、宽、高。

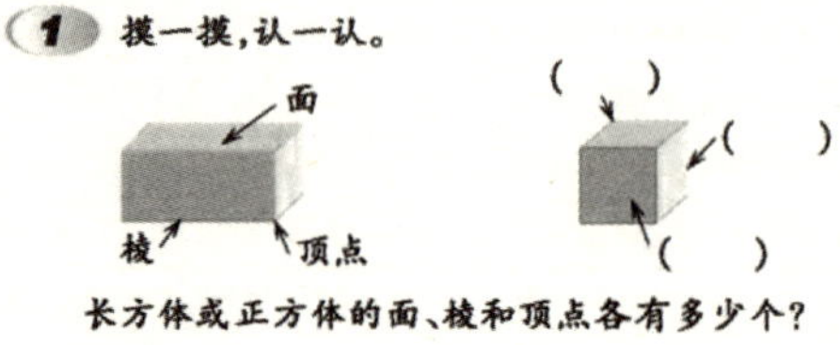

图 3-4

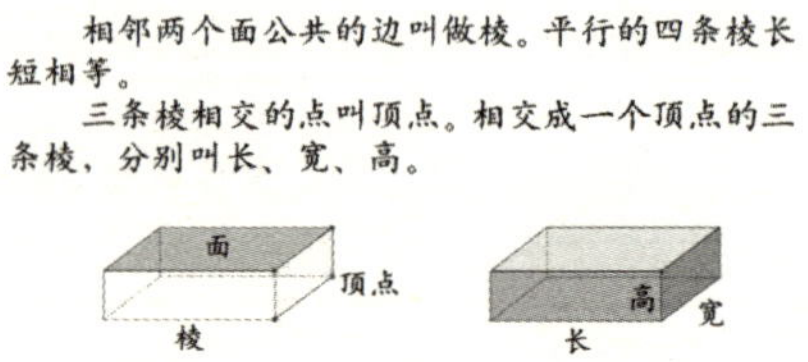

图 3-5

思考

以上两种对棱、顶点以及长、宽、高的呈现方式，各有什么优点？结合小学生的年龄特征和认识特征，你比较喜欢哪一种，为什么？

也许你会认为这两种呈现方式都是有图、有标注，都比较直观，并且后者又从文字的角度加以解释说明，对于学生理解长、宽、高、顶点以及棱的概念更清晰，更数学化了。事实确实如此，从学生前测来看，学生对于这些概念并不真正明白或理解，而对长、宽、高的理解既是为了更好地认识长方体和正方体的特征，同时也为后续学习做好知识铺垫，因此这样细致的安排是非常有价值的。

3.6 怎样处理长方体和正方体之间的关系？

如果仔细翻阅附录中各个版本关于“长方体的认识”这部分的教材，你一定能发现各版本教材在处理长方体和正方体的关系时有很大的差异。

苏教版教材没有涉及长方体和正方体的关系。

西师版和人教版教材呈现了“正方体是长、宽、高都相等的长方体”这一结论，看似在描述正方体的特征，其实也涵盖了两者之间的关系，其中人教版还用韦恩图（见图 3-6）来表示两者之间的关系。

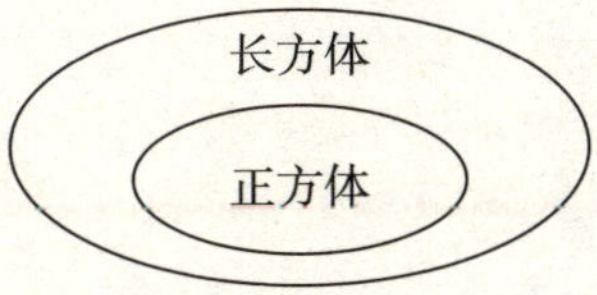

图 3－6

北师版、浙教版、青岛版三套教材都涉及了长方体和正方体的关系的教学，但是呈现方式略有不同。北师版和浙教版教材直接呈现了“正方体是特殊的长方体”的结论，而青岛版教材则给出了一个问题——“正方形是特殊的长方形，正方体是不是特殊的长方体呢?”用这一问题来引发学生猜想，并指导学生借助学具进行学习。

思考

对长方体和正方体的关系的教学，你认为教材怎样处理比较合适，为什么?

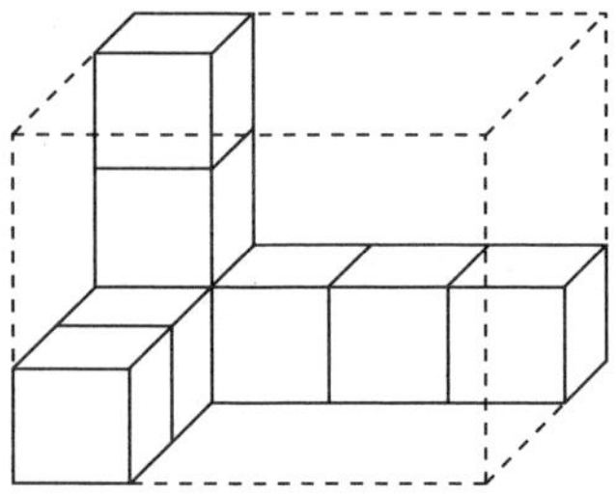

4

学生课堂前测分析

4.1 问题的提出

长方体的认识是学生学习立体图形的开始。对于五年级的学生来说，他们在学习之前已经有了哪些知识储备？已经积累了哪些活动经验？学生的起点在哪里？这些问题对于课堂教学的设计与实施都有很大的影响，因此很有必要在教学前对学生进行前测，以便了解学生的起点在哪里，更好地设计教学计划，实施和组织课堂教学。

思考

如果请你来对学生进行前测，你想通过前测了解哪些情况？你会怎样来设计前测问卷？请你试着写一写。

4.2 前测的设计、对象与过程

前测的设计与目的

前测以练习的形式出现，包括问答题、选择题和连线题三种题型。测试在轻松的环境中进行，除要求独立完成外，不需要对学生提出其他要求。

前测的对象

前测的对象为使用浙教版数学教材的五年级学生，共 60 人。

前测的过程

测试前不要让学生对测试内容进行预习，在其不知情的情况下，进入教室发放试卷。为避免引起学生的紧张情绪，告知学生该测试只是为了了解其对长方体的认识情况，以便更好地学习这方面的知识。

测试时间为 20 分钟，要求学生独立完成，不会做的可以不做。

测试结束后，教师对试卷进行批改整理，对每一题的测试情况进行归类和分析，以期找到学生的共性和个性问题，并在当天对有典型错误及特殊解法的学生进行个别访谈，以便了解学生的真实想法，更好地进行课堂教学的设计和实施。

4.3 前测的结果与分析

学生能否识别生活中形状是长方体的物体?

前测题：你能否举出一些形状是长方体的物体？你能否举出一些形状是正方体的物体？

情况分析：大多数学生都能说出身边熟识的物体，如长方体物品有音响、牙膏盒、铅笔盒、冰箱、空调、柜子等，学生对正方体物品能举出魔方、骰子等物品，可以看出学生对于长方体、正方体已经有了一定的认识，能把身边熟悉的物品识别出来。当然也有一部分学生对正方体的物品还没有形成正确的概念，比如学生会说有正方形的盒子就是正方体，也许他认为只要这个物品上有正方形就是正方体了。

学生能否用数学语言来概括长方体的特征?

> **思考**
>
> 你觉得让学生在学习之前用数学语言来描述图形的特征是否具有难度？为什么？

前测题：你认为长方体有哪些特征？你认为正方体有哪些特征？

情况分析：学生基本无法正确描述。“长方体非常长，正方体可以立起来”；“长方体是只从一个面看到的图形，正方体是可以看到六个面的图形”；“长方体就像长方形一样，正方体就像正方形一样”；“四条边长比宽长的是长方体，四条边一样的是正方体”。从这些回答来看，学生基本还停留在平面图形的阶段，没有从二维空间向三维空间转变。

有些学生能模糊地描述："方方正正又立体的叫正方体"、"多方面的长方形叫长方体，多方面的正方形叫正方体"。从这些回答来看，学生对长方体或正方体有一些模模糊糊的感觉，能感觉但说不清。

只有极个别的学生对长方体和正方体的特征有一些初步的认识，如有学生写到"正方体的边长都相等"、"有六个面，并有两个或四个面的面积相同，就是长方体。正方体有六个面，并且所有面的面积相同，且长方体和正方体都有 12 个棱"。从这些语言可以看出，这一类学生对于长方体和正方体有初步的认识，还能用自己的语言描述出来，但是从数学语言的角度来看还有欠缺。

学生能否明确长方体的特征?

前测题：下面五种形状的硬纸各有若干张，选择哪几种，每种选几张，正好可以围成一个长方体或正方体?（见图 4 – 1）

图 4 – 1

思考

请你试着解决上题，一共有多少种答案？你觉得这道测试题对学生有难度吗？学生可能会出现哪些错误？

情况分析：围正方体的情况明显好于围长方体。60 位学生中，选择的图形能围成长方体的只有 3 人，而选择的图形能围成正方体的有 23 人，他们知道围正方体必须要有 6 个同样大小的正方形。在围错的学生中，有 14 位学生选择了两种大小不同的正方形来围正方体，比如选择了两个②号正方形和 4 个⑤号正方形，通过访谈，这一类学生大部分认为正方体就是有正方形存在的立体图形。

学生是否建立了“高”的概念?

前测题：你觉得怎样的图形叫作长方体？怎样的图形叫作正方体?

情况分析：我们来看一下学生的描述——

长方体可以站立，宽比长短；

正方体长和宽一样长短，可以站立；

正方体四条边长度一样；

长方体上边和下边长度一样，左边和右边长度一样。

思考

学生的语言描述出现这样的现象，是对图形的认识存在问题，还是数学语言的表达没有跟上？你怎么看待这个现象？

不难看出，学生对于长方体和正方体的认识还停留在对长方形和正方形的认识上，在他们的头脑中，长方体和正方体还是一个平面的概念，还没有建立“高”的概念。在识别实物时能够正确选择，但无法用语言来正确描述。

学生能否分清长方体和正方体与其展开图之间的关系?

前测题：把下面的长方体、正方体和相应的展开图用线连起来。（见图4－2）

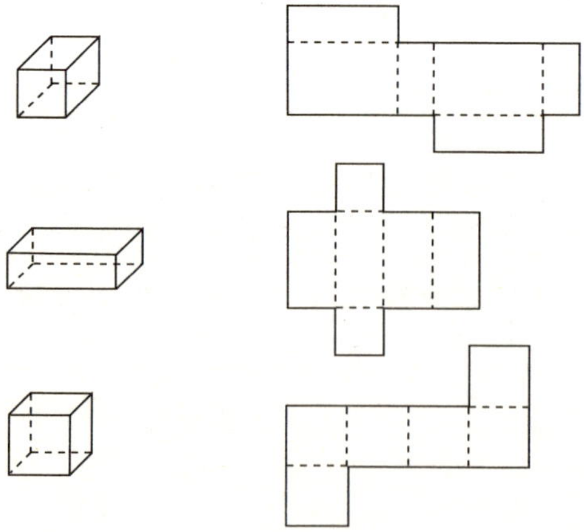

图4－2

情况分析：在这道题中，全部做正确的有 44 人，占全体测试学生数的 73.3%。其中，正方体展开图的正确率达到 100%。在访谈中我们了解到，学生大部分有这样的生活经验——将立体图形剪开变成平面展开图，将平面图形折成立体图形，因此解决这个问题时，学生们很好地调动了原有的知识和经验。可见，在教学中加强动手操作，利用学生对平面图形和立体图形的关系来分析长方体和正方体的特征，应该是一种比较好的教学方式。

思考

了解了学生的前测情况，你得到了哪些启示？

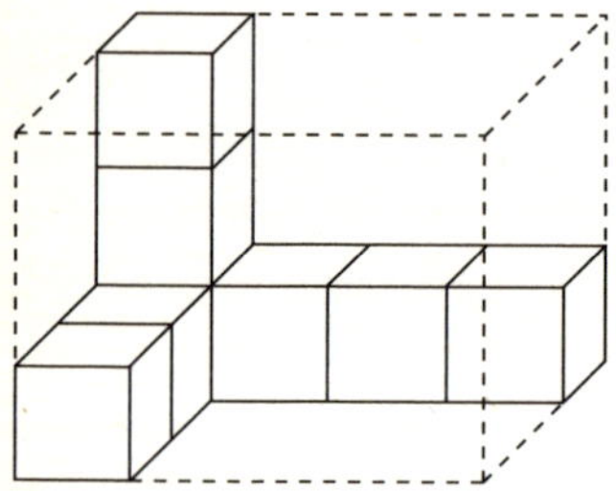

5

教学设计研究

5.1 教学设计综述

一千个读者就有一千个哈姆雷特，同样一份教学设计，对于不同的读者来说会有不同的演绎，教师可以通过阅读教学设计中的教学目标、教学过程等了解设计者的教学理念、设计意图。同样的内容，同样的教材，不同的教学设计，教学效果也可能大不一样。对长方体和正方体的学习，要求学生从二维空间向三维空间过渡，对学生空间观念的建立具有很重要的作用，历年来对这节课展开研究的教师也为数不少。本章试图对已经发表的16篇教学设计进行综述，并进一步研究“长方体的认识”的教学设计。

教学设计是如何进行课堂引入的?

思考

课堂引入是一节课的起始部分，对于提高学生学习兴趣、引发学生思考有着重要的作用，如果你来设计“长方体的认识”一课，你会选择怎样的引入方式呢?

收集到的16篇关于“长方体的认识”一课的教学设计，在引入方式上各不相同，主要有以下几种类型。

（1）由面到体动态引入

不少教师通过对平面图形的复习引入新课，激活学生原有的图形知识，并引导学生经历由面到体的转变过程。例如，牛献礼（2000）老师在教学设计中就采用了这种引入新课的方式。

① 通过投影，让学生说出展示的平面图形的名称。

② 出示画在厚纸上的长方形，问：这张纸上画的是什么形状的图形?它有什么特征?学生回答问题后，老师剪下画在厚纸上的长方形，再用若干同样的卡片重叠起来，使学生清楚地看到它的厚度，并提出“重叠后的图形还是不是长方形，为什么”的问题。学生经过讨论得出：由于有了厚度，它已不是一个平面图形，而是一个立体图形。

③ 初步感知长方体。教师用计算机显示墨水瓶盒、魔方玩具、茶杯、

篮球等实物，学生指出它们都是立体图形，并且找出了其中的长方体。这时，教师再请学生思考：你还见过哪些物体的形状是长方体？学生说出如桌子、纸箱等物体后，教师用计算机演示：抽去实物图中的颜色、花纹、字体等，只留下它们的形状和大小，同时揭示课题——长方体的认识。

牛老师由平面图形引入，引导学生经历了由面到体的从二维空间向三维空间转变的动态变化过程，学生初步感知了什么是平面，什么是立体，这为后面感知长方体积累了活动经验，便于学生更好地体验。

我们再来看看张洪江（2000）等老师在教学设计中采用的引入方法。

① 复习。计算机演示长方形、正方形、三角形、平行四边形、梯形，问：屏幕上都有哪些平面图形？这些图形都是由什么围成的？长方形有什么特征？

② 导入。请同学们拿出课前发的由6个（3色）长方形构成的组合图形纸板，沿虚线内折，看能围成一个什么形体？（长方体）

计算机出示一个由6个长方形构成的组合图形（3色），演示由面到体的过程，问：这个长方体和我们以前学过的平面图形有什么不同？（它是由面围成的，有一定的厚度）

教师指出：像这样由面围成的图形，占有一定的空间，我们把它叫作立体图形。比如（出示实物）墨水盒、罐头盒、魔方、牙膏盒、排球、肥皂盒、台灯罩等这些物体的形状都是立体图形。那么，你知道这些物体中哪些物体的形状是长方体吗？（学生指认）你能举出几个你见过的形状是长方体的实物吗？（板书课题）

思考

请你读一读以上两个教学设计的引入部分，它们有什么共同点？这样的引入方式对学生掌握长方体的特征有什么好处？

牛献礼老师和张洪江老师引入部分的设计同中有异，都采用了由面到体的引入方式，让学生感受长方体从长方形动态演变的过程。不同的是，牛老师是从一个长方形的面通过厚度的增加得到了长方体，而张老师则是用6个长方形围成了一个长方体。但是无论哪一种都是引导学生把静止的知识建立在动态的思考上，把抽象的数学概念、规则建立在对图形的感知上，突出了数学概念的本质属性。

（2）通过体验“相对”概念引入

良好的开端是成功的一半，任玫（2003）等老师在“长方体的认识”一课开始时，运用“掌声欢迎”的形式，帮助学生理解“相对”的含义。

师：请同学们用热烈的掌声向前来与我们共同上课的老师们表示欢迎。（学生鼓掌）

师：鼓掌时，两手心之间的关系是怎样的？

生：是相对的。

师：你们都与什么相对？（学生互相说）

师：哪个面与天花板相对呢？

生：地面。

师：教室的四周还有哪些是相对的面？

生：前面和后面是相对的，左面和右面是相对的。

从以上引入环节可以看出，这一内容既激发了学生的学习兴趣，调动了学生的学习积极性，又从观察教室空间中的相对面来帮助学生理解“相对”之意，这就为后续认识长方体特征中“相对的棱长度相等，相对的面面积相等”做了铺垫。

（3）通过生活实物引入

我们日常生活中长方体或正方体物品比比皆是，可以说我们的生活空间就是一个被立体图形包围的世界。对于学生来说，在日常生活中已经积累了不少关于长方体和正方体的生活经验，因而不少教师都采用让学生在身边找长方体实物这样的方式引入教学内容。段玉江（2001）老师在“长方体、正方体的认识”一课中就采用了这样的方式。

教师先出示长方体实物。

师：平常我们见到的物体有许多不同的形状。（出示一个长方体实物）这是一个纸盒，谁知道它是什么形状？

师：大家想想，在我们的生活中有哪些东西的形状也是这样的？（指名举例）

段老师以一个长方体实物引入，引导学生调动生活经验，使其联想一下生活中有哪些物体的形状是长方体的。这样从生活实际中引入，简单明了，既引出新课，又让学生感受到生活与数学的密切关系。

(4) 通过图形分类引入

朱玉芝（2005）老师在教学设计的引入部分通过对图形和实物进行分类来引出长方体，揭示课题。

教师首先通过多媒体出示长方形、正方形、三角形、平行四边形和墨水瓶盒、粉笔盒、铅笔盒、排球、牙膏盒等实物图。

师：观察这些图形你们有什么发现？

学生普遍认为可以把这些物体分成两类，一类是我们已经学过的平面图形，剩下的图形分成一类，理由是剩下的这一组图形都是厚厚的、宽宽的。

师：同学们真善于观察，这一组物体看上去厚厚的、宽宽的，也就是说它们都占有一定的空间，它们都是立体图形。

师：你们知道这些立体图形各是什么形状的吗？

生：墨水瓶盒、铅笔盒、牙膏盒都是长方体的，粉笔盒是正方体的，排球是球体……

师：你们在日常生活中见的最多的是哪一种立体图形呀？能说一说哪些物体的形状是长方体吗？

学生举例说明。

师：那谁能说说什么是长方体呢？

学生用手比画，很难说清楚。

师：你们认识它，可又说不清楚，你们想不想说清楚呢？

生：想。

师：要想说清楚什么是长方体，那要了解长方体的什么呢？

学生认为要了解长方体的特征。

师：今天我们就来研究长方体的一些知识。（板书：长方体的认识）

思考

以上呈现了四种不同类型的引入方式，请你简要分析一下每一种引入方式的特点，你比较喜欢哪一种，为什么？

不难发现，教师在设计引入部分时并不只是为了揭示课题，引出今天要学习的知识，而是想通过引入部分或引起学生的兴趣，或引发学生的思考，或分解后续知识的难点，或突出新知识的某一特点。以上四种引入方式，都非常清晰地呈现了长方体的某一种特性，为后续学习做了铺垫。

教学设计是怎样教学面、棱、顶点的特征的?

面、棱、顶点三者的教学是认识长方体和正方体特征的关键。不同的教学设计采取了不同的方式。

（1）整体观察、共同探索

这一方式主要是引导学生整体观察，在独立思考与合作交流的基础上对学习任务进行研究，从而得出结论。

牛献礼（2000）老师在“长方体的认识”的教学设计中，以长方体火柴盒为观察物，四人小组合作围绕教师提供的思考题展开讨论：① 长方体有几个面？每个面都是什么形状？相对的面大小之间有什么关系？② 长方体有几条棱？可以分成几组？怎样分？相对的棱的长短怎样？③ 长方体有几个顶点？学生一边观察，一边讨论，教师巡视。这样的教学环节，有利于学生用整体的观念去思考问题，学生可以基于一个主要问题展开思考，然后逐渐形成知识脉络，在研究思考中完善知识结构。

（2）逐个分析、依次掌握

有些教学设计采用了在师生共同研究下对棱、面、顶点逐一学习进而得到结论的方式。如张洪江（2000）等老师在“长方体的认识”教学设计上，对这一环节进行了如下安排。

1. 认识面的特征

师：下面我们进一步研究长方体的特征，首先研究面的特征。请同学们拿起长方体学具，先数一数长方体有几个面，再看一看每个面都是什么形状的。[生数、看、讨论回答，师板书：6 个、长方形（正方形）]

师：现在请同学们把刚才折成的长方体学具拿起来，看看有几组相对的面，然后再将这个长方体学具展开，拿出剪刀，两人一组把它的 6 个面剪下来，把相对的面重叠。比较一下，能发现什么？看哪一组合作得好。（学生回答后，教师板书：相对的面完全相同）

2. 认识棱的特征

师：接下来我们来认识棱的特征。

请同学们拿出长方体学具，数一数长方体有多少条棱。长方体的 12 条

棱可以分成几组？每组有几条？每组中棱的位置是怎样的？[讨论后，教师板书：12 条（3 组）]

师：请同学们拿出直尺，量一量每组 4 条相对棱的长度，看看你们能发现什么。（学生量，教师板书：相对棱的长度相等）

师：为了能看得更清楚一些，让我们一起来看屏幕上的演示。思考：如果不用尺量，你们还能用什么方法来证明相对棱的长度相等？（计算机演示：显现长方体的 4 条棱长，动态演示它们宽度相等；显示 4 条宽，动态演示它们宽度相等；显示 4 条高，动态演示它们高度相等）

3. 认识顶点的特征

师：那么长方体有几个顶点呢？请同学们拿起学具数一数。（师板书：8 个）

4. 归纳记忆长方体的特征

思考

在认识面、棱、顶点的特征这一教学环节中，上述两个片段有什么不一样？你认为哪一种更好？

牛献礼老师和张洪江老师都采用合作学习的方式来研究面、棱、顶点的特征，不同的是牛老师给出一组思考题后，让学生小组合作自行探索，而张老师则按照面、棱、顶点的顺序，师生逐一讨论，进而得出结论。如果学生基础比较好，四人小组的合作学习又能顺利开展，牛老师的方法可能更适合些。如果学生基础相对比较弱，则可以选择张老师的方法，在教师引导下逐一发现面、棱和顶点的特征。

教学设计采取了哪些操作活动？

学生在探索长方体或正方体特征时，老师们都安排了动手操作活动，通过量一量、比一比、剪一剪等实践活动，帮助学生建立空间观念。

（1）摸一摸、比一比、量一量

顾雪琴（2010）老师在引导学生探索长方体特征的过程中就开展了一系列的操作活动。

1. 探究面的特征

① 猜测：让学生猜测这6个面有什么特点，并说说准备怎样验证自己的猜想？

② 操作：小组合作，看一看、量一量、比一比，把研究结果填写在实验报告单的“面”这一栏内。

长方体	数量	特　　征
面		
棱		
顶点		

③ 汇报交流：

数量——6个。（引导学生按上下、前后、左右的顺序数）

形状——每个面都是长方形，特殊情况有两个相对的面是正方形。

面的大小。

交流验证的方法：你是怎么发现的？

学生的验证方法可能有量、比，可以让学生结合实物投影演示验证的方法。

根据学生情况补充课件演示：将长方体前面和后面、左面和右面、上面和下面，一组一组地移动至重合，证实相对的面完全相等。

追问——通过研究，你知道长方体的面有哪些特征？

2. 探究棱、顶点的特征

① 结合实物介绍：两个面相交的线叫作棱，三条棱相交的点叫作顶点。

② 操作：每组同学摸一摸自己组的长方体，指一指长方体的棱和顶点分别在哪里，某一条棱（某个顶点）由哪些面（棱）在此相交。

③ 数一数、量一量、比一比，把研究结果填写在实验报告单的“棱”、“顶点”两栏内。

从以上环节可以看出，教师引导学生通过摸一摸、量一量、比一比以及小组交流等多种体验活动来帮助学生建立对长方体面、棱、顶点特征的认识。学生通过动手操作、小组交流建立的对特征的认识，是基于理解的认识，不是单纯的记忆，而这正是课程改革追求的目标。

（2）做一做、剪一剪、折一折

做一做是指教师指导学生利用一些材料制作长方体，剪一剪是指把长方体物品剪成展开图，折一折是指把长方体展开图折成长方体。其中剪一剪是从立体到平面的过程，折一折则是从平面到立体的过程。

戴鸿英（2001）老师在教学“长方体、正方体的认识”时，通过让学生自己动手制作长方体模型来感知长方体的特征。在教学时老师发给每个小组（4 人）12 根小棒和 6 张纸，让学生利用双面胶、铁丝等制作长方体，并允许小组讨论研究制作过程。通过实验操作，学生进一步认识了长方体的特征，得出长方体相对的 4 条棱的长度相等的特征。紧接着，戴老师又要求学生将长方体的每个面糊上纸，学生很快得出结论：长方体相对面的面积相等。这为后续学习长方体、正方体表面积计算做了良好的铺垫。这样的操作活动可以培养学生的空间观念，利于学生更好地理解长方体和正方体的特征。

思考

摸一摸、量一量、比一比与做一做、剪一剪、折一折这两组活动有什么不同？回忆你听过或者上过的“长方体的认识”一课，还有哪些比较好的操作活动？

学生对于这样的操作活动，应该都非常有兴趣，这有助于学生认识长方体的特征。摸一摸、量一量、比一比更侧重于对一个图形的认识，通过“摸、量、比”发现面、棱和顶点的特征，而做一做、剪一剪、折一折则动态地呈现了长方体的形成过程，体现了面与面、棱与棱之间的关系以及面、棱、顶点之间的关系。

教学设计带给我们哪些教学启示？

思考

阅读了以上关于“长方体的认识”的教学设计的片段，你得到哪些启示？请你写一写。

（1）教学要借助操作活动

图形的学习对于学生，说难也难，说简单也简单。说它难，是因为图形对于学生来说比较抽象，特别是立体图形的学习，从二维过渡到三维，有些学生存在着思维变换困难。图形也不像数字那样和学生的接触非常紧密，用到的机会相对较少。说它简单，是因为小学阶段学到的图形都能在生活中找到原型。如果在教学中重视学生的操作活动，所有的概念都能在实践中具体化，它是可视的，可触摸的。

“长方体的认识”的教学有很多环节都可以通过学生的操作活动来达成教学目标，比如对面、棱、顶点的认识，长、宽、高概念的建立以及对长方体特征的认识。如果对这些概念和特征的认识都仅仅是纸上谈兵，学生没有实际的摸一摸、比一比、剪一剪，那么这样的教学效果肯定不如在操作中的教学效果好。

（2）教学要培养空间观念

所有的图形教学有一个共同的核心就是要培养学生的空间观念，这是一个不可回避的教学目标，但在实际的教学中往往被教师忽视，以至于影响到其他目标的达成，也影响到后续知识的学习，因此在图形的认识教学的起始课中，应该更重视空间观念的培养。

在教学过程中，从面到体来认识长方体，在认识的过程中将静态的知识动态化，这些都有利于学生的直观感知，在教学过程中应当从重视学生的观察、操作开始，加强学生的体验与探索，帮助学生形成空间观念。

（3）教学要重视联系生活

数学来源于生活，又反过来为生活服务。“长方体的认识”这一知识的学习明显体现出这一点。学生要掌握这种立体图形的特征，首先要具备丰富的生活经验，具有一定的知识储备。同时，学习了长方体的特征后，学生能更好地认识生活中的物体，将数学图形和生活物体很好地联系起来，搭建起立体图形和生活原型的桥梁，更深刻地理解立体图形，使自己从生活数学化过渡到数学生活化。因此在教学中，调动学生的生活经验和知识储备非常重要，然后再逐步地抽象化，只有让学生对图形有了深刻的认识，才能使其真正建立起空间观念。

5.2 同课异构

思考

1. 你知道同课异构吗？在课堂教学中实施同课异构有什么价值？
2. 你认为“长方体的认识”这节课，可能有哪几种不同的教学思路？

所谓“同课异构”是指同一个课题，同一个教学内容，采用不同的课堂教学结构来实施教学。对“长方体的认识”进行同课异构就是每一个教学设计的内容都是“长方体的认识”，但因不同的教学目标，采用不同的教学环节；或者设定相同的教学目标，采用不同的课堂教学结构。下文将围绕“长方体的认识”呈现两份不同的教学设计。第一份教学设计是浙江省安吉路实验学校牛献礼老师（2013）对“长方体的认识”这一教学内容的重新设计，侧重于发展学生思维、发展学生的空间观念。第二份教学设计来自浙江省杭州市长青小学毕宏辉（2012）老师，毕老师选择了搭小棒这一操作手段，以“棱”的特征为突破口，从选小棒、动手搭开始，逐步地抽象出长方体和正方体的概念，归纳出长方体和正方体的特征。下面全文摘录，供读者赏析。

从发展思维的角度如何设计教学？

牛献礼老师从发展学生思维的角度出发，对“长方体的认识”一课进行教学设计。

1. 在比较中初步认识长方体

师：图 1 中右边的长方体与左边的这些图形有什么不同？

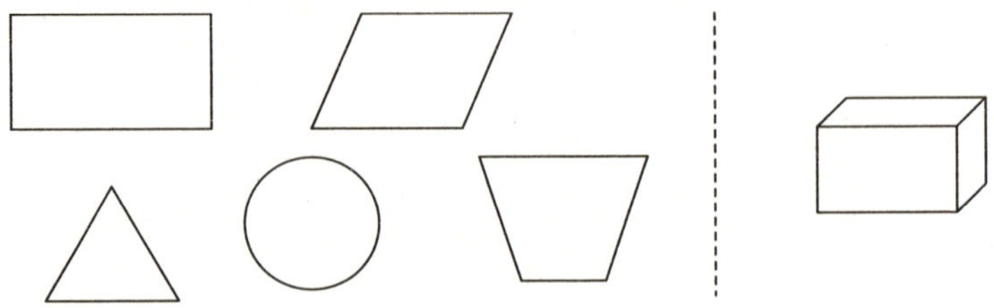

图 1

生：图 1 左边这些图形都是平面图形，而右边的长方体是立体图形，它有 6 个面。

师：图 2 中的两个图形也是立体图形，长方体与它们相比有什么不同？

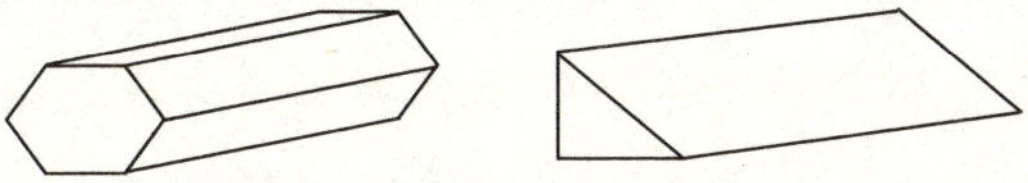

图 2

生：长方体是由 6 个长方形的面围成的立体图形。

师：今天这节课我们来研究长方体的特征。

【设计意图：在比较、辨析中使学生明确“长方体是由 6 个长方形的面围成的立体图形”，它不仅是判断一个物体的形状是不是长方体的标准，也是推导长方体其他特征的依据。没有明确的定义和判断的标准，培养学生的理性思维将无从谈起。】

2. 探究长方体的特征

揭示长方体的“面、棱、顶点”后，提出学习要求。

① 研究角度：从面、棱、顶点三个方面研究长方体的特征。

② 同桌合作，观察学具，研讨特征。

③ 全班交流，师生梳理各组的研究成果。

师：你怎么证明“相对的面完全相同”呢？

生：可以通过观察或者测量。

生：还可以根据“长方形对边相等”进行推理，长与宽分别相等的长方形面积相等。

师：长方体有几条棱，你是怎么数的？

生：一组一组来数，每组相对的棱有 4 条，共 3 组，12 条。

师：除了数的方法外，你还有别的办法吗？

生：因为每个面内有 4 条棱，共有 6 个面，并且每条棱都出现在两个面内，所以长方体共有棱 $4\times6\div2=12$（条）。

师：长方体有 8 个顶点，谁来数一数？除了用数的方法外，还有别的办法吗？

生：因为每个面都有 4 个顶点，共有 6 个面，并且每个顶点都出现在 3

个面内，所以共有顶点 $4 \times 6 \div 3 = 8$（个）。

生：长方体有 12 条棱，每条棱有两个端点，并且每个顶点处有 3 个端点，共有顶点 $12 \times 2 \div 3 = 8$（个）。

【设计意图：要得出“长方体相对的面完全相同”的结论，不能满足学生仅会用观察和实验的方法，还应尽量引导学生用推理论证的方法根据已有的知识推出这个结论；关于长方体的棱数和顶点数，不能仅满足学生能数出正确的结果，还应力求让学生在计数的基础上进一步从已有的知识推算，以强化学生的理性思维，从而实现“直观几何、实验几何与论证几何的结合”。让学生运用不同的论证方法，不仅有利于学生从具体形象思维向抽象逻辑思维过渡，而且有利于学生适应中学数学的学习，有利于中小学数学教育的衔接。】

3. 形成表象，理解长、宽、高

（出示长方体立体直观图）

师：在直观图中一般用虚线来表示看不见的棱。请同学们闭上眼睛在脑海里想象这个长方体的样子。

师：如果擦去长方体的一条棱（计算机显示），你还能想象出这个长方体原来的样子吗？为什么？

生：能，可以根据长方体相对的面完全相同，也可以根据相对的棱长度相等来想象出原来的形状和大小。

师：如果再擦去几条棱，你还能想象出原来的形状和大小吗？

（引导学生发现最少保留相交于同一个顶点的三条棱就可以想象出长方体原来的样子，这三条棱的长度决定了长方体的形状和大小）

揭示：长方体相交于同一顶点的三条棱的长度，分别叫作它的长、宽、高。

【设计意图：教学中学生会背长、宽、高的定义，是否意味着学生就理解了长、宽、高对于长方体的重要性？恐怕还未必。经历了上述过程，学生才深刻地体会到长、宽、高决定着长方体的形状和大小，不仅理解了知识，发展了思维，也培养了空间想象能力。】

4. 应用练习（略）

思考

牛献礼老师的“长方体的认识”教学设计，对你有什么启发？你认为教学设计在哪些方面体现了对学生思维能力的培养？

从动手操作的角度如何设计教学？

思考

如果你来设计“长方体的认识”的教学，你准备从哪些角度来设计动手操作的环节？在整个教学过程中，动手操作起到了哪些作用？

毕宏辉老师以长方体“棱”的特征为突破口，通过用小棒搭长方体的活动，对“长方体的认识”一课进行教学设计。

1. 选择小棒

师：如果用小棒搭一个长方体，需要几根，为什么？（12 根，因为长方体有 12 条棱）大方点，给你 16 根小棒，你一定能搭成一个长方体吗？

学生讨论后，发现 16 根小棒也不一定能搭成，还要考虑不同长度小棒的数量。

师：现在老师给你准备了三种不同长度的小棒，分别装了 4 袋。想一想，哪一袋小棒你一定能搭成长方体，哪一袋你一定搭不成，为什么？有困难的同学可以观察一下你准备的盒子。

小棒长度	1 号袋（根）	2 号袋（根）	3 号袋（根）	4 号袋（根）
9cm	7	10	3	2
7cm	5	3	8	12
4cm	4	3	5	2

通过讨论，学生发现用 1 号袋的小棒一定可以搭成一个长方体，用 2 号袋的小棒一定搭不成长方体，用 4 号袋的小棒可以搭成正方体，对于 3 号袋，有人认为可以，有人认为不可以。

【设计意图：“用小棒搭长方体”的活动安排在学生对各种长方体盒子（包括正方体）的表象感知后。在小棒根数的设置上，除了学生马上可以判断的 1 号袋外，还有教师故意制造麻烦的 2 号袋和具有挑战性的 3 号袋、4

号袋。学生选择小棒的过程是学生运用观察到的表象进行数学思维的过程，操作活动不再是教师指令下的“动手活动”，而是学生验证自己的选择是否正确的需要。】

2. 动手搭

师：那我们来动手搭一搭，看看同学们的判断是否正确。你们小组愿意选择几号袋来搭？

从现场学生选择的情况看，很多小组选择了 1 号袋，少数小组选择了 3 号袋和 4 号袋，只有一个小组选择 2 号袋。

3. 一般的长方体

（1）发现棱的特征

师：哪些小组搭出了这样的长方体（见图 1），你们用了哪袋小棒？在搭的时候有什么规律？

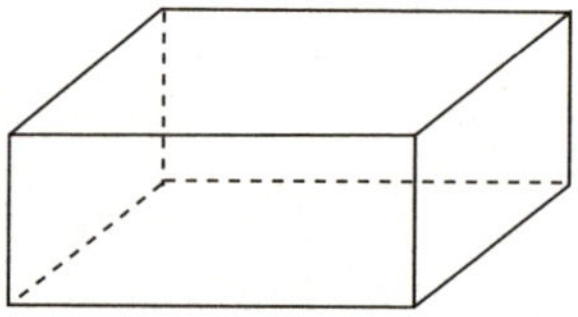

图 1

在这个环节中要解决两个任务：第一个任务，发现长度相等的小棒要放在相对的位置，且互相平行；第二个任务，得出相交于同一个顶点的三条棱的长度分别叫作长方体的长、宽、高。一般情况下，我们把底面上较长的棱叫作长方体的长，较短的棱叫作长方体的宽，垂直于底面的棱叫作长方体的高。变换长方体的盒子和小棒框架，请学生分别指一指长、宽、高。

（2）平面图上的长方体

师：在我们的数学书上，常常能看到这样的图形（见图 2）。在这个长方体中，我们只能看到 3 条长、3 条宽、3 条高，你知道另外的长、宽、高藏在哪里吗？

学生指后，教师用“棱”平移的方法显示 3 条棱（见图 3）。

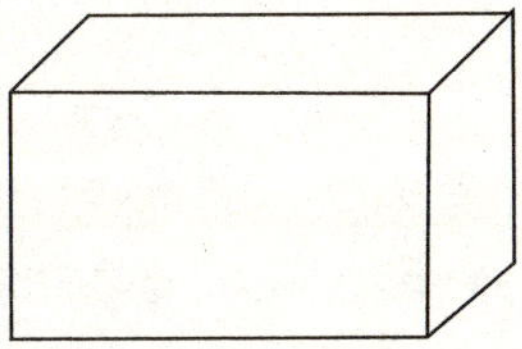

图 2

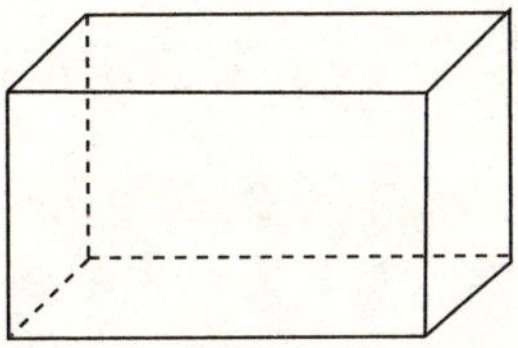

图 3

师：长方体的 6 个面都是长方形，但是在这个长方体的平面图上，上面、下面、左面和右面都画成了平行四边形，这是什么原因？

【设计意图：在反馈学生用小棒搭成的长方体后，教师结合棱、面、顶点、长、宽、高等几个知识点进行对应的观察与描述，重点要求学生寻找长方体平面图中看不见的长、宽和高，引导学生用棱平移或面平移来想象，适时引入长方体的三维图，加深学生对长方体的感知。】

（3）抽象平面图中的长方体

师：在长方体中，如果有 1 条棱没有画，你还能想象出原来的样子吗？如果又有 2 条棱没有画，你还能想象出原来的样子吗？又有 3 条棱没有画呢？（课件演示依次隐去 1 条棱、2 条棱和 3 条棱）

根据你的理解，只要画出几条棱，就能想象出它原来的样子？（课件演示，如图 4 所示）

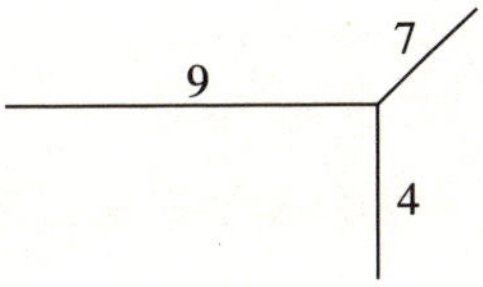

图 4

从这幅图中，你能否想象出这个长方体 6 个面的大小？你能在下面的图形（见图 5）中选一选吗？

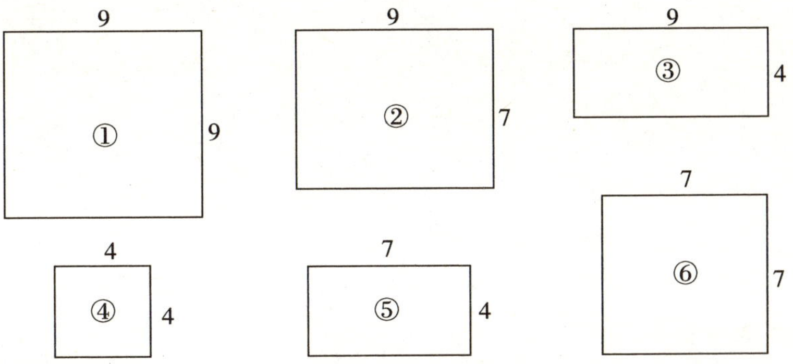

图 5

学生通过对长方体6个面的选择，得出长方体相对的两个面大小相等。

【设计意图：在得到长方体的三维图后，教师创设了不画一条棱、不画两条棱、不画三条棱来想象长方体的活动，适度对长方体的三维图进行抽象和想象。长、宽、高是长方体的三条重要的棱，是后续学习长方体的表面积和体积的基础。让学生根据相交于一个顶点的三条棱想象并选择长方体的6个面，加深其对长方体三维空间的感知。】

4. 特殊的长方体

(1) 有两个面是正方形的长方体

师：刚才有同学搭了这样的长方体（见图6），你是用几号袋搭成的？用了哪几根小棒？

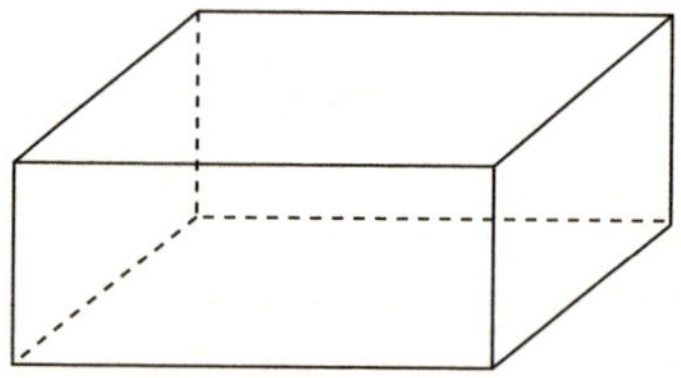

图6

这个长方体与刚才的长方体比较，显得有点特殊，你知道它特殊在哪里吗？

如果也用三条棱表示这个新的长方体，那是怎样的三条呢？与第一个长方体相比，哪条棱发生了变化？

如图7所示，从第一个长方体到第二个长方体，什么发生了变化？

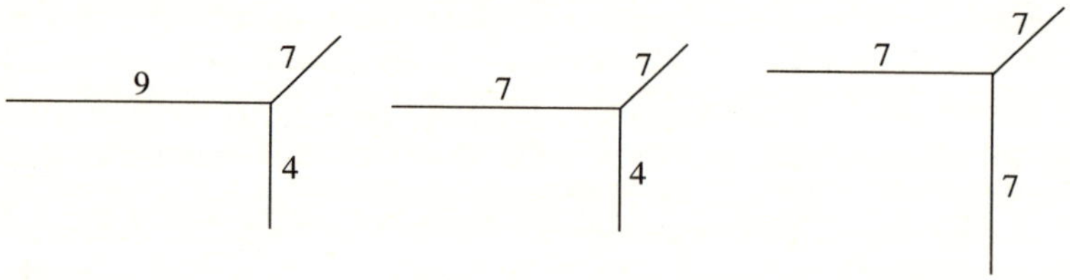

图7

(2) 正方体

师：如果把图7中第二个长方体变成正方体，可以怎样变化？（课件演示）

刚才有同学搭出图7中第三个立体图，你们是用几号袋的小棒搭成的？用了哪几根小棒？

这个正方体比第二个长方体显得更特殊，你知道它特殊在哪里？

5. 课堂回顾，理解长方体和正方体的关系

师：阅读课本，思考正方体和长方体有哪些相同点，有哪些不同点。对于今天的学习内容，你还有什么疑问吗？书上有这样一幅图（见图8），你是怎样理解的？

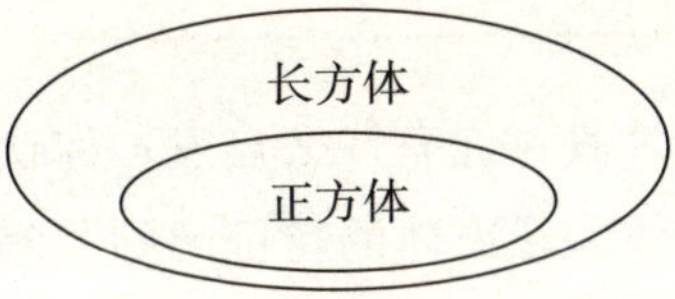

图8

【设计意图：长方体和正方体不是两个孤立的几何概念，它们是有着种属关系的“几何共同体”。在学生已经掌握长方体和正方体的基本特征后，要引导学生将几何静态与几何动态结合起来，用运动的观点观察几何图形之间的变化，想象几何变化，了解它们之间的联系，理清它们的共同点和不同点。】

6. 教学感悟

设计“用小棒搭长方体”的活动时，因为课堂时间有限，怎样提高动手操作的“性价比”是我思考的核心。用9cm、7cm和4cm三种小棒一共可以搭成10个不同的长方体，这么多个不同的长方体在一节课全部展示出来没有必要，也不可能。本节课设计的4袋小棒将动手操作活动与数学思维紧密结合起来，让学生先在脑中搭，再动手进行验证。这既激发了学生操作的主动性，又兼顾对三种长方体（一般的长方体、有两个面是正方形的长方体、正方体）的认识，将搭长方体的活动贯穿整节课，引导学生用动态的眼光分析三种长方体之间的关系，从整体上明确了长方体与正方体的联系与区别。

张奠宙教授提出：“直观几何最根本的或者最核心的内容就是用平面来描述立体。”由于我们所处的世界是立体的，但是我们看到的、画在教科书上的都是平面的，因此空间图形平面化，通过平面图形想象空间物体是直

观几何的重要内容。在上述教学片段中，教师顺应了学生的认知规律，在学生借助直观教具（长方体和正方体的盒子）建立长方体和正方体几何表象的基础上，用小棒在脑海中想象搭、动手搭，引导学生将观察与操作所积累的感性“图像”画在平面上；通过寻找看不见的三条棱活动，得到平面图上三维的立体图形；最后将这个三维立体图形抽象得到通过一个顶点的三条棱，让学生想象长方体 6 个面的大小，将实物与抽象图之间建立顺向联系。这是三维立体到二维平面的过程，是数学化的过程。

思考

1. 毕宏辉老师的教学片段对你有什么启发？你认为这样的动手操作对帮助学生掌握长方体和正方体的特征起到了怎样的作用？
2. 牛献礼老师和毕宏辉老师在教学环节上尽管不同，但是你发现两位老师的共同点了吗？

6

学生常见错误研究

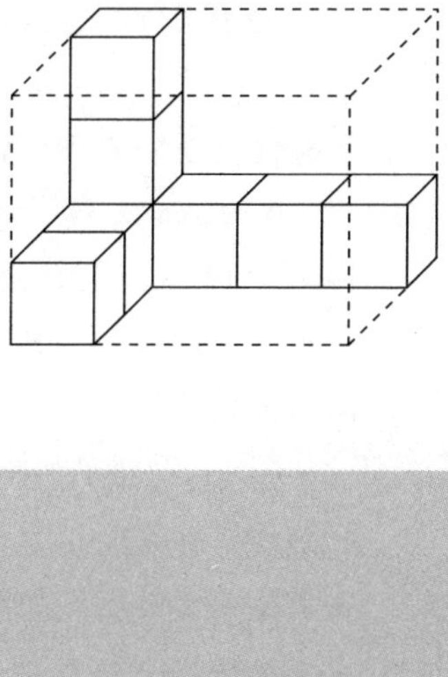

在第一学段中，学生已经初步认识了长方体，在此基础上，进一步研究长方体，学习长方体的基本特征，可以为学习长方体的表面积和体积以及其他立体图形打下基础，同时，也可以进一步发展学生的空间观念。通过本节课的学习，学生需要认识长方体的面、棱、顶点以及长、宽、高的含义，掌握长方体的基本特征。练习是检测学生学习效果的一种有效手段。在练习中，学生会出现哪些典型错误？原因是什么？如何改进？这里对学生练习中出现的错误进行了收集和整理，针对比较典型的错误进行分析，并积极寻找有效的改进策略，以期促进学生有效学习。

6.1 学生常见错误的理论分析

关于学生的错误，国内外学者已经做了很多深入的研究。戴再平先生在《数学习题理论》一书中将解题的错误分为知识性错误、逻辑性错误、策略性错误、心理性错误。

Newman 认为，学生在解文字题时，只有扫清一系列障碍，才能正确解答，任何的失误都会影响解题的进程和结果。Newman 从解题过程角度提出了错误的层级，一共有五个层次：阅读理解错误、转换错误、加工技能错误、策略选择错误和编码错误。

Casey 发展了 Newman 的理论，将解题过程分为问题形式、问题阅读、问题理解、策略选择、技能选择、技能操作等六个步骤，以此可以分析多步数学文字题中发生的错误。(黄兴丰 等，2003)

思考

阅读了上述有关学生解题错误的理论，你有什么收获？

6.2 练习中的典型错误及原因分析

基于上述的理论研究成果，下面我们将结合具体错例加以分析。

> **小贴士**
>
> 在看完错例后，建议你先不要看原因分析，而是尝试利用上述理论先独立进行分析。

① 填空：长方体有（　　）个面，都是（　　）形，也可能有（　　）个或者（　　）个相对的面是正方形，长方体相对面的面积（　　）。

错误答案：在填写长方体可能有多少个相对的面是正方形时，部分学生填写了3个或4个。

分析：这种错误属于知识性错误，学生并没有很好地掌握长方体的基本特征，特别是面和棱的特征。此类学生只是机械地识记了长方体有6个面、12条棱、相对面的面积相等，而对于可能有几个相对的面是正方形却不清晰。经访谈，答案是3个的同学说不知道到底是几个，是瞎填的。我们知道，相对面的个数一定是偶数的。答案是4个的同学虽然考虑到了这一点，但因为空间想象力薄弱，没有想象出如果是4个相对的面是正方形，那么12条棱的长度就相等了，这时长方体就会变成其特殊图形正方体了。所以正确的答案应该是长方体有（6）个面，都是（长方）形，也可能有（2）个或者（6）个相对的面是正方形，长方体相对面的面积（相等）。

② 至少需要多少厘米长的铁丝才能做一个长、宽都是4厘米，高是3厘米的长方体框架？

错误答案：$4\times4+3\times4=28$（厘米）；正确答案：$4\times4+4\times4+3\times4=44$（厘米）。

分析：此题考查的是求长方体棱长总和这一知识点。学生出现这样的错误，原因之一是阅读理解错误，即解题前，阅读文字或图形等信息时发生错误或遗漏。题干中是“长、宽都是4厘米”，学生在审题时发生错误，没有将其转换为长和宽都是4厘米，只是简单地提取了4厘米和3厘米这两个数据，对应长和高两个量就进行计算了。原因之二是提取记忆信息错误。

如果学生能清晰地提取长方体有 12 条棱这一知识点，就会对算式中只用到了 4 条长和 4 条宽这一错误进行反思和纠正，从而回头重新审题，明确题中的合并语句，避免错误的产生。

③ 一个长方体的底面是周长为 12 厘米的正方形，高 2.5 厘米，这个长方体的棱长总和是多少厘米？

错误答案：12 × 8 + 2.5 × 4 = 106（厘米）；正确答案：12 × 2 + 2.5 × 4 = 34（厘米）。

一个长方体的棱长之和是 60 分米，长是 7 分米，高是 3 分米。该长方体的宽是多少分米？

错误答案：60 − 7 × 4 − 3 × 4 = 20（分米）；正确答案：（60 − 7 × 4 − 3 × 4）÷ 4 = 5（分米）。

分析：第一题考查的也是求长方体的棱长总和的知识点。没有直接告知长和宽，而是告知正方形底面的周长。第二题考查的是长方体棱长之和的逆运算，即已知长方体棱长之和以及长、高，求宽。

上面的错误是逻辑性错误。逻辑性错误是指学生违反逻辑思维的形式和规律而导致解题出错。逻辑性错误实质上也属于知识性错误，只不过导致错误的知识点主要不在于数学而在于逻辑。如第一题中，学生将底面周长和正方形的边长两个概念互相混淆，以周长代替边长进行计算，导致出错。而正确的则应该是先求出正方形的边长，根据这个长方体有 8 条相等的棱（即正方形的边长）和 4 条高的特征，用边长乘 8 再加上 4 条高之和；或者是直接用周长乘 2 再加上 4 条高之和。第二题中，学生将宽和 4 条宽之和两个概念混淆，以为用棱长总和减去 4 条长和 4 条高的差就是长方体的宽。实际上，求出的 20 厘米是长方体 4 条宽的和，要最终求出长方体的宽还要再除以 4。

④ 把两个棱长为 3 厘米的正方体拼成一个长方体，这个长方体的棱长之和是多少？

错误答案：3 × 12 × 2 = 72（厘米）；正确答案：(3 + 3 + 6) × 4 = 48（厘米）。

分析：此题错误属于转换错误，即不能进行文字语言、符号语言和图形语言之间的相互转换。鉴于以往知识的认知基础，在转换的过程中，学生因为缺乏表象支撑，把两个棱长为 3 厘米的正方体拼成一个长方体简单理解为棱长之和就是原来的 2 倍，忽略了拼成后的长方体的棱长之和会比两个正方体的棱长之和要少。如果在审题的过程中，能根据题意画一画图，就不难看出，拼成的长方体的长是6厘米，宽是3厘米，高是3厘米，这样可以直接用棱长计算公式进行求和；或者是用减去公共边的方法，即 $3\times12\times2-3\times4\times2=48$（厘米），进行计算。

除了以上例子中的典型错误，“长方体的认识”这一教学内容的学生练习中，由于计算错误而导致解题错误的比例也比较高。计算技能直接影响解题的正确率。可见，计算是数学学习的重要基础，学生的计算能力有待加强。

6.3　预防错误发生的策略

思考

结合以上的错例和原因分析，想一想有哪些策略可以预防这些错误的发生?

针对学生在“长方体的认识”的练习中容易出现的错误，可以采取哪些预防措施呢？我们从以下几个方面展开探讨。

（1）重视观察、操作、实验等数学活动，加强学生空间观念的培养

“长方体的认识”的学习是学生从二维空间向三维空间发展的一个质的飞跃，空间观念的强弱直接影响学生的作业质量。学生学习长方体的基本特征需要有表象的支撑。有些学生虽然能背出长方体有几个面、几条棱、几个顶点，但在遇到实际问题时，如上面的例题，常常错误百出。究其原因，是学生的空间观念比较薄弱。因此，在立体几何的教学中，尤其要重视学生空间观念的培养。教学中，应给予学生更多的时间与空间，注重引导学生动手操作实践，让学生在看一看、摸一摸、认一认、数一数等实际操作中，调动多种感官参与活动，丰富感性认识，进而掌握长方体的基本特征，形成空间观念。如在教学中，可设计“切土豆”的游戏，引导学生切一刀得到一个面，切第二刀得到两个面和一条棱，切第三刀得到三个面、三条棱和一个顶点，再切三刀得到一个长方体。可以进行切长方体比赛，看谁切得又快又像，这不仅可以使学生认识长方体的面、棱和顶点，为探究长方体的特征奠定基础，还可以调动学生的手和脑，提高学生的学习兴

趣，在操作中发展学生的空间观念。

（2）提倡自主探究、合作交流的学习方式

课程标准指出，学生学习应当是一个生动活泼的、主动的和富有个性的过程。除接受学习外，动手实践、自主探索与合作交流也是学习数学的重要方式。学生应当有足够的时间和空间经历观察、实验、猜测、计算、推理、验证等活动过程。学习内容不同，学生的学习方式也不同。“长方体的认识”很适合采取自主探究、合作交流的方式进行学习。如在认识了长方体的面、棱、顶点以及长、宽、高等概念后，教师可引导学生从面、棱、顶点这三个方面，用看一看、比一比、量一量等方法来研究长方体的特征。先自主探究，后小组交流。实践证明，学生完全有能力自己归纳出长方体的特征，并在和同伴的交流中进一步完善自己的发现。这样的学习方式，学生时而观察、时而思索、时而交流、时而操作，充满了乐趣。

（3）注重知识间的联系与沟通，建立合理的认知结构

学生在归纳出长方体和正方体的特征后，要引导学生对长方体和正方体的特征进行比较，通过比较不仅可以帮助学生巩固有关的概念，弄清概念之间的联系和区别，又能发展学生的数学思考和空间观念。这样，在学生弄清长方体和正方体的面、棱、顶点的特征基础上，组织学生比较，发现长方体和正方体的相同点与不同点，使学生认识到正方体是长、宽、高都相等的长方体，是特殊的长方体。这样既有利于发展学生的迁移、类推能力，又有利于发展学生的空间观念，培养学生思维的灵活性。

（4）注重练习设计，促进学生发展

练习的设计要体现梯度，层层递进，循序渐进。教师可根据教学经验设计有针对性地进行专项训练和综合训练，在练习中要注重对学生灵活解决问题的能力的培养。针对学生空间观念薄弱的问题，教师可重点训练学生的识图能力，通过变换长方体和正方体的不同摆放位置，训练学生的看图能力。在设计与长方体和正方体的棱长有关的练习中，要丰富题型，增强变式，从而训练学生的审题能力以及灵活解决问题的能力。例如，可设计已知长方体长、宽、高求棱长之和的正向题，在此基础上进行变式，利用中间条件等提高学生的识别能力；也可设计已知棱长之和求一条棱长之类的逆向题。总之，在练习设计中，我们要求精、求变，而不要一味地让学生操练，切实提高作业的质量，促进学生的发展。

7

校本教研活动方案

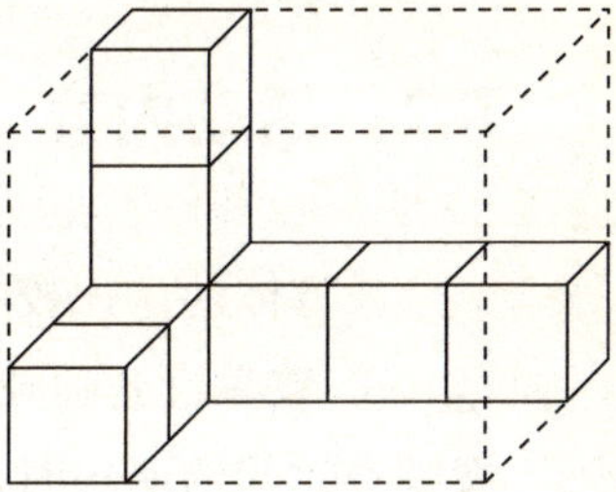

7.1 活动目标

长方体的认识校本教研活动的目标主要是：

① 经历阅读、思考、解答，并与同伴交流关于长方体教学研究的相关资料与问题的过程。

② 能够明确长方体概念的严格定义，知道与长方体相关的一些概念及它们之间的关系。

③ 能够对“长方体的认识”一课的不同引入进行比较，并形成自己的引入方式。

④ 通过分析长方体特征教学的不同方法，提升自己的教学水平。

7.2 活动内容、形式与时间

长方体的认识校本教研活动的内容、形式、时间分别是：

① 数学组老师独立解答关于长方体认识的相关问题并与同事交流。独立解答时间约两小时，交流时间约 1 小时。

② 教研组确定一位老师上“长方体的认识”的教研课，数学组其他老师先听课再评课。听课时间约 40 分钟，评课与交流时间约 1 小时。

可以根据学校教研活动的时间和教研组老师的情况，选择下面“活动前准备”中的一些问题进行解答与交流。

7.3 活动前准备

大家知道，正方体（也叫立方体）是特殊的长方体，所以在本文中，除了需要特别研究正方体以外，一般说长方体时，都包括了正方体。解答下面的问题，并准备交流。

【材料一】

① 请你先阅读下面一些概念的定义，体会这些数学概念之间的逻辑关系，感受数学的严密性，并解决相应的问题。

a. 观察图 1，想一想，哪几个图形是多面体？如果要给多面体下定义，应该怎么表达？对多面体的组成元素——顶点、棱、面，又应该如何定义？

A　　B　　C　　D　　E

图 1

读一读下面的定义，体会这些数学概念的本质属性。

由几个多边形围成的封闭的几何体叫作多面体。围成多面体的各个多边形叫作多面体的面。相邻两个面的公共边叫作多面体的棱。若干个面的公共顶点叫作多面体的顶点。

想一想，在平面内，边数最少的多边形是几边形？在空间中，面数最少的多面体是几面体？

b. 观察图 2，想一想，哪几个多面体是棱柱？如果要给棱柱下定义，应该如何表达？

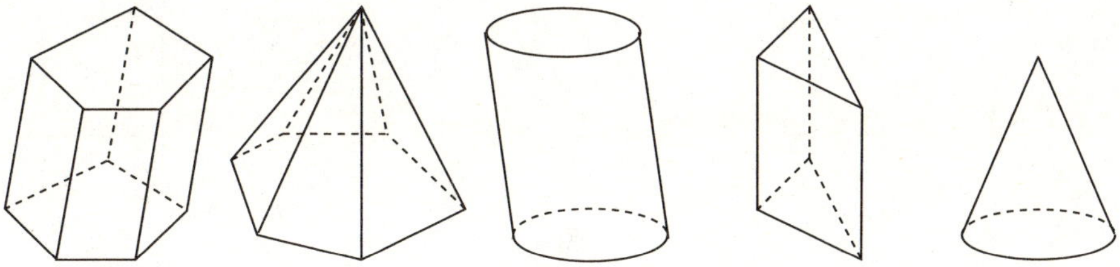

A　　B　　C　　D　　E

图 2

读一读下面关于棱柱的定义，想一想，棱柱的本质属性是什么？

有两个面互相平行，其余每相邻两个面的公共边都互相平行的多面体叫作棱柱。这两个互相平行的面叫作棱柱的底面，其余各面叫作棱柱的侧面。相邻侧面的公共边叫作棱柱的侧棱。

c. 观察图3，想一想，什么叫斜棱柱？什么叫直棱柱？

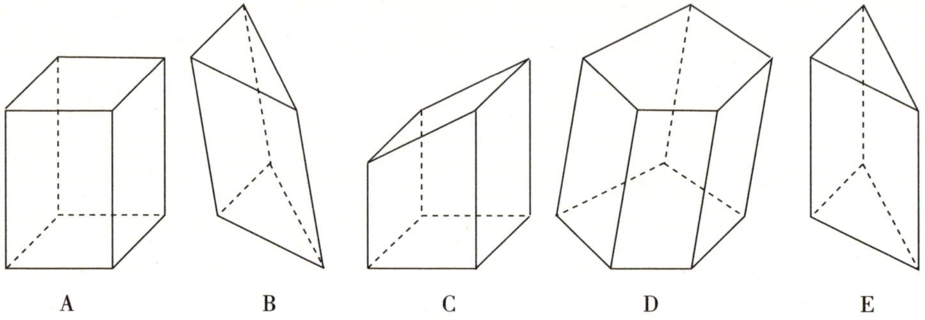

图3

先阅读下面的定义，再判断图3中，哪个是三棱柱？哪个是正棱柱？

侧棱不垂直于底面的棱柱叫作斜棱柱，侧棱垂直于底面的棱柱叫作直棱柱。底面是正多边形的直棱柱叫作正棱柱。棱柱的底面可以是三角形、四边形等，这样的棱柱分别叫作三棱柱、四棱柱等。

d. 观察图4，想一想，什么叫平行六面体？斜平行六面体、直平行六面体、长方体和正方体各是什么意思？如何定义这些概念？

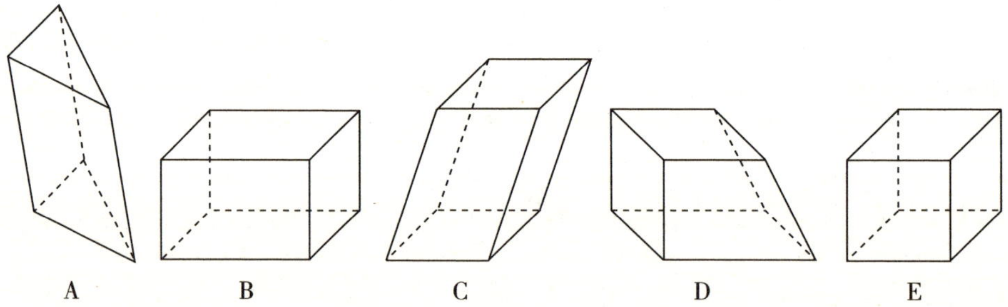

图4

先阅读下面这些概念的定义，再画一个集合图来说明这些概念之间的相互关系。

底面是平行四边形的四棱柱也叫作平行六面体。其中，侧棱与底面斜交的叫作斜平行六面体。侧棱和底面垂直的叫作直平行六面体。底面是长方形的直平行六面体叫作长方体。棱长都相等的长方体叫作正方体。

② 小学数学教材通常把长方体的特征描述为："长方体有6个面，6个面都是长方形，相对的两个面完全相同；长方体有12条棱，12条棱可以平均分成3组，每一组4条棱的长度都相等；长方体有8个顶点。"你觉得，长方体的这些特征是否能够保证这个几何体一定为底面是长方形的直平行六面体？为什么？

③ 现行人教版教材五年级下册第28页中有下面的描述："长方体是由6个长方形（特殊情况有两个相对的面是正方形）围成的立体图形。"想一想，上面括号里的这句话是否正确？为什么？在特殊情况下，这6个长方形中，3个面是正方形是否有可能？4个、5个或6个面是正方形是否有可能呢？为什么？你觉得，除了两个面是正方形这种特殊情况外，是否存在其他特殊情况，那么这些情况是否也需要在括号里加以说明呢？为什么？

【材料二】

① 现行的各版本教材中，认识长方体一般分成两个阶段：在一年级或二年级时，初步认识长方体；在五年级或六年级时，对长方体做进一步的认识。你觉得前后两次"长方体的认识"在教学目标上有什么不同？

② 引导学生总结长方体的特征时，是从"顶点的个数、棱的条数与长短、面的形状与大小"这三个方面来进行的。你认为在教学时，应该引导学生先研究顶点，再研究棱，最后研究面，还是应该从面的研究开始？为什么？

③ 如果在"长方体的认识"这节课的开头，设计以下的引入环节会有什么效果？教师依次拿出事先准备好的各种长方体形状的实物，并与学生进行了以下交流。

师：（手拿魔方）这是什么东西？用什么材料做成的？生：这是魔方，是塑料做的。师：（手拿盛药的纸盒）这是什么东西？是用什么材料做的？是什么颜色的？生：这是盛药的盒子，是用纸板做的，白色的。老师继续拿出铁皮做的红色的饼干箱、玻璃做的透明的鱼缸等实物，继续上面的交流，让学生明确这些东西用途不同、材料不同、颜色不同。接着老师提出：这些东西有许多不同的地方，想一想，它们有什么共同的地方呢？从而让学生得出：这些东西的样子都是方的，这些东西的形状都是长方体。接着老师提示课题：长方体的认识。

对于上面这个引入过程的教育价值，甲、乙两人有不同的观点。甲认为：这个引入过程很不好，东西的用途、颜色、材料都不是数学要研究的，教师没有必要引导学生关注这些非数学的内容，这样去引导学生是浪费时间；应该开门见山地问学生，这些东西是什么形状的，直接引出要研究的内容。而乙认为：这是一个很好的引入过程。教师先引导学生关注这些现实生活中的实物，包括它们的用途、材料、颜色等，正是基于学生的生活现实，在现实生活中，人们常常是关注物品的这些属性的；在此基础上，引导学生关注这些物体的共同点，从形状的角度去发现共性，从数学的角度去观察这些物体，这个过程能够让学生感受什么是数学的视角。

你认为这是一个很好的引入过程吗？甲、乙两人的观点，哪一个人的观点更有道理？为什么？

④ 如果在教学“长方体的认识”时，设计下面的引入环节会有什么效果？教师在黑板上事先画好一个长方形和一个长方体（或用课件演示），分别指着长方形与长方体，问学生以下问题。

a. 它们分别叫什么名字？学生可能回答：分别叫作长方形和长方体。

b. 这两个图形有什么不同？学生可能回答：长方形是平面图形，长方体是立体图形；长方形中只有1个长方形，长方体中有6个长方形；长方形只有1个面，长方体有6个面。

c. 长方形的特征是什么？学生可能回答：长方形的对边相等，4个角都是直角。

今天这节课我们要研究长方体的特征。板书：长方体的认识。

你喜欢上面这个引入过程吗？这样的引入有什么优点？

⑤ 在教学长方体面的特征时，可以让学生：摸一摸每一个面，看一看面的形状，数一数面的个数，比一比面的大小。

a. 在数面的个数时，教师常常引导学生按照“上面、下面，前面、后面，左面、右面”这样的顺序数。想一想，按照这样的顺序数，有什么优点？

b. 在比一比面的大小时，你怎样引导学生得出“相对的两个面的大小相等”的结论？

以下是两个引导学生得出“相对的两个面的大小相等”的过程，这两个引导过程各有什么特点？你更喜欢哪一个过程？为什么？

引导过程一：第一步，老师拿出事先做好的长方体模型，先让学生指一指哪两个面可能是相等的。当指出上面与下面相等时，老师将教具模型中的这两个面（纸板）剥下来（撕下来），并把这两个面重叠在一起，让学生看到这两个面完全重合，从而得到上面与下面这两个相对的面相等。前面与后面、左面与右面也做类似的操作。第二步，用计算机演示：将上面这个面向下移动与下面这个面重合。其他面也做类似操作。

引导过程二：老师拿出事先准备好的长方体模型，告诉学生上面的这个长方形的长是6厘米，宽是4厘米，即是一个6×4的长方形，那么，想一想，在长方体的其他面中，也有6×4这样大小的长方形吗？为什么？让学生运用长方形对边相等的知识，得到这个长方体下面的面也是6×4。

老师进一步假设前面的这个面是4×3的长方形，同样让学生运用长方形的特征说明前面与后面、左面与右面的大小也相等，如图5所示。

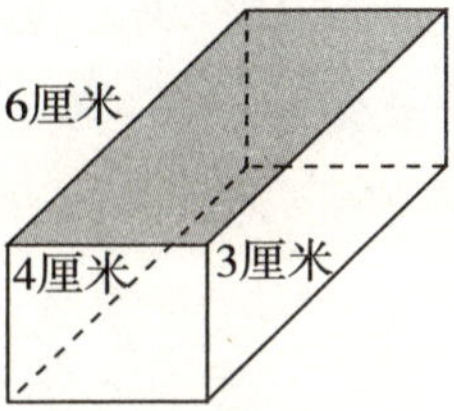

图5

接下来，老师出示长方体的模型，并在顶点标上字母（见图6），让学生说一说哪两个面的大小相等，为什么。

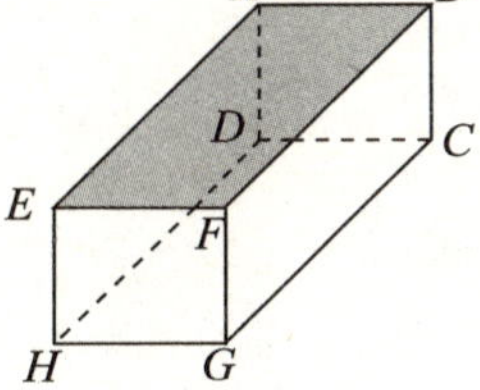

图6

引导学生表达：上面这个长方形 $AEFB$ 与下面这个长方形 $DHGC$ 大小相等。这是因为左右两个面都是两个长方形，根据长方形的特征，它们的对边相等，得到 $AE=DH$、$BF=CG$；根据前后两个面都是长方形，同样可以得到 $AB=DC$、$EF=HG$，所以上下两个面大小完全一样。同样道理可以说明前后面、左右面的大小也是分别相等的。(在研究了棱的特征以后，学生已经明确长方体有12条棱，分为3组，每组的4条棱长度相等，因而也可以用棱的特征来说明相对面的大小相等)

⑥ 在学生初步认识长方体面的特征后，设计以下的教学环节，你觉得这样的教学过程有什么价值?

师：(出示一个4分米×3分米的长方形纸片) 如果这是长方体的一个面，那么你可以知道什么?

学生可能会说：可以知道还需要五个面才能做成长方体；如果把这个面作为前面，那么这个长方体的后面也是4×3这样一个长方形。

师：你还能想象出其他面的样子与大小吗?

学生可能会说：其他面的形状都是长方形，但大小不知道。如果这个面是前面，那么左右两个面是相等的，两个长方形都有一条边，长是3分米；上下两个面都有一条边，长是4分米。(见图7)

师：确定长方体这样一个面，这个长方体的其他面能够完全确定吗?为什么?

生可能会说：不能，如果这个4×3的面是前面，那么与它一样大小的后面这个面可以离它近一点，也可以远一点。(老师根据学生的回答出示图8)

师：确定一个面的大小，不能确定这个长方体其他面的大小，那么确定两个面、三个面呢? 至少要确定几个面呢?

引导学生得到至少要两个相邻的面(相邻的面就是有一条公共边的两个面)的结论。出示图9，确定前面是4×3，确定上面是6×4，这样就可以确定长方体的其他四个面，长方体的大小就完全确定。

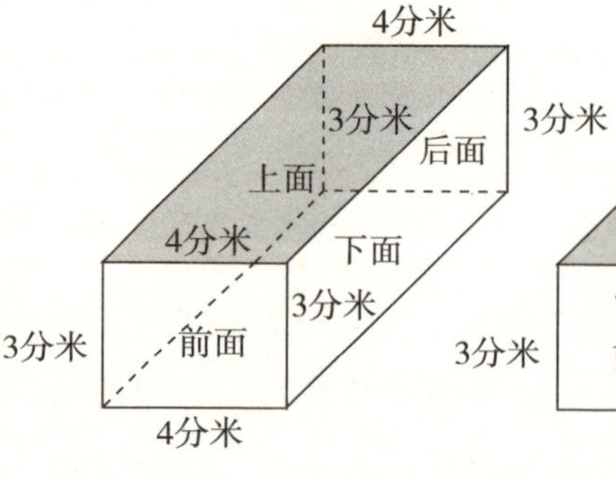

图7

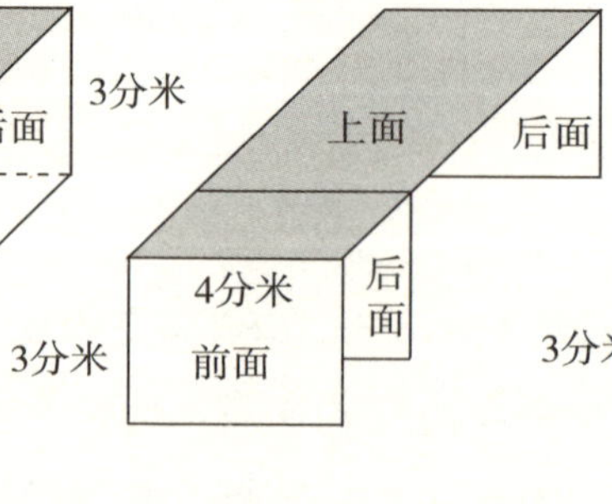

图8

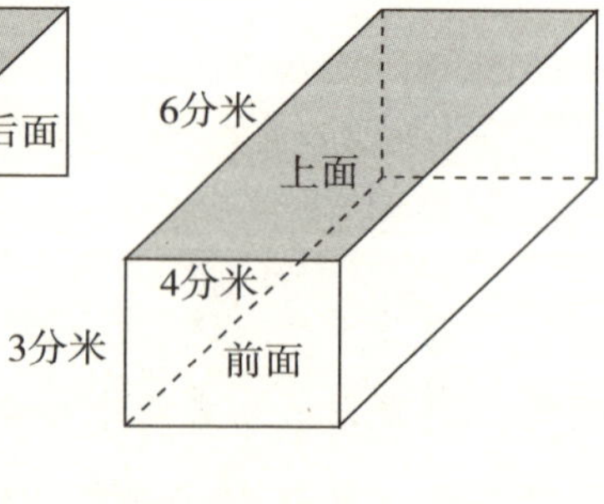

图9

⑦ 在北师版教材五年级下册第 15 页有下面这个题目：

3. 在下面的8个面中找出6个面，使它们能围成右面的长方体。这6个面的编号分别是＿＿＿＿＿＿＿＿＿＿＿＿。

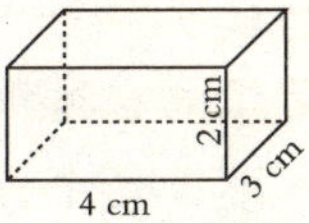

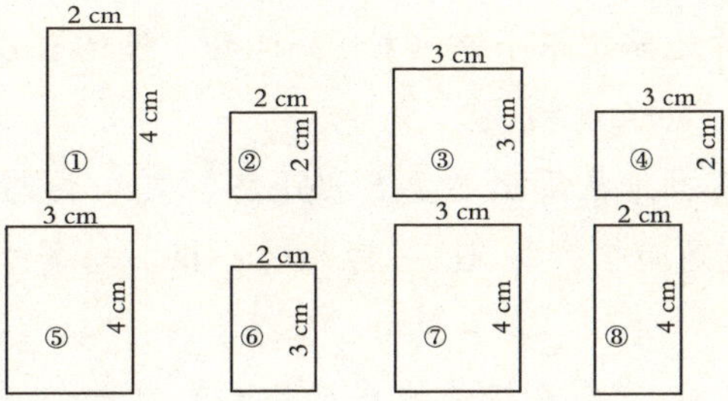

凭你的经验，在学习了长方体面的特征后，大约有多少学生能够独立地解决这个问题？在上面的题目中，如果不给出题目中的这个长方体，学生也能够解决这个问题吗？有图与没有图这两个题的难度哪一个大？为什么？如果有学生在没有图时，就不能解决这个问题，那么，这些学生的困难是什么？

⑧ 在学生认识了顶点、面和棱后，教材常常会安排学生用材料来做一个长方体的模型。浙教版教材五年级下册第 91 页中，在学生做长方体的模型之前，提出了以下的制作要求：用小圆球（顶点）和四种不同长度的小棒（棱），制作长方体、正方体模型。a. 每组制作两个长方体，其中一个是正方体；b. 制作前小组先讨论填写领料单；c. 按照领料单领取材料；d. 制作完成后，讨论棱和顶点各有什么特点。如果材料不够或有多余，请说明原因。

领料单

模　型	顶点（小圆球）	棱（小棒）			
		A	B	C	D
长方体	个	条	条	条	条
正方体	个	条	条	条	条

你觉得让学生在制作前先填写领料单，有什么好处？制作后说明材料正好或不足或多余的情况，又有什么好处？

⑨ 在认识长方体时，需要学生认识长、宽、高的含义，如果你去上这

节课，你会通过什么途径让学生认识长、宽、高？

请你先阅读以下的教学过程，再回答问题。

老师出示一个还没有制作完成的长方体的模型，如图10所示。

让学生想一想，这个长方体模型还没有制作完成，如果让你来进一步完成制作，那么你还要几根小棒（棱）？这些小棒的长度分别与已经搭好的哪几根小棒（棱）的长度相等？

学生通过观察、想象得出还要5根小棒，其中要与 AB 一样长的两根，与 AD 一样长的也是两根，与 AE 一样长的一根。接着老师选择相应小棒并做继续制作的演示。

师：（指着图10这个还没有完成的模型）已经有了7条棱，我们就可以确定其他棱的长度，从而来确定这个长方体。那么，没有完成的模型不到7条棱，比如是6条、5条时，我们也能完成制作一个长方体的任务吗？

学生进一步观察、想象，可能会考虑：由于 $AE=DH=CG$，所以，去掉其中的任意两根小棒（棱），留下一根小棒（棱），就可以确定这个方向上的小棒（棱）的长度。如图11所示，在这三根中，只留下了 AE，这样就只有5条棱了，也能够确定这个长方体的大小。进一步考虑留下4条、3条、2条、1条棱，从而发现：最少需要留下相交于同一个顶点的3条棱，就能够确定这个长方体的大小，相交于同一顶点的三条棱分别叫作长方体的长、宽、高，如图12所示。

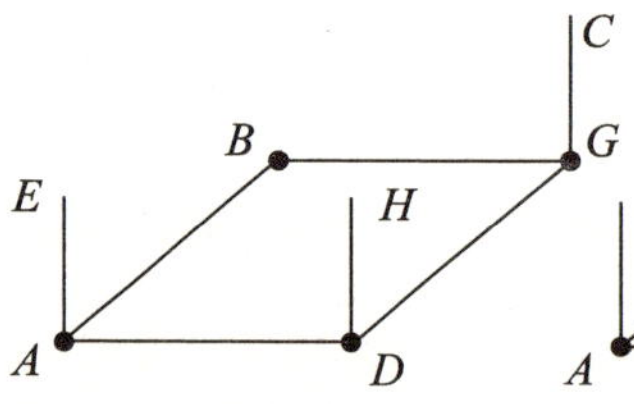

图 10

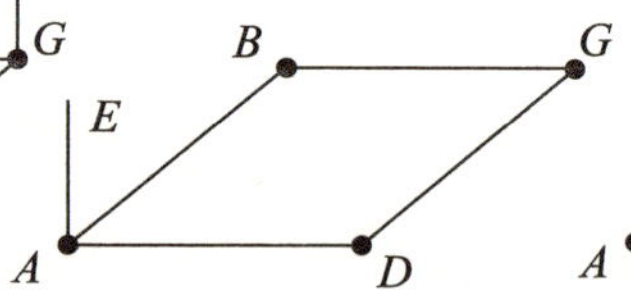

图 11

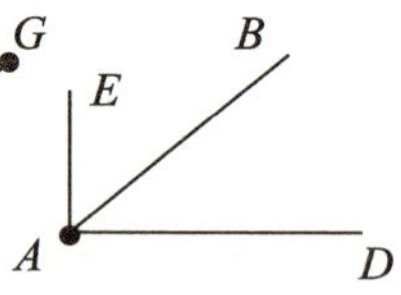

图 12

师：前面我们研究过，如果有两个相邻的面确定了，这个长方体就确定了。现在我们又知道，相交于同一个顶点的三条棱确定了，这个长方体就确定了。请想一想，这两种“确定”之间有什么关系？

让学生得出两者实质是可以相互确定的。也就是确定了长、宽、高就可以确定两个相邻面的大小，相反确定了两个相邻面的大小，也就确定了长、宽、高。

你认为：这样的教学过程有利于学生理解长、宽、高的含义吗？这样的教学过程有利于学生理解长方体的面与棱在确定长方体大小时的关系吗？这样的教学过程有利于培养学生的空间观念吗？

⑩ 当研究了长方体的面、棱与顶点后，需要学生对这三个方面进行归纳，在归纳时，有些老师会给学生提供类似下面这样的表格。

	顶点	面			棱	
	个数	个数	形状	大小关系	条数	长度关系
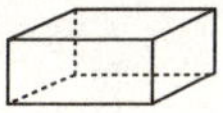						
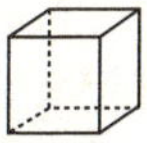						

你认为：如果老师不提供给学生表格，学生在归纳时，自己能够画出类似这样的表格吗？老师提供表格或者不提供表格各有什么好处与不足？

小贴士

以上校本教研活动方案中思考题的答案，请扫描二维码，登录“朱乐平特级教师工作室”网站查看。

中篇　长方体表面积的教学研究

1 课程标准（教学大纲）研究
2 教材比较研究
3 教学设计研究
4 学生课堂前测分析
5 学生常见错误研究
6 教与学的评价研究
7 学生思维测试分析

1

课程标准（教学大纲）研究

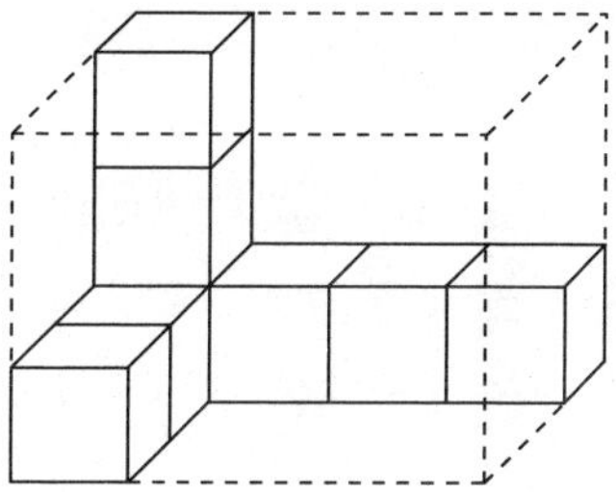

我们知道，课程标准或教学大纲是编写小学数学教科书、教学辅助资料的参照，是教师组织教学活动以及检查评估教学质量的依据。课标或大纲中的要求，对于教师和教学研究人员都具有十分重要的意义。“长方体的表面积”是小学数学课程安排在“图形与几何”这一学习领域中的教学内容，理解课标或大纲关于“长方体的表面积”的教学要求，不仅能提高我们教师理解教材、把握教材的能力，提高设计教学、组织教学的水平，还能使我们教师在开发教材、教学评价、考试命题、质量管理方法等方面获得自我提升，促进专业成长。

鉴于以上认识，我们查阅了《20 世纪中国中小学课程标准 · 教学大纲汇编数学卷》等书，时间跨度从 1902 年的《钦定小学堂章程》开始到 2011 年的《义务教育数学课程标准（2011 年版）》。在本章中，我们将与你一起来交流我国课标或大纲中关于“长方体的表面积”的教学要求与启示。

1.1 课程标准（教学大纲）对长方体表面积的教学要求

“长方体的表面积”这一内容的教学一般包括理解表面积的意义和掌握表面积的计算方法两个方面。

小贴士

“长方体的表面积”这一教学内容：
始见于 1952 年《小学算术教学大纲（草案）》；
1956 年《小学算术教学大纲（修订草案）》删去了这一内容；
1963 年之后的历次课标或大纲均将它列为教学的内容。

下面我们一起来了解一下课标或大纲关于这一内容的教学要求。（见表 1－1）

表1－1　课标或大纲中“长方体的表面积”的教学要求

课标/大纲	学习年级	教学要求
1952年《小学算术教学大纲（草案）》（五年制）	四年级第二学期	认识体积、正方体和长方体及其面、边和角，并计算其表面积。
1963年《全日制小学算术教学大纲（草案）》（六年制）	五年级	一、教学目的和要求：掌握几何形体的初步知识，能够进行常遇到的一些几何形体的周长、面积、体积的计算。五、各年级的教学要求和教学内容：初步掌握长方体和正方体的特征，……能够正确地计算长方体和正方体的表面积和体积。
1978年《全日制十年制小学数学教学大纲（试行草案）》（五年制）	四年级第二学期	长方体和正方体的表面积。
1986年《全日制小学数学教学大纲》	五年制五年级；六年制六年级	一、目的和要求：掌握简单几何图形的基础知识，能够识别常见的几何形体，正确计算周长、面积和体积，……初步培养学生的空间观念。四、教学中应注意的几个问题：注意逐步培养学生初步的逻辑思维能力和空间观念。几何知识的教学，要使学生通过观察、测量、动手操作等实践活动，加深对几何形体的认识，逐步发展学生的空间观念。五、各年级的教学要求和教学内容：掌握计算长方体、正方体体积的计算公式，并且能够计算它们的体积和表面积。

续表

课标/大纲	学习年级	教学要求
1988 年《九年制义务教育全日制小学数学教学大纲（初审稿）》	五年制四年级；六年制五年级	三、教学内容的确定和安排：在小学通过直观学习一些几何初步知识，认识常见的简单几何形体的特征，学会计算它们的周长、面积和体积，……在安排内容时，要注意加强测量、拼摆、画图等实际操作方面的训练，求积计算的数据不应过繁。四、教学中应该注意的几个问题：几何初步知识的教学，要充分利用各种条件，引导学生通过对物体、模型、图形的观察、测量、拼摆、画图、制作、实验等活动，获取和运用几何初步知识，并在运用几何初步知识的过程中培养初步的空间观念。五、各年级的教学内容和教学要求：掌握长方体和正方体的特征，会计算它们的表面积。
1992 年《九年义务教育全日制小学数学教学大纲（试用）》	五年制四年级；六年制五年级	三、教学内容的确定和安排：通过直观学习一些几何初步知识，认识常见的简单几何形体的特征，学会计算它们的周长、面积和体积，……在安排内容时，要注意加强测量、拼摆、画图等实际操作方面的训练，求积计算的数据不应过繁。四、教学中应该注意的几个问题：几何初步知识的教学，要充分利用各种条件，引导学生通过对物体、模型等的观察、测量、拼摆、画图、制作、实验等活动，掌握形体的基本特征和面积、体积的计算方法，并注意在实际中应用，以利于培养初步的空间观念。五、各年级的教学内容和教学要求：掌握长方体和正方体的特征，会计算它们的表面积。
1994 年《关于印发中小学语文等 23 个学科教学大纲调整意见的通知》	五年级	调整意见：将“长方体和正方体的特征，长方体和正方体的表面积”移到五年级。

续表

课标/大纲	学习年级	教学要求
2000 年《九年义务教育全日制小学数学教学大纲（试用修订版）》	五年级	三、教学内容的确定和安排：几何初步知识的内容应密切联系学生的生活实际，遵循儿童的认知规律，按照立体——平面——立体的顺序安排，通过观察、测量、拼摆、画图等实际活动认识常见的几何形体的特征，会计算它们的周长、面积和体积，培养学生的空间观念。求积计算的数据不应过繁。四、教学中应该注意的几个问题：几何初步知识的教学，要充分利用各种条件，引导学生通过对物体、模型等的观察、测量、拼摆、画图、制作、实验等活动，掌握形体的基本特征和面积、体积的计算方法，并注意在实际中应用，以利于培养初步的空间观念。五、各年级的教学内容和教学要求：掌握长方体和正方体的特征，会计算它们的表面积。
2001 年《全日制义务教育数学课程标准（实验稿）》	第二学段	结合具体情境，探索并掌握长方体、正方体、圆柱的体积和表面积以及圆锥体积的计算方法，并能解决简单的实际问题。
2011 年《义务教育数学课程标准（2011 年版）》	第二学段	结合具体情境，探索并掌握长方体、正方体、圆柱的体积和表面积以及圆锥体积的计算方法，并能解决简单的实际问题。

思考

看过表中课标（大纲）对“长方体的表面积”的教学要求，试着回答以下问题：

1. 哪些要求一直没有变？
2. 新增了哪些要求？
3. 结合 2011 版课标的理念谈一谈你对这些变化的理解。

1.2 课程标准（教学大纲）的教学要求解读

接着，请跟随我们从以下四个方面对“长方体的表面积”的教学要求进行解读。

让学生初步形成三维空间观念

长方体（包括正方体）是学生在生活中常见的，也是最基本的立体图形，它与平面图形的不同，在于它们是由面组成的立体图形。由一个顶点出发，从三个方向引出的长、宽、高决定了它所占空间的大小，通过表面积和体积的实际计算，感受长、宽、高与长方体大小的联系，使学生对自己周围的空间和空间中的物体具有三维的空间知觉和空间能力，形成长、宽、高的三维空间观念，为学生今后进一步学习其他的立体图形打好基础。

理解表面积的意义是学生掌握表面积计算方法的关键

纵观我国各个时期的课标或大纲，有关“长方体的表面积”的教学要求基本相同，即理解长方体表面积的意义，会计算它们的表面积。而理解表面积的意义，是学生探索、发现表面积计算方法的前提，是学生理解并掌握计算方法的关键。学生理解表面积意义的学习过程也是对长方体图形作进一步理解的过程，这个过程使他们不仅知道长方体有 6 个面，还知道这 6 个面两两相对的特征，以及从一个顶点出发的长、宽、高与计算 6 个面的面积之间的关系，从而使学生自己探索、发现计算表面积的方法，概括出计算公式成为可能。因此，理解长方体表面积的意义是学生理解、掌握表面积计算方法的关键。

让学生在经历过程中得到发展

回忆

1. 2000 年颁布的《九年义务教育全日制小学数学教学大纲（试用修订版）》提出："通过观察、测量、拼摆、画图等实际活动认识常见的几何形体的特征，会计算它们的周长、面积和体积，培养学生的空间观念。"
2. 《义务教育数学课程标准（2011 年版）》提出："结合具体情境，探索并掌握长方体、正方体、圆柱的体积和表面积以及圆锥体积的计算方法，并能解决简单的实际问题。"

上述要求说明，让学生经历认识特征、理解意义、掌握方法的过程应该成为教师教学"长方体的表面积"的基本思路，也说明经历过程是达成教学目标的重要途径。教学要求意味着学生在学习"长方体的表面积"的活动中，应该以学生为主体，以学习为主线，让学生主动参与，自己获取知识和方法，同时在数学思考、情感态度、创新精神和实践能力方面得到相应的发展。教学要求还意味着教师在"长方体的表面积"的教学过程中，要充分发挥学生的主动性、积极性，充分运用学生已有的知识和经验去传授新知识，同时尽可能采取自主的、合作的、探究的学习方式组织教学，使学生成为数学学习的主人，而教师则是数学学习活动的组织者、引导者和合作者。

让学生在联系生活中体会学习长方体表面积计算的价值

学生生活周围存在着大量形状是长方体和正方体的物体。根据生活和生产的需要，我们需要用表面积的计算方法去解决一些诸如"包装一个长方体的礼盒，至少要用多少平方分米的彩色纸"之类的实际问题。因此，课标把"运用所学知识解决一些简单的实际问题"作为"长方体的表面积"的教学要求加以肯定。它告诉我们学生学习长方体的表面积计算，掌握其计算方法不是最根本的目的，不是为计算表面积而学习方法，其根本目的是使学生获得解决问题的方法，为解决生活与生产中的一些实际问题而学习计算方法。同时教学要求还告诉我们，运用所学的知识解决一些实际问题，不仅是让学生进一步巩固知识，能正确、熟练地计算长方体的表面积，而且要让学生在解决实际问题的过程中把数学和生活、生产联系起来，体会表面积计算的学习价值，体会数学从生活中来，又回到生活中去，增进对数学的理解，增强学好数学的信心。

1.3 课程标准（教学大纲）研究对教学的启示

课标或大纲关于“长方体的表面积”所确定的教学要求，不仅使我们知道教学应该让学生获得什么，还知道应该怎样去获得。这对我们的课堂教学设计和实施具有十分重要的指导意义。以下以实际的课堂教学为例子，就教学思路和教学行为上得到的启示，和大家分享。

注重发展学生的空间观念

教学长方体表面积的计算时，学生由于空间观念不强，往往不能根据给出的长方体的长、宽、高想象出每个面的长方形对应的长和宽，以致在计算中出现错误。这是本节课教学的一个难点。为此，教学中要注重创设情境以发展学生的空间想象能力。例如，可以利用实物（火柴盒或模型），让学生指出长方体的长、宽、高分别是哪三条棱，然后变换位置摆放，让学生探索各个面的面积与长、宽、高的关系，指出各个面面积计算所用的条件。让学生感知并理解同一长方体摆放的位置不同，求每个面所需的条件也有所不同。在此基础上，变换火柴盒摆放的位置让学生指出求每个面的面积所用的条件。这样不仅促进学生熟练地掌握六个面的面积计算方法，又相应地培养了学生的空间想象能力。

注重自主、合作、探究的学习方式

为了让学生通过观察、动手操作等活动去探索发现长方体表面积的计算方法，教师应采用自主的、合作的、探究的学习方式组织课堂教学活动，确保学生的主体地位，给予学生主动参与、自己发现方法的机会。采用独立操作、反馈展示、相互交流、评价讨论、概括结论的具体步骤展开教学活动，让学生在获取知识和方法的同时促进数学思维、情感态度、创新精神和实践能力的发展，使学生成为学习数学的主人，而教师则是数学学习的组织者、引导者和合作者。

注重学习计算长方体表面积的操作过程

通过教学，学生掌握了长方体表面积的计算方法，能解决类似“已知一个长方体的长、宽、高，求它的表面积”这样的问题。如果我们的教学只局限于解答问题，还是不能体现课标的要求。因为，现实生活中要知道某个长方体或正方体物体的表面积，它们的长、宽、高要由自己去确定，而长、宽、高的具体数据也是未知的。因此，要知道某个长方体或正方体的表面积，存在一个“判断是否是长方体或正方体——确定长、宽、高——获取数据——运用公式计算”的过程。学生掌握了这个过程，才具备解决实际问题的能力。“长方体的表面积”的课堂教学不仅要让学生掌握方法，更要让学生掌握表面积计算的过程，而这种过程的习得单凭做习题是学不会的。因此，教师在设计课堂练习时，要尽可能提供一些包括长方体或正方体在内的各种立体图形模型或实物，让学生选择其中的长方体或正方体，用看一看、量一量、算一算的综合性活动，让学生学会计算表面积的过程。

注重拓展课堂教学的空间

运用所学的知识和方法解决实际问题是“长方体的表面积”教学要求的重要内容。要提高学生运用知识解决实际问题的能力，不能把教学活动束缚在教室里，把注意力集中在习题上，从书本到书本，从习题到习题，而应该引导学生走出教室，用数学的眼光去观察生活周围的物体，找到可以用长方体或正方体表面积计算的物体，并能选择其中几个物体加以计算。注重联系生活，拓展长方体表面积计算的课堂教学空间，不仅是学生获得运用所学知识解决实际问题的能力的需要，也是让学生体会学习成功、体会学习方法的价值的需要。注重联系生活，增进学生对数学的理解，增强学生学好数学的信心。

注重数学思考

解决长方体表面积的问题，不一定都得在书上找，也不一定得依赖于教师提供，从自主的、合作学习的意义上讲，也可以由学生自己提供，通过学生之间的相互交流，解决问题。因此，在联系生活、走出课堂、观察周围物体的基础上，通过看一看、量一量的实际操作，让学生获取素材和数据，编写解决长方体物体的表面积的练习材料，以扩大其练习的视野，促进学生在数学思考上获得进步。

2

教材比较研究

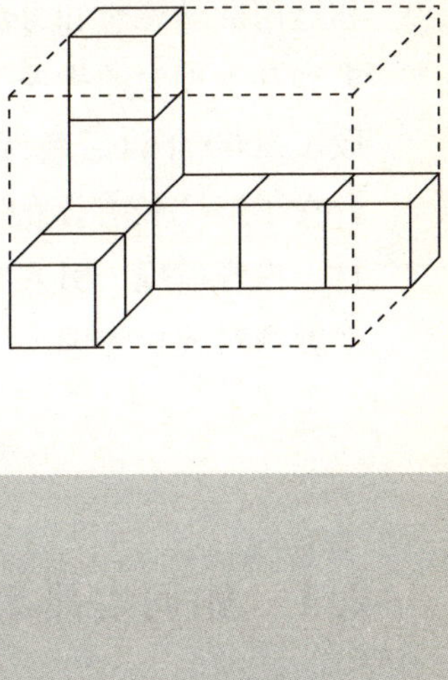

2001 年我们国家颁布了实验稿课标，启动了新一轮的基础教育课程改革。实验稿课标颁布以后，国家鼓励各种机构编写教材，实现了一个课标多种版本教材的新局面。对不同版本的教材进行比较，并思考教材编写背后深层次的“不同的原因”，是一件很有趣的事情。教师教学前，了解这些不同，借鉴不同版本教材的优势，完善自己的教学，这对教学活动有着重要的意义。

关于“长方体的表面积”，2011 版课标明确要求：结合具体情境，探索并掌握长方体、正方体、圆柱的体积和表面积以及圆锥体积的计算方法，并能解决简单的实际问题。同时，2011 版课标也在基本理念中指出：“课程内容的选择要贴近学生的实际，有利于学生体验与理解、思考与探索，……，学生应当有足够的时间和空间经历观察、实验、猜测、计算、推理、验证等活动过程，……，教师教学应该以学生的认知发展水平和已有的经验为基础，……，使学生理解和掌握基本的数学知识与技能、体会和运用数学思想和方法，获得基本的数学活动经验。”那么，在课标教学要求和基本理念的指导下，“长方体的表面积”的教材是如何编写的？本章选取了 2000 年以后新课程的六套教材（选取的教材同上篇）进行对比研究，旨在了解“长方体的表面积”的教材编写在教学安排、章节设置、编写素材、内容呈现、引入方式、方法形成和知识表述方面的特点和异同，以加强教师对教材的理解，丰富教学的线索，为设计有效教学提供思路。

2.1 如何安排教学年级？

各套教材都是在学生对长方体认识之后，在学生掌握了它们的图形特征的基础上安排“长方体的表面积”教学的。具体安排的年级有两种情况：一种是安排在五年级下册（第十册）进行教学，如人教版、北师版、浙教版、西师版、青岛版教材；另一种是安排在六年级上册（第十一册）进行教学，如苏教版教材。

以上情况说明，多数教材把“长方体的表面积”安排在五年级下册进行教学。

思考

1. 你所使用的教材把“长方体的表面积”的学习安排在哪个年级？
2. 想一想，为什么新课程的所有教材都把这一内容安排在五、六年级进行学习？

教材对于年级的安排一定是和学生的年龄特征和认知水平有关的。对长方体的学习是学生从二维空间向三维空间、从平面图形向立体图形的过渡，五、六年级的学生正处于空间观念初步发展的阶段，在这个时候安排这一内容的学习，是符合他们的年龄特征和认知水平的。

2.2 知识范围和要求是什么？

“长方体的表面积”是以长方体的图形和物体为知识范围，要求学生在理解表面积定义的基础上，掌握长方体表面积的计算方法，能计算6个面的总面积，或其中5个面、4个面的总面积。

除此之外，西师版教材把表面积概念的知识范围扩大到三棱柱，其目的在于让学生对表面积有更宽的认识，并把长方体、正方体的表面积计算方法，主动地迁移到相关的立体图形表面积的计算中。

2.3 怎样设置章节？

六套教材对“长方体的表面积”这一内容的章节设置情况如下。（见表2-1）

表2－1 六套教材章节设置情况

设置的形式		人教版	北师版	苏教版	浙教版	西师版	青岛版
单独设置	长方体、正方体的表面积	√				√	
	长方体的表面积		√				
	表面积				√		
依附设置	例4、例5			√			
	长方体（一） 长方体（二）						√

表2－1说明，对于“长方体的表面积”，人教版、北师版、浙教版和西师版四套教材采取单独设置章节的形式编写教材，但章节的具体表述又有不同。人教版和西师版教材比较完整地表述了章节的内容；北师版教材只提长方体的表面积，把正方体的表面积包含在长方体的表面积里面；浙教版教材只提表面积，而没有具体说明是什么的表面积。

表2－1还说明，对于“长方体的表面积”，苏教版和青岛版两套教材采取依附设置章节的形式编写教材，而具体的做法又有不同。苏教版教材把长方体和正方体的表面积纳入“长方体和正方体”的大单元里，通过例4和例5的形式编写“长方体和正方体的表面积”的内容；青岛版教材借用“长方体和正方体（一）”、“长方体和正方体（二）”的章节，把表面积计算编写在“长方体和正方体（二）”里面，没有单独设置章节。

单独设置章节，便于教师在明确教学内容的前提下，有目的地去研究具体的教材，而依附设置章节，就要求教师在研究具体的教材内容的过程中领会教什么。

2.4 选取了哪些素材?

素材是知识的载体，教材编写所提供的素材只有密切联系学生的生活实际，才能帮助学生理解数学知识，体会数学与生活的关系，了解数学在生活中的作用。下面是六个版本的教材所选取的素材统计表（见表2－2）。

表 2－2　六套教材选取素材的情况统计表

素材＼教材	人教版	北师版	苏教版	浙教版	西师版	青岛版
长（正）方体纸盒（箱）	√	√	√	√	√	√
微波炉包装箱	√					
简易衣柜	√					
玻璃鱼缸	√	√	√			√
铁皮邮箱	√					
洗衣机的机套	√					
游泳池	√			√		
粉刷房间或教室	√	√	√	√	√	√
颁奖台	√					
饮料盒		√				
电视机罩子		√				
饼干盒			√			
影集封套			√			
昆虫箱			√			
台阶			√			
火柴盒			√			
工具箱		√		√		
长方体灯笼					√	
电冰箱					√	
书的盒套					√	
手提袋						√
雨水管						√

思考

通过上表你一定可以发现：长方体或正方体的纸盒（箱）、玻璃鱼缸、游泳池、粉刷房间或教室是选用最多的素材，你认为是什么原因使这些素材受到不同教材编写者的青睐？

从表 2 - 2 中可以看出，各套教材都会联系学生的现实生活，以学校、家庭、社会生活中的具体事物为素材编写长方体和正方体的表面积，使学生感受到数学就在自己的身边，数学与生活密切联系。

从表 2 - 2 中还可以看出，人教版、北师版和苏教版三个版本教材所提供的素材不仅更为丰富，而且是学生比较熟悉的一些具体事物，这有利于学生主动地观察、实验，积极获取有关表面积的知识。

2.5 采取哪些呈现方式?

教材的呈现方式，影响着学生的学习方式，是体现教材编写特点的重要内容。分析六个版本的教材编写情况，不同版本的教材有以下几种呈现方式。

方式一：用问题猜测、动手实验的方式呈现教材，如人教版教材（见图 2 - 1）。

把一个长方体或正方体的纸盒展开是什么形状的呢?

图 2 - 1

方式二：用问题猜测、观察展开图的方式呈现教材，如北师版教材（见图 2 - 2）。

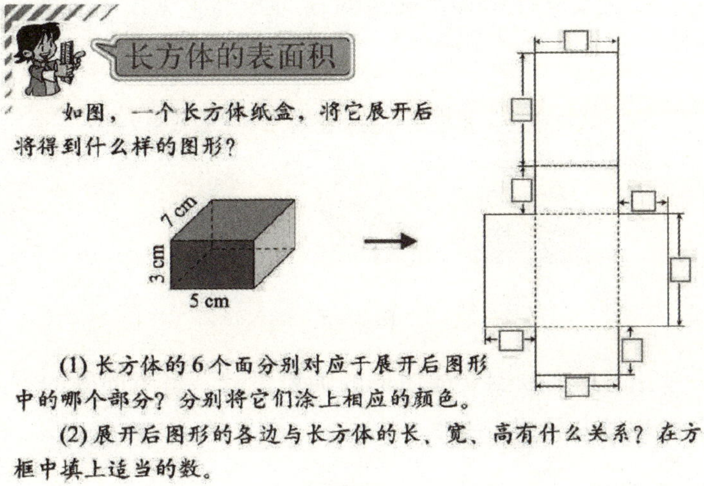
长方体的表面积

如图，一个长方体纸盒，将它展开后将得到什么样的图形？

7 cm
3 cm
5 cm

(1) 长方体的6个面分别对应于展开后图形中的哪个部分？分别将它们涂上相应的颜色。

(2) 展开后图形的各边与长方体的长、宽、高有什么关系？在方框中填上适当的数。

图2－2

方式三：用文字例题、问题解答的方式呈现教材，如苏教版教材（见图2－3）。

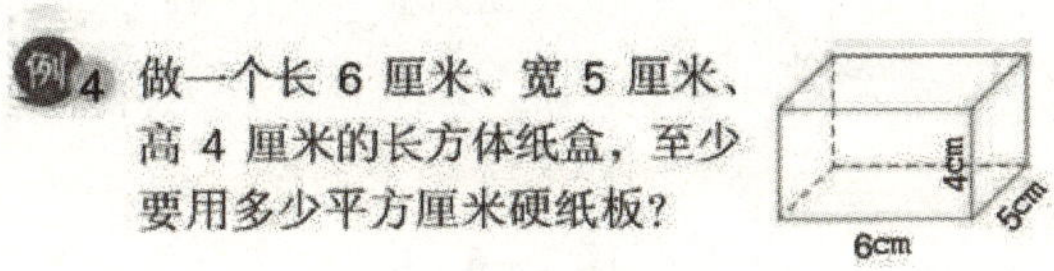
例4 做一个长6厘米、宽5厘米、高4厘米的长方体纸盒，至少要用多少平方厘米硬纸板？

4cm
5cm
6cm

图2－3

方式四：用观察情境图、提出问题的方式呈现教材，如浙教版教材（见图2－4）。

图2－4

方式五：用观察立体图形、提出问题的方式呈现教材，如西师版教材（见图 2－5）。

图 2－5

方式六：用具体实物到立体图形的抽象过程、思考问题的方式呈现教材，如青岛版教材（见图 2－6）。

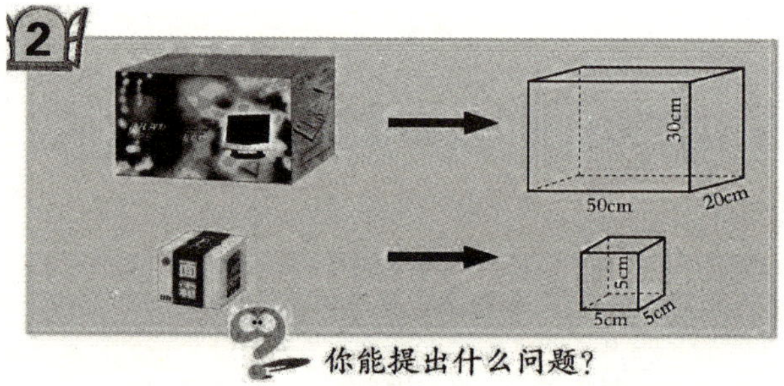

图 2－6

思考

1. 你能给上述六种呈现方式分分类吗？
2. 你喜欢哪种呈现方式？为什么？

由以上方式说明，六套教材的呈现方式虽然各不相同，但还是可以归纳为两大类。一类是采用观察、猜测、实验活动的方式呈现教材，如人教版、北师版、浙教版、西师版和青岛版五个版本的教材；另一类是采用文字例题、问题解决的方式呈现教材，如苏教版教材。

2.6　怎样表述表面积的概念和计算方法？

> **思考**
>
> 1. 小学阶段出现了几次表面积概念？
> 2. 你所教版本的教材是怎样定义长方体表面积的概念的？

什么是表面积，六套教材都以定义的形式加以表述。但由于人教版、苏教版、浙教版、北师版和青岛版教材在素材的选择上均是长方体、正方体的图形或物体，因此，它们将表面积定义为长方体或者正方体六个面的总面积。而西师版教材（见图2－7）呈现的素材是长方体、正方体和三棱柱，因此将表面积定义为一个物体表面所有面的面积之和。这个表面积的定义不局限于长方体和正方体的物体，扩大了知识范围。

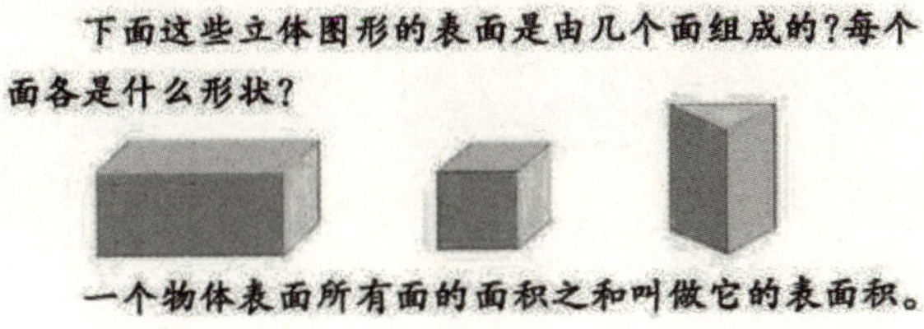

图2－7

那么，教材是否需要给出长方体表面积的计算公式呢？

下面是两种不同的观点，你认为哪一种更有道理？

甲认为：需要给出	乙认为：不需要给出
理由： 学生通过观察、操作等活动探索出长方体表面积的计算方法后，用公式的形式加以表达，不仅水到渠成，而且还可以使学生在理解的基础上加以记忆，从而提高解题的速度和正确率。	理由： 学生在学习了长方体表面积的定义和特征后，已经能形象、简便地计算表面积，没有必要概括成公式，增加学生的记忆负担。

关于长方体和正方体表面积的计算，只有浙教版教材（见图2-8）明确给出了计算公式，其他五个版本的教材均没有明确给出计算公式，这也许是因为长方体和正方体的表面积定义已描述了具体的计算方法，因此没有把方法概括成计算公式。然而，作为我国数学双基教学的优良传统，宋乃庆、张奠宙（2008）等人概括的双基教学的心理学特征之一是记忆通向理解。张奠宙老师指出，学习数学也需要记忆，尤其是对于数学的程序性知识，理解需要在一定基础上才能形成，反过来，对知识的理解又使得记忆更为深刻。对长方体表面积公式加以适当的记忆，或许能帮助学生更好地理解其定义，提高解题效率。

长方体表面积的计算方法：

(长×宽+长×高+宽×高)×2

用a，b，c分别表示长、宽、高，S表示表面积，求长方体表面积的公式是：

$$S=(a\times b+a\times c+b\times c)\times 2$$

用a表示棱长，S表示表面积，求立方体表面积的公式是：

$$S=a^2\times 6$$

图2-8

2.7 呈现了哪些计算方法？

计算长方体和正方体的表面积有多种方法，这六套教材共呈现了三种方法。现以苏教版教材中的一道题目（见图2-9）为例进行介绍。

做一个长6厘米、宽5厘米、高4厘米的长方体纸盒，至少要用多少平方厘米硬纸板？

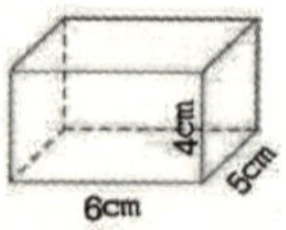

图2-9

方法一：分别求出3组相对的面的面积，再相加，即$6\times4\times2+5\times4\times2+6\times5\times2$。

方法二：分别求出每组相对的面中一个面的面积，相加后再乘2，即$(6\times4+5\times4+6\times5)\times2$。

方法三：连加，即$6\times5+6\times5+6\times4+6\times4+5\times4+5\times4$。

我们从表2－3中可以看到，方法一或方法二每套教材都呈现了，而且北师版、苏教版、浙教版和青岛版这四套教材将这两种方法都呈现了，而第三种方法只有西师版教材呈现。

表2－3　六套教材呈现的计算方法统计

教材 方法	人教版	北师版	苏教版	浙教版	西师版	青岛版
方法一	√	√	√	√		√
方法二		√	√	√	√	√
方法三					√	
方法数量	1	2	2	2	2	2

教材鼓励学生用自己喜欢的方法进行计算，同时用引导语给予学生自主学习的机会，如：西师版教材设置"议一议"栏目，问一问"还有哪些算法，还有不同的算法吗"；北师版教材在得出方法后，再让学生思考"还有别的方法吗"；浙教版教材的"也可以这样算"，苏教版教材的"用你喜欢的方法算出结果，还有其他方法吗？选择一种算出结果，再相互交流"等，让学生成为数学学习的主人。

思考

1. 在你平时的教学中，学生一般会使用哪几种方法？
2. 当学生出现多种计算方法后，你会引导他们进行方法的优化吗？还是让学生自由选择自己喜欢的方法进行计算？
3. 如果需要优化，你怎样进行引导？

2.8 提供了哪些思考、交流的空间?

在学习栏目的设置上，各个版本的教材各有自己的特色。人教版教材设置的是“做一做”；苏教版教材设置的是“试一试”、“练一练”；北师版教材设置的是“估一估”、“算一算”、“试一试”、“练一练”；浙教版教材设置的是“观察与提问”、“思考与交流”、“练习与应用”；西师版教材设置的是“议一议”、“试一试”、“说一说”；青岛版教材设置的是“合作与探索”、“自主练习”。

尽管各套教材设置的栏目各有不同，但都充分体现了2011版课标的基本理念，即“学生学习应当是一个生动活泼的、主动的和富有个性的过程。认真听讲、动手实践、自主探索、合作交流等，都是学习数学的重要方式。学生应当有足够的时间和空间经历观察、实验、猜测、计算、推理、验证等活动过程”。

2.9 怎样编排练习?

长方体表面积的计算在实际生活中的应用非常广泛，如粉刷墙壁、包装礼盒等。为此，教材都安排了一定量的练习。

① 练习内容中的习题数量统计，不包含单元复习和总复习习题。

从统计的结果看，北师版教材的习题量最大，西师版教材的习题量最少。(见表2－4)

表2－4 “长方体的表面积”习题数量统计

教　材	人教版	北师版	苏教版	浙教版	西师版	青岛版
习题数量	13	15	12	9	7	10

② 习题的类型可分为：填空题、判断题、看图计算题、应用题、操作题、画图题、思考题等。(见表2－5)

表 2－5　六套教材的习题类型统计表

教材 题型	人教版	北师版	苏教版	浙教版	西师版	青岛版
填空题			√		√	
计算题	√	√	√	√	√	√
判断题	√	√				√
应用题	√	√	√	√	√	√
操作题		√	√	√		√
画图题		√				
思考题	√	√	√		√	√

③ 根据不同的练习目的，六套教材编写的习题分为以下几种类型。

a. 理解型：能描述长方体和正方体表面积的特征和由来，能明确地阐述长方体和正方体表面积与有关对象之间的区别和联系，如图 2－10 所示。

一个长方体如右图。

（1）它上、下每个面的长是________，
宽是______，面积是________。

（2）它前、后每个面的长是________，
宽是______，面积是________。

（3）它左、右每个面的长是________，
宽是______，面积是________。

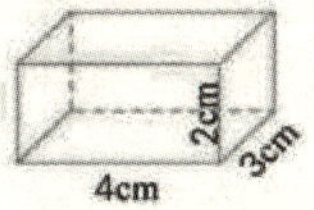

图 2－10

b. 掌握型：能运用长方体和正方体的计算方法进行长方体和正方体表面积的实际计算，如图 2－11 所示。

求下列图形的表面积。（单位：厘米）

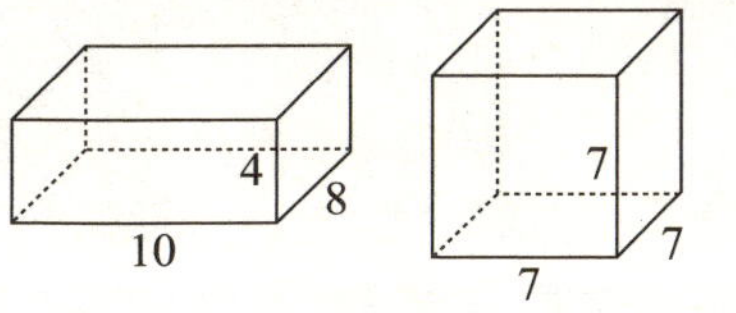

图 2－11

c. 应用型：将长方体和正方体的表面积计算方法运用到新的情境中去解决实际问题。例如：

某型号电视机，底面长 40 厘米，宽 35 厘米，高 30 厘米。要给电视机做一个布罩，至少需要多大面积的布？

d. 空间想象型：能根据大正方体和小正方体的位置与组合关系，想象小正方体的个数及每个小正方体可以看到的表面数，如图 2－12 所示。

右图是27个小正方体拼成的一个大正方体，把它的表面全部涂成绿色，请想一想：

（1）没有涂到颜色的小下方体有多少块？
（2）一面涂色的小正方体有多少块？
（3）两面涂色的小正方体有多少块？
（4）三面涂色的小正方体有多少块？

图 2－12

e. 综合运用型：综合应用长方体和正方体表面积计算的各种方法解决实际问题。例如：

暑假里，希望小学计划将全校的 12 间教室全部粉刷一遍。每间教室长 10 米、宽 7 米、高 3.5 米，要粉刷教室的屋顶和四面墙壁（每间教室要除去门窗和黑板面 27.5 平方米）。

（1）要粉刷的部分共有多少平方米？

（2）1 千克涂料能粉刷 4 平方米的墙面，至少要买多少千克的涂料？

（3）如果涂料的价格是 15 元/千克，学校要买涂料至少应当准备多少钱？（计算结果保留到百位）

f. 探索发现型：运用已有的材料，通过观察、实际操作的活动发现规律和方法，如图 2－13 所示。

上面 3 堆积木，分别是由多少个小正方体堆成的？露在外面的面积各是多少 cm²？如果照这样堆成 4 层呢？你发现了哪些规律？

图 2－13

g. 实践活动型：通过认一认、量一量、算一算的活动解决问题，如图 2－14 所示。

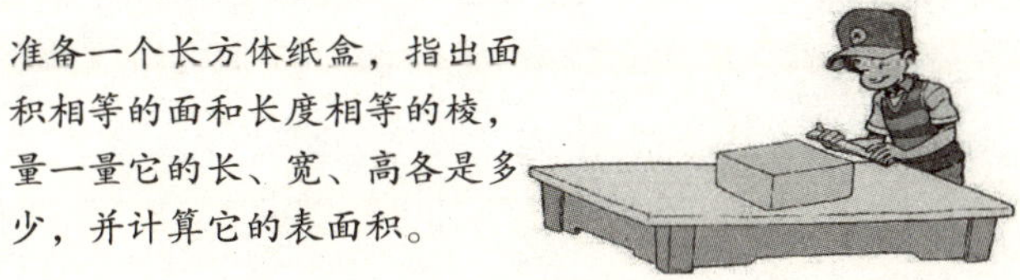

图 2－14

根据不同的练习目的，六套教材的习题类型统计如下。（见表 2－6）

表 2－6　六套教材的习题类型统计表

类型＼版本		人教版	北师版	苏教版	浙教版	西师版	青岛版
理解型				√	√	√	√
掌握型	已知长方体的长、宽、高或正方体的棱长，求表面积	√	√	√	√	√	√
应用型	计算 6 个面的表面积	√	√	√	√	√	√
	需要计算 5 个面的表面积	√	√	√	√	√	√
	需要计算 4 个面的表面积	√	√	√			√
	粉刷房间，计算 5 个面的面积并扣除门窗等的面积	√	√	√	√	√	√
空间想象型	哪些平面图可以折成长方体或正方体	√					√
	27 个小正方体拼成一个大正方体，表面涂色，求三面、两面、一面及没有涂色的小正方体块数						
	在展开图上标记出相对面		√				
	若干个小正方体摆图形，从上、正、左侧面看到的分别是什么形状，物体的表面积是多少，补成长方体后的表面积至少是多少			√			

续表

类型		人教版	北师版	苏教版	浙教版	西师版	青岛版
综合运用型	计算粉刷教室的面积，涂料的质量及费用					√	
	计算台阶的占地面积及地砖面积			√			
探索发现型	两个相同的正方体拼成一个长方体，长方体的表面积与两个正方体的表面积之和是否相等	√	√				√
	观察所堆积木的个数，露在外面的面积及堆放规律					√	
实践活动型	测量长方体物品的有关数据，并计算表面积		√	√			√
	用三种不同长度的小棒搭出不同形状的长方体或正方体		√				
	把若干个完全相同的长方体物体包装成一个大长方体，有几种包装方法				√		√

从上面的统计表中我们可以看出，各套教材关于“长方体的表面积”练习设计不仅注重基础知识和基本技能的掌握，还非常注重空间观念及应用能力的培养。

2.10 介绍了哪些数学史知识？

教材中要注重体现数学的文化价值，在对数学内容的学习过程中，教材可以在适当的地方插入介绍一些有关数学发现与数学史的知识，丰富学生对数学发展的整体认识，对后续学习起到一定的激励作用。综观六套教材，只有人教版的教材设置了“你知道吗”的栏目，进行了数学史的介绍，如图 2－15 所示。

你知道吗?

几何学和欧几里得

几何学是数学学科的一个重要分支，它主要研究空间图形的有关问题。古希腊数学家欧几里得的著作《几何原本》在数学发展史上有着深远的影响。该书从 17 世纪初开始传入我国。

欧几里得

图 2－15

思考

通过前文不同版本教材的对比分析，你一定已经感受到，各个版本教材之间有共通之处，也各有特色。你在教学中，会以自己使用的教材为主，兼顾其他版本教材的特色吗?

以上选取了几个不同的角度对六套教材的编写特点进行了简单的分析与比较，通过这个研究，希望对你的教学有所帮助。

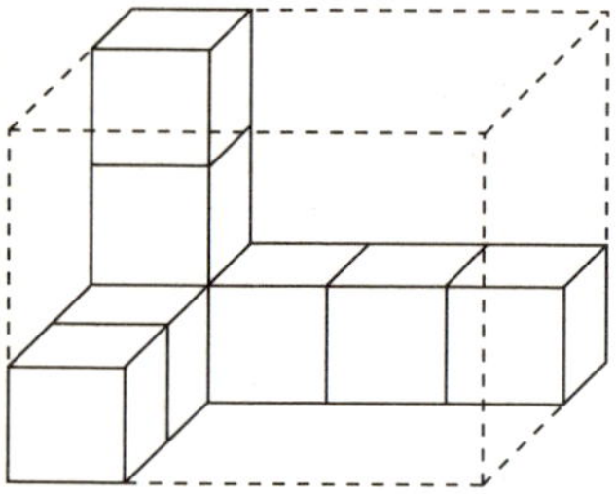

3

教学设计研究

3.1　教学设计综述

好的教学设计是课堂教学成功的关键，也是提高小学数学课堂教学有效性的重要保证。相同的教学内容，在不同教学目标的设定下，会有不同的教学设计，不同的教学设计也将指向不同的生成。

“长方体的表面积”这一教学内容，不同年代的教师是怎样进行教学设计的？有何特点？可以带给我们什么样的启示？我们从报刊、杂志上收集到的有关“长方体的表面积”的教学设计有16篇，其中，20世纪80年代的有1篇，90年代的有4篇，21世纪以来的有11篇。本节将从以下几方面进行综述。

教学设计是如何确定教学目标的？

教学目标是课堂教学的出发点和归宿，它的设计与制订直接影响着课堂教学的实施过程和教学效果的显现。不同的历史阶段对数学教学有着不同的目标：新中国成立初期到20世纪60年代强调的是“双基”教学；60年代中期到70年代末，不仅要加强“双基”，还要培养学生的能力；80年代初到80年代末，不但要培养学生的能力，还要发展学生的智力；90年代初到90年代末，强调智力因素与非智力因素同时发展；21世纪初始，强调知识与技能、过程与方法、情感态度价值观的“三维”目标。

在收集到的教学设计中，有教学目标的有10篇，其中80年代的有1篇，90年代的有2篇，21世纪至今的有7篇。他们所确定的教学目标在一定程度上反映了所在时代的要求，如他们的教学目标是这样设定的：

姚杏仁（1987）：① 使学生理解长方体的表面积，学会计算长方体表面积的方法，并能运用所学知识解决一些实际问题；② 逐步培养学生的空间观念。

李沪、扈有生（1994）：① 理解表面积的意义，掌握长方体、正方体表面积的计算方法；② 培养学生的观察能力和空间想象能力，提高学生逻辑思维和灵活运用知识的能力；③ 通过表面积计算，培养学生严肃、认真的学习习惯。

毛崇腾（2004）：① 知识性目标——理解长方体、正方体的表面积的意义，学会长方体、正方体的表面积的计算方法，并应用于解决一些实际问题；② 能力目标——培养学生动手操作、观察比较、分析概括的能力和探究、解决实际问题的能力；③ 情感与价值观目标——培养学生积极参与、勇于探索、敢于创新的自主学习的精神，发展创新思维和求异思维，培养学生学习数学的兴趣。

综观收集到的10篇教学设计中的教学目标，我们可以看出，对于目标的认识一直在做“加法”而不是做“减法”，随着时代的发展，对人的素质要求也越来越高。传统的教学关注的是学生基础知识与基本技能的获得，即要求学生理解表面积的意义，会利用公式计算长方体的表面积，重结果而轻过程；而新课改后，教学目标趋于多元化，不仅关注知识性目标，也关注过程性目标和情感、态度与价值观的获得，注重学生通过动手操作和合作探究等活动来理解表面积的概念和计算方法。

思考

你在教学“长方体的表面积”时，是如何确定教学目标的?

教学设计是如何突破重点、难点的?

思考

1. 教学“长方体的表面积”，你认为重点和难点是什么?
2. 在你的教学中，你是如何突破重点、难点的?

“长方体的表面积”的教学重点在于对表面积意义的理解和计算，难点在于学生往往不能根据长方体的长、宽、高确定各个面的面积是由哪两条棱相乘得到的，以致在计算中出现错误。如何突破教学的重点和难点？综观16篇教学设计，它们均将落脚点放在了空间观念的培养上。

（1）通过演示、操作使学生获得丰富的表象

长方体表面积的意义是探索长方体表面积计算方法的基础，在所有的教学设计中，教师在揭示表面积的概念时，或演示，或让学生亲自动手操作，有意把培养学生的空间观念和形成表面积的概念联系起来，使表面积的概念在学生头脑中真正形成表象，这样有利于学生探索计算表面积的方

法，灵活解决实际问题。

① 刘玉和、王宁绪（1994）在教学中通过对长方体特征的复习再现，利用模型让学生触摸感知长方体的表面积，即上下、前后、左右六个面，再将六个面展开，让学生直观地认识长方体表面，在空间知觉的基础上引导学生认识所谓“表面”是指六个面，表面积是指六个面的总面积。这样以充实的感性认识为基础，使学生清晰地理解长方体表面积的意义。

② 林宝珠（2001）在教学表面积的意义时，设计了下面这样一个环节：

a. 学生通过触摸长方体实物的六个面感知长方体的表面，并标明“上、下、前、后、左、右”。

b. 学生通过视觉，观察理解表面积的意义。学生观察老师的演示：出示长方体模型，沿着棱剪开，再展开，并贴于黑板。

c. 学生动手操作，理解表面积的意义。

d. 学生独立动手操作正方体模型，巩固表面积的意义。

e. 老师引导学生看两个展开图并得出结论。

如此，摸一摸、看一看、剪一剪、贴一贴，使学生在观察中充分感知，在动手中展开思考，在操作中尝试发现，从而把长方体表面积的抽象概念具体化，形成明确的概念。

③ 张家明（2006）在教学中让学生动手沿长方体的棱剪开纸盒，再展开，让学生观察并思考相关问题，以此帮助学生理解长方体表面积的概念，实现“实物——图形——概念”的转化。

（2）创设情境，发展空间观念

针对学生不易确定长方体各个面的面积是由哪两条棱相乘得到的这一教学难点，许多教师都创设了很好的情境，帮助学生发展空间观念。

① 李玲玲（2001）设计了一个游戏，在教学中，当学生通过展开图初步理解了长方体有六个面后，老师说：“老师要把你们带进一个长方体盒子里，请你们闭上眼睛，我数一、二、三，你们再睁开眼睛。”等学生睁开眼睛，老师指出：现在，同学们都在一个大的长方体盒子里了（手示教室）。接着，老师手指着教室前面一块墙壁的右上方提问：相交于这个顶点的三条棱各叫作什么？右面墙的面积怎么求？左面这个面的面积怎么求？学生争相回答。然后，老师请学生向左转（或向右转）90 度，提问：现在前面的墙面积怎么求？左面呢？上面呢？这样使学生明白了根据具体的长方体

摆放的位置求每个面的面积应该用哪些条件。经过这种训练，学生不但能理解每个面的长与宽和原来长方体的长、宽、高之间的关系，而且还能根据教师给出的数据求出每个面的面积，再算出长方体的表面积。实践证明，这样教学，可使学生产生身临其境的感觉，学生不但牢固掌握了所学知识，而且提高了想象能力，发展了空间观念。

② 刘玉和、王宁绪（1994）则是利用实物（火柴盒或模型）让学生指出长方体长、宽、高分别是哪三条棱，然后变换摆放位置，让学生探索长方体各个面的面积与长、宽、高的关系，指出各个面面积计算所用的条件，让学生感知并理解同一长方体摆放的位置不同，求每个面所需的条件也不同。在此基础上，变换火柴盒摆放的位置让学生指出每个面面积所用的条件。这样不仅促进学生熟练地掌握了六个面的面积计算方法，还相应地培养了学生的空间想象能力。

几何求积的学习，很大程度上依赖于空间思维的水平。引导学生进行直观操作，运用各种感官参与学习活动，有观察、有触摸，在实际操作中认识表面积，有拆、有思，让学生在实际操作中得出长方体表面积的计算公式，不断丰富学生的空间观念。

教学设计是怎样进行计算公式推导的?

（1）总体探索，多角度进行直观验证

刘玉和、王宁绪（1994）在学生已清晰地理解了长方体表面积的意义后，充分引导学生从总体上探索计算长方体表面积的方法，促使学生把自己学过的长方体特征和刚学习的表面积的意义联系起来，设计出计算表面积的各种途径，再引导学生逐一阐述每一种途径的思维过程和依据。然后通过对展开图的剪、拼加以验证，重点突出乘二的道理。通过演示进一步说明上面、左面和前面分别都有相对且面积相等的面，把三个面积相加乘二就是六个面的总面积，即表面积。同时要求学生动手把展开图（事先自制）分成两部分后重叠在一起，验证两部分的面积是否相等，最后抽象概括出计算长方体表面积的计算方法。

（2）正方体表面积计算公式的推导

正方体作为长方体的一种特殊形式，其表面积计算公式的推导方法和长方体是一样的，在具体的处理上，大致有以下两种。

一是以例题的方式呈现，利用知识的迁移规律，引导学生独立推导出正方体表面积的计算方法。

二是巧编练习，逐步优化，发现正方体表面积的计算方法。如毛崇腾（2004）在练习中，依次呈现“长 = 3 分米，宽 = 1.5 分米，高 = 1.2 分米”、“长 = 5 厘米，宽 = 5 厘米，高 = 3 厘米”和“长 = 宽 = 高 = 3 厘米”的三道练习题，由基础到发展到迁移，使学生自然地发现正方体表面积的计算方法，使学生在一个问题的解决中，有层次地掌握知识和技能。

（3）长方体表面积计算方法的多样化

学生根据长方体的特征及表面积的意义一般能推导出以下三种长方体表面积的计算方法。

方法一：把六个面的面积相加。

方法二：上面的面积 ×2 + 前面的面积 ×2 + 左面的面积 ×2。

方法三：（上面的面积 + 前面的面积 + 左面的面积）×2。

吴庭楼、许万明（2008）老师还进行了进一步的深化，引导学生通过观察、思考和交流，由模型直观地推出：长方体表面积 = 长 × 宽 ×2 + 底面周长 × 高，拓宽了求长方体表面积的计算方法，不仅使学生的思维出现了新的飞跃，而且使学生理解和掌握的知识变得更加深刻和牢固。

教学设计带给我们哪些启示？

（1）物、图、式渐进转化，逐步抽象

当学生从总体上掌握了长方体表面积的计算方法后，教师应由实物（模型）转化为长方体立体图形，让学生学会辨别长方体图形的每个面，提高识图能力，接着给出长、宽、高的具体数据，让学生计算，这样体现了由具体到抽象逐步深化发展的教学原则，同时体现了直观感知（实物）—建立表象（图）—抽象概括（式）的认识过程，符合学生的认知规律。

（2）在教学中进行发散性思维训练

发散性思维训练应寓于基础知识的教学中，这样有利于学生对新知识的掌握和巩固，又能训练学生思维的灵活性、深刻性和创新性，提高学生解决问题的能力。

如在推导长方体表面积的计算方法中，教师如能引导学生作合情推理、分析，假以充分的探究时间，学生还可以想到以下的计算方法。

方法四："前、后、左、右面的面积之和" + "上、下面的面积之和"。

方法五："上（下）面的周长 × 长方体的高" + "上、下面的面积之和"。

方法五的思路可以为解决下面的问题打下基础："一个长方体的表面积是166平方厘米，底面积是35平方厘米，底面周长是24厘米，求这个长方体的体积。"此题要求长方体的体积，首先就要知道长方体的高。学生一看题中的条件，通常会感到无从下手去求高，但是用方法五的思路去分析这道题，就不难想出解法。即用"长方体表面积166平方厘米"减去"两个底面积之和"，则剩下"前、后、左、右面的面积之和"。它的"长"就是"长方体底面的周长"，"宽"就是"长方体的高"，因此用"长方体前、后、左、右面面积之和"除以"长方体底面的周长"就可求出"长方体的高"。再用"底面积"乘"高"就可以求出长方体的体积了。

3.2 同课异构

思考

1. 你知道同课异构吗？在课堂教学中实施同课异构有什么价值？
2. 你认为"长方体的表面积"这节课，可能有哪几种不同的教学思路？

我们知道，相同的教学内容，在不同教学目标的指引下，会有不同的教学设计，不同的教学设计常常在侧重点上会有所不同，有可能是手段不同，也有可能是目标不同。显然，当一节课侧重于某一个方面时，我们不该要求这节课去追求另一方面的目标。以下收录了两个"长方体的表面积"的不同的教学设计，希望能给你的教学设计提供参考。

教学设计一①

【教学目标】

① 掌握表面积的概念，知道长方体6个面的总面积叫表面积。

② 掌握长方体表面积的计算方法，并能根据具体情况解决实际生活中有关长方体表面积的问题。

【教学难点】

① 掌握表面积的计算方法，并能解决实际问题。

② 根据给出的长方体的长、宽、高，确定每个面的长和宽。

【教具学具】

多媒体课件、剪刀、长方体盒子

【教学过程】

1. 情境引入

① 看大屏幕。

师：你知道吗？据调查1吨废纸能生产可利用纸800千克，可以少砍17棵大树。节省3立方米的垃圾填埋场空间，还可以节约一半以上的造纸能源，减少35%的水污染等。同学们，看样子平时被我们随意丢弃的废纸，如果好好利用，还有这样的环保用途，老师建议，咱们班级做一个废纸回收箱，好吗？那一般我们会做成长方体的形状。

② 要做这样的一个废纸回收箱，我们需要多大面积的材料，要知道哪些条件？

生答，师提示：和长方体的什么有关？

生：长、宽、高。（知道长、宽、高就能求面积）

生：总面积。（几个面的总面积）

生：表面积。（什么叫表面积）

师：长方体六个面的总面积叫表面积。（板书：长方体的表面积）

2. 探究新知

① 摸一下自己课本、文具盒的表面积，想想怎样摸比较有序？老师这里有一个盒子，谁能上来摸一摸。

---

① 本教学设计由杭州市望江门小学顾晓萍老师提供。

师：他是怎样摸的，谁看清楚了？（强调有序，边说边摸）

a. 如果不清楚（没看清楚的同学，谁能有序地来摸一摸？）

b. 如果整体摸（这样摸，可以吗？）

② 拿出自己做的小纸盒。

a. 请你摸一摸它的上下面、前后面、左右面，那么到底有多大，摸一摸能知道吗？我们来研究一下。

b. 我们先来量一量它的长、宽、高各是多少？（大屏幕出示数据）

c. 师示范：像老师一样剪开，变成平面图。现在能不能说说上下面、前后面、左右面在哪里？（大屏幕演示）

③ 请你观察左上图，或者你也可以折一折手上的展开图，试着自己求一求它的表面积？再和四人小组的其他同学交流一下。（师巡视，找素材）

④ 算式交流、汇报。

你在研究表面积计算方法的时候，有没有什么感受？

$4\times3\times2+4\times1.5\times2+3\times1.5\times2$ 或 $(4\times3+4\times1.5+3\times1.5)\times2$

先请说说 $4\times3\times2+4\times1.5\times2+3\times1.5\times2$ 中的每一步是什么意思？（同时展示分体图）

上下每个面的长是长方体的（　　），宽是长方体的（　　），面积 =（　　　　）；

前后每个面的长是长方体的（　　），宽是长方体的（　　），面积 =（　　　　）；

左右每个面的长是长方体的（　　），宽是长方体的（　　），面积 =（　　　　）。

⑤ 评议计算方法。

师：还有不同的写法吗？

生1：有。（比较哪个方法好？为什么？）

生2：没有。[这里每一步都有个公因数2，根据乘法分配律提取，得到长方体的表面积 = 长 × 宽 ×2 + 长 × 高 ×2 + 宽 × 高 ×2 =（长 × 宽 + 长 × 高 + 宽 × 高）×2]

⑥ 下面的题能不能用这个方法解决？

默读题：给一个长 50 厘米，宽 40 厘米，高 30 厘米的长方体工具箱表面涂漆，涂漆的面积是多少平方厘米？

$(50 \times 40 + 50 \times 30 + 40 \times 30) \times 2 = 4700 \times 2 = 9400$（平方厘米）

师：表面积和涂漆部分的面积有怎样的关系？

⑦ 如果用 a、b、h 分别表示长方体的长、宽、高，用 S 表示表面积，那么长方体的表面积字母公式可以怎么写？最后得出 $S = (a \times b + a \times h + b \times h) \times 2$。

师：要求表面积只要知道哪几个条件？（长方体的长、宽、高）

⑧ 一种长方体铁皮饼干盒，底面是边长 3 分米的正方形，高 4 分米，制这样一个饼干盒至少要用铁皮多少平方分米？

两个不同的学生上来板书，比较简便的算法是 $3 \times 3 \times 2 + 3 \times 4 \times 4 = 66$（平方分米），即 $S = a \times a \times 2 + a \times h \times 4$。

⑨ 立方体的表面积计算。

师：如果只告诉你一个条件，一个立方体的棱长是 4 厘米，怎样计算它的表面积？

生：$(4 \times 4 + 4 \times 4 + 4 \times 4) \times 2 = 4 \times 4 \times 3 \times 2 = 4 \times 4 \times 6$。

师：说一说每一步各代表什么？我们来验证一下，$S = 6a^2$。

3. 训练反馈，拓展思维

① 现在我们就用学到的知识解决前面留下的问题，做这样一个废纸回收箱，我们至少要准备多少平方分米的木板？

师：要想解决这个问题，你希望老师为你们提供哪些信息？

生：这个长方体的长、宽、高各是多少？（汇报时问每步求的是什么）

② 木箱做好之后，如果要在它的四周和上面刷上油漆，你能马上说出要刷油漆的面积有多少吗？怎么想？

③ 为了能时刻提醒同学们注意废纸的回收，我还想在这个木箱的四周包上纸，写上字，我们至少要准备多大面积的纸呢？

④ 如果为了同学们回收方便，做一个无盖的箱子，需要多少木料？

⑤ 回收箱做好之后，我们要把它放在班级的前面，它的占地面积是多少？

⑥ 按课件要求，把一个大长方体切成两个小长方体，表面积有没有变化？

⑦ 同学们每人手中还有一个长方体，老师下课之后想把它们每两个用纸包成一个大一些的长方体。你有几种包法？怎样包表面积最大，怎样包最小？

4. 课堂评价

师：同学们，今天我们通过动手操作，学会不少新知识，下课后可以和同学交流一下。

教学设计二

【教学目标】

① 使学生在具体情境中，经历操作、交流、归纳等过程，理解表面积的意义，探索并掌握长方体表面积的计算方法。

② 使学生在活动中进一步积累空间与图形的学习经验，发展空间观念和数学思维能力，能运用长方体表面积的计算方法解决一些与表面积计算有关的简单实际问题。

③ 初步感受长方体表面积计算在日常生活中的广泛应用，感受表面积计算方法的实际价值，增强学生对数学学习的兴趣，树立学好数学的信心。

【教学重点】

理解表面积意义，掌握长方体表面积的计算方法，能解决简单的实际问题。

【教学难点】

根据给出的长方体的长、宽、高，确定每个面的长和宽。

【教具、学具准备】

多媒体课件、剪刀、长方体盒子。

【教学过程】

1. 实物引入，揭示课题

师：（出示牙膏盒、化妆品盒等长方体或正方体实物图）同学们，在我们的日常生活中有许多形状是长方体或正方体的纸盒，工人师傅在制作这些纸盒时至少要用多少纸板呢？这是今天我们这节课要研究的主要内容。（板书：长方体的表面积）

当你看了课题后，你想知道什么？

【设计意图：从生活实际引入，还数学的本来面目，符合课标的要求。“当你看了课题后，你想知道什么？”这一提问，既能达到以问促学的目的，又能激发学生的求知欲望；既提出了研究问题，又使学生学有方向，学有目标。】

2. 直观演示，理解概念

(1) 初步认识长方体的表面积

师：我们先来研究什么是长方体的表面积。请同学们仔细观察，你有什么发现？(课件演示，将长方体纸盒沿着棱剪开，展开成平面图)

预设1：立体图形变成了平面图形；

预设2：长方体的外表展开后是由6个长方形组成的。

(2) 初步认识正方体的表面积

师：按同样的方法剪开，再展开，你又发现了什么？(课件演示正方体纸盒的展开过程)

(3) 理解长方体表面积的意义

师：下面请同学们从学具中拿出一个长方体或正方体纸盒，也用同样的方法剪开，注意粘贴处多余的部分要剪掉，再展开，先看看展开后的形状，然后在展开图中分别用“上”、“下”、“左”、“右”、“前”、“后”标明6个面。(学生动手操作，教师巡视指导)

通过刚才的观察和操作，谁来说一说什么是长方体或正方体的表面积？

小结：长方体六个面的总面积叫表面积。

【设计意图：通过课件演示和动手操作，让学生亲身经历获取知识的过程。在看一看、剪一剪、标一标等操作中充分感知，建立表象，发现并归纳出表面积的含义，加深对概念的理解。】

3. 自主探究，提炼方法

师：同学们，我们已经知道了长方体六个面的总面积叫作它的表面积，那么怎么计算长方体的表面积呢？请同学们利用刚才的学具想一想、量一量、算一算。

学生独立探索长方体表面积的计算方法并进行交流。

预设1：先求前面、上面、右面3个面的面积之和，再乘2；

预设2：分别求出相对面的面积，再相加；

预设3：求6个面的面积之和。

引导学生对展示的方法进行比较，在联系与沟通中选择较简便的计算方法。

小结：长方体表面积＝（长×宽＋长×高＋宽×高）×2。

【设计意图：本环节采用自主探究、合作交流的学习方式，让学生充分

经历动手操作、自主探究的过程，并在不同的计算方法中进行比较沟通，进行优化。】

4. 迁移类推，学习正方体表面积的计算方法

师：长方体的表面积我们会计算了，正方体的表面积应该怎样算呢？（正方体表面积 $S=6a^2$）

【设计意图：在前一节的特征教学中，学生已经知道正方体是特殊的长方体，并对正方体六个面相同这一特征掌握深刻，因此，正方体表面积的计算方法学生能很快地由长方体表面积的计算方法迁移过来。】

5. 灵活应用，解决实际问题

师：（出示火柴盒）要求这个火柴盒 6 个面的表面积，需要知道哪些数据？（长、宽、高）

（变换摆放的位置）每个面的面积怎么求？

（抽出火柴盒，分成外盒和内盒）外盒和内盒的表面积分别指的哪几个面？（4 个面和 5 个面）

【设计意图：通过变换长方体物体的摆放位置，让学生来说一说每个面对应的长和宽，在提高学生空间想象力的同时突破本节课的教学难点。】

6. 归纳知识，总结学法

师：这节课你有什么收获？

思考

阅读了上述两个“长方体的表面积”的教学设计后，你有什么收获？你也不妨来同课异构一下吧。

4

学生课堂前测分析

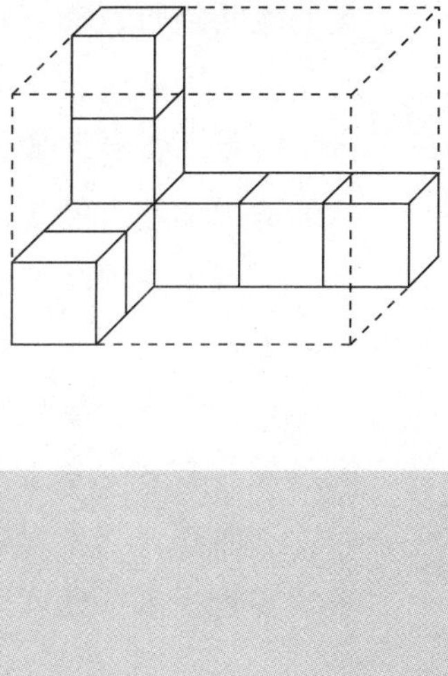

“长方体的表面积”的教学，要求学生理解表面积的意义，掌握长方体表面积的计算方法，并能解决一些简单的有关表面积计算的实际问题，在提高运用知识解决问题能力的同时，体会数学与生活的联系，领会学习表面积计算的价值。基于这样的教学目标，如何设计教学，如教学的起点是什么，如何引入，如何确定教学的重点与难点，采取怎样的方式组织教学使长方体表面积教学成为有效的教学等，都成为我们考虑的问题。

在传统的课堂教学中，很多教师习惯从教材出发进行教学设计，而对于学生的原有认知关注不够，因此常常会出现这样的状况：老师教得满头大汗，说得口干舌燥，学生还是一头雾水，不知所云；或者是课上得一帆风顺，而学生只是平地走路，没有积累任何经验，从而产生“会的不教也明白，不会的教了还是不明白”的问题。课程标准指出：数学教学活动必须建立在学生的认知发展水平和已有的知识经验基础之上。现在的学生学习知识的渠道广泛，信息量丰富，在他们学习新知识前，都已具有相当丰富的生活经验、学习经验，有不同的兴趣和困惑，这些都可能为我们教学所用，成为课堂教学中丰富的资源。因此，在教学前对学生的认知情况进行了解是非常有必要的。我们需要了解在教学前学生对于表面积有哪些感性的认识和已有的生活经验，这样可以使我们的教学更有针对性和更有效。

了解学生情况的重要方法之一是进行课堂教学前测。通过前测，我们可以了解：对于长方体表面积计算学生已有的状况怎么样？有多少学生已经会了？有多少学生还不会？有多少学生不仅会算，还能说明这样算的思维过程？有多少学生只能记住公式计算但不知道所以然？

下面就一起来看看我们所做的前测及分析，以期能对你的教学设计、教学实施提供帮助。

4.1 前测的设计、对象与过程

前测的设计与目的

思考

当听到"练习"和"测试"这两个不同的词语时，学生会有什么不同的反应?

一般来说，学生听到"测试"一词，会不由自主地出现不同程度的紧张心理，感觉有压力，而听说是"练习"，则相对来说心态比较正常。

因此，前测要以"课前练习"的形式出现，要求学生独立完成，并说明是老师为了了解他们对长方体表面积这一知识的了解情况，其目的是让学生明确练习的目的，又防止不必要的紧张，在正常的心理状态下，尽可能真实地反映他们已有的知识和现有的发展水平。

前测的题型设计包括以下三方面的内容。

一是回答问题（见附录5前测卷中的第1、2两题），要求学生说一说自己对表面积的理解。目的在于让学生联系生活，从已有的知识经验中说一说表面积的意思，了解学生对表面积这一知识了解的状况和水平。

二是看图计算（见附录5前测卷中的第3题），安排了长方体、正方体图形各一个，要求学生看图计算表面积。看图的目的是让学生知道计算的是长方体、正方体表面的面积，而不是一个长方形或一个正方形的面积。然后，让学生根据长方体和正方体的图形特征和已有条件加以思考、尝试计算。看图计算的设计，目的在于进一步了解学生对表面积的理解状况，看其是否具有以理解为基础推出计算方法的能力。

三是选择填空（见附录5前测卷中的第4题），通过长方体或正方体的切、割、拼的变化，让学生观察变化后的立体图形其表面积大小的变化。其目的在于进一步了解学生对表面积的理解，知道立体图形的表面积与面的个数和各个面的大小有关，从而了解学生对立体图形的表面积所具有的空间观念和空间想象能力，为设计拓展性的学习提供参考。

前测的对象

参加测试的对象是使用浙教版数学教材的五年级学生，共 137 名。

前测的过程

测试前，教师既没有要求学生对这一内容进行预习（学生有自己预习习惯的不包括在内），也不做测试前的任何暗示，整个测试在学生不知情的自然状态下进行。

测试时，教师提供测试题，要求学生自己看题、独立思考、自己解答，并说明有困难的题目允许不做，没有必要提出问题，求得帮助。测试时间为 25 分钟。

测试后，教师对试卷加以整理，根据正确、错误、未作答三种情况逐题统计人数，算出比例，并从正确、错误、未作答三种情况中选择有代表性的学生进行访谈，以进一步了解学生的解题过程和思考方法，了解他们已有的知识水平，了解他们获得的方法是否合理，为长方体表面积的教学设计提供依据。

4.2　前测的结果与分析

学生是怎样理解表面积概念的?

50% 的学生认为在生活中听说过“表面积”一词，但对于究竟什么是长方体的表面积，多数学生并不清楚。在回答“你知道什么叫长方体的表面积吗？能不能用自己的话写一写你对这个概念的理解？”这一问题时，21.9% 的学生明确填写“不知道”。其他的回答中，23.4% 的学生认识有偏颇，认为是长方体（看得见）一个或几个面的面积或是长方体的体积；15.6% 的学生只是从字面上进行了回答，认为是长方体表面的面积；26.6% 的学生能用“长方体各个面的面积总和叫长方体的表面积”这样比较精确的语言进行表述，但没有指出长方体面的个数；12.5% 的学生完整地写出了长方体表面积的概念，即“长方体6个面的总面积叫长方体的表面积”。可见，多数学生对“长方体的表面积”这一概念的理解还很感性和模糊，甚至有些是错误的。

有多少学生会计算长方体的表面积?

前测卷第3题安排了长方体和正方体图形各一个，要求计算它们的表面积。长方体表面积的计算正确率是42.2%，正方体表面积的计算正确率是56.3%。正方体表面积的正确率明显高于长方体。

思考

为什么正方体表面积计算的正确率会明显高于长方体?

我们先来看长方体表面积的计算结果。

在正确的求解方法中，一共出现了三种不同的计算方法。

方法一：$(4\times3+4\times2+3\times2)\times2=52$，即先求前面、上面、右面3个面的面积之和，再乘2。占总人数的20.3%。

方法二：$4\times3\times2+4\times2\times2+3\times2\times2=52$，即分别求出相对面的面积，再相加。占总人数的20.3%。

方法三：$4\times3+4\times3+4\times2+4\times2+3\times2+3\times2=52$，即求6个面的面积之和。占总人数的1.6%。

可见，在会计算长方体表面积的学生中，绝大多数较好地掌握了长方体面的特征，能根据对面面积相等的特征简化计算。如果你还记得我们前面的教材比较研究，这三种方法也正好是教材中通常会呈现的计算方法。(详见本篇第2章第7节)

在错误的求解方法中，比较典型的有以下三种。

错误一：$4\times3\times2=24$，占总人数的17.2%。这样求出来的是长方体的体积，但是这部分学生未必知道体积的概念及其计算方法。经访谈得知，这样的学生因为不知道长方体表面积的含义，只是看到长、宽、高这三个数据，想当然的把它们简单地相乘而已，至于乘得的结果又是什么，他们也不知道，我们说这类学生其实就是乱猜。

错误二：$4\times3\times4+2\times3\times2=60$，占总人数的6.3%。经访谈，这部分

学生能说出长方体表面积的意义，知道求表面积就是计算长方体6个面的总面积，但是由于他们对数据没有仔细分析，错误地认为这个长方体的4个侧面是完全相同的长方形。其实这个长方体上下、左右、前后只是相对的面相等，相邻的面并不相等。

错误三：$4\times3\times2+4\times2\times2+3\times3\times2=58$，类似错误的学生占总人数的6.3%。这部分学生知道如何求表面积，就是在找其中一组面的长和宽的时候出错。

下面我们来看正方体表面积的计算结果。

在正确的求解方法中，方法也多种多样，但绝大部分学生采用了$3\times3\times6=54$这一方法，占总人数的40.6%。这说明学生对于正方体六个面相等的特征掌握较好。

典型错误有两种：一种是和刚才的长方体类似的，简单地将三个数据相乘，即$3\times3\times3=27$，占17.2%；还有一种是$3\times3\times4=36$，经访谈，这类孩子将正方体的面想成是4个了。

现在让我们回到刚才的问题，为什么正方体表面积的计算正确率会明显高于长方体？我想，这一定和正方体是特殊的长方体有关。越是特殊的图形，其特征就越显著，学生通过其概念和定义得到其计算方法就越简单。

学生是如何比较物体表面积的大小的？

尽管大多数学生对“表面积”的概念并不真正理解，但在比较物体表面积的大小时，学生凭借直观及生活经验依然可以进行。后三道选择题考查一个长方体分别在角上、棱中间、面中间挖去一块后的表面积大小关系，学生在直观经验和图形支撑下正确率和第一题相比相对较高。经访谈，大多数学生能清晰地指出增加的部分是哪一块。学生在原来三年级类似面积大小比较的基础上较好地进行了正迁移。

小贴士

学习的迁移是指已经获得的知识、动作技能、情感和态度等对新的学习的影响。迁移在心理学上有不同的分类，可以根据迁移的性质不同分类，可以根据迁移的方向分类，可以根据原有知识在新情境中应用的难度和结果划分，还可以根据迁移的范围大小划分等。

根据迁移的性质不同，迁移可以分为正迁移和负迁移。正迁移是指一种学习对另一种学习产生积极的促进作用。负迁移是指两种学习之间互相干扰、阻碍。

4.3 前测对教学的启示

从“长方体的表面积”的前测分析中，可以得到以下教学启示。

（1）理解和掌握长方体和正方体的特征，是学生学习表面积的基础

教材把对长方体和正方体的认识安排为第一课时的学习内容，为后面表面积、体积的教学打下坚实的基础。如果不理解长方体的6个面都是长方形，且相对的面完全相同，就不可能形成长方体表面积的计算方法。因此，要重视长方体和正方体的特征教学，帮助学生建立良好的表象，为表面积的学习打下坚实的基础。

（2）重视观察操作，帮助学生感知表面、理解表面积的意义

长方体表面积的意义是探索长方体表面积计算方法的基础，教学时要有意地把培养学生的空间观念和形成表面积的概念联系起来，使表面积的概念在学生头脑中真正形成表象，既有利于学生探索计算表面积的方法，又给灵活运用计算解决实际问题奠定好基础。教学中，可通过实物模型让学生触摸感知长方体的表面，能指出上下、左右、前后六个面，并通过长方体的展开图让学生直观认识长方体表面，在空间知觉的基础上引导学生认识长方体的“表面”是指六个面，表面积是六个面的总面积。这样以充实的感性认识为基础，使学生清晰地理解长方体表面积的概念。

（3）从提高空间想象力着手，帮助学生突破学习难点

从前测卷第2题求长方体和正方体表面积计算的错例中我们发现，学生在长方体表面积的实际计算时感到比较困难的，是不易确定各个面的面积是由哪两条棱相乘得到的。这是本节课的教学难点。为此在教学中要充分利用实物模型让学生指一指长方体的长、宽、高分别是哪三条棱，然后变换摆放位置，让学生探索各个面的面积与长、宽、高的关系，说一说各个面面积计算所用的条件。创设情境，通过实际操作，让学生感知并理解同一长方体摆放的位置不同，每个面积计算所需的条件也会不同。在发展空间想象力的基础上促进学生理解并掌握计算长方体六个面的面积的方法，正确选择计算每个面面积的数据。为了突破难点，教师还可以设计各种不同形状的长方体让学生计算，计算后要重视让学生指着算式说清楚每步计算所指的面的面积，从而让学生以空间想象为支撑进行实际计算，克服计算的盲目性，突破难点，提高计算的正确性。

（4）引导学生联系生活解决问题，体会学习的价值

长方体表面积的教学，让学生理解和掌握长方体表面积的计算方法。能正确计算是教学的基本要求，也是教学的重点。我们又必须看到理解知识、掌握方法、能正确计算既不是教学的唯一目标，又不是教学的终极目标。学习的最终目标应该是学生能运用所学的知识和方法去解决生活中的一些实际问题，让学生在实际应用中巩固所学的知识和方法，获得运用知识解决问题的能力；同时又在解决问题的过程中体会数学与生活的关系，体会学习长方体表面积这一知识的现实意义和价值，体会正确计算的重要性，以自觉、认真的态度去面对比较烦琐的计算。学生解答前测卷第1、2题的结果告诉我们，说到表面积，学生会自然地想到一些立体图形和生活中一些立体的物体，说明学生对这一知识具有一定的生活经验。为此，长方体表面积教学的设计，可以从实际问题引入，创设情境，提出问题，激发学生的学习意识，通过学生和教师的合作，理解掌握表面积的计算方法。在这基础上，教师要及时引导学生运用知识和方法去解决生活中的实际问题。从学习引入到学习展开，再到学习练习的过程，有意识地体现数学从生活中来、又到生活中去的思想和方法，有意识地让学生体会数学学习的意义，提高学生学习的自觉性和学好数学的自信心。长方体表面积的教学，应该防止单一的、重复的图形计算、文字题计算，因为这样不仅影响学生

学习的兴趣和积极性，更重要的是使学生失去运用知识解决实际问题的契机，失去自我体验学习价值的机会，影响学生数学思想、数学意识的形成。

（5）改变教学方式，让学生自主地、合作地、探究地学习

课前测试了解了学生已有知识经验及其理解、计算表面积的能力现状。它不仅为我们的教学设计提供了确定教学重点和难点的依据，同时启示我们如何设计教学，如何组织学生的学习活动。从前测的结果和分析所得到的数据看，对于表面积的含义，不少学生从生活经验中已有所了解，有一定的感性认识，至于长方体表面积的计算，大部分学生尽管不能计算出正确的结果，但是从他们思考问题的途径和方法上看，还是值得肯定的。因为他们知道求长方体的表面积就是计算长方体六个面的总面积。（做错的原因，不在思想方法上，主要在于确定每个面的长和宽这个难点上）这也说明，学生学习长方体表面积，既有一定的知识和经验基础，又具备了一定的有关长方体方面的空间想象力与分析思考的能力。简单地说，学生具有自己探索、发现规律、获得表面积计算方法的可能性。前测还告诉我们，对于表面积的认知与表面积的计算，学生中存在差异：有的学生不知所措；有的学生有合理的思路，但计算不出正确的结果；有的学生能计算出正确的结果等。差异说明，我们的教学要适应不同学生的需求，根据需要让每个学生积极主动地学习，让不同的学生在学习活动中获得具体的进步与发展，体验学习的成功。差异性给教师设计教学、组织教学活动带来困扰。

基于既要承认学生已有的知识能力，又要看到不同学生不同发展水平的差异，我们需要转变教学方式。所谓教学方式的转变，首先要改变教师讲学生听、教师问学生答、教师布置学生做等“一刀切”、“齐步走”类型的教学方式，进而采取创设问题情境，提供可以观察、操作的有结构的材料，给予一定的时间，让学生用自主的、合作的、探究的学习方式设计教学，组织教学活动。教学活动以独立思考、自主学习为前提，用相互交流、反馈讨论的形式进行学生与学生、学生与教师、不同发展水平学生之间的合作探究。教学方式的转变，尊重学生，充分发挥学生的潜能，让学生学得积极、学得主动、学到点上，教师应该做什么、怎样做是前测带给我们教学设计的重要启示。

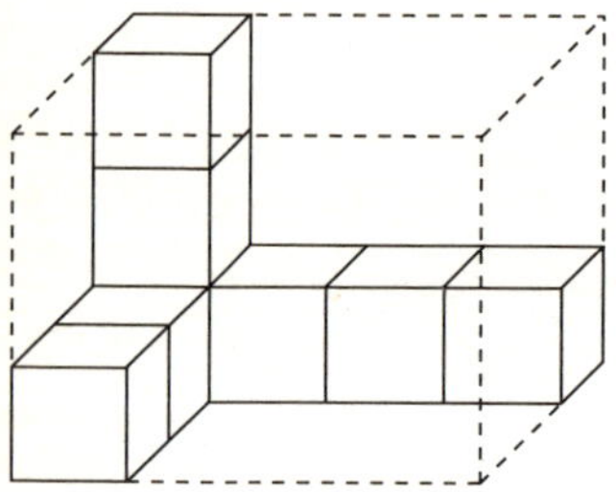

5

学生常见错误研究

“长方体的表面积”这部分内容，是在学生知道表面积含义的基础上进行教学的。通过教学，让学生知道根据长方体的长、宽、高，可以计算出长方体6个面的总面积（即表面积），并根据长方体的图形特征，概括出表面积计算的方法，用公式加以表达，进而理解公式，能应用公式正确计算表面积，并将此知识和方法用于解决生活中比较简单的实际问题。鉴于这样的要求，我们发现学生的作业出现了这样或那样的错误，影响了教学的进展和质量。究其原因是多方面的，我们有意识地从部分学生的作业中摘录了一些错例，加以分析，进行思考，研究对策，旨在从学生的实际出发改进教学，提高教学效益。

5.1 学生作业中常见的题型有哪些?

综观教材和作业练习题，提供给学生练习的有关长方体表面积计算的习题，大致有以下几种类型。

（1）图示计算题

如：计算下面各长方体的表面积。（单位：厘米）（见图5－1）

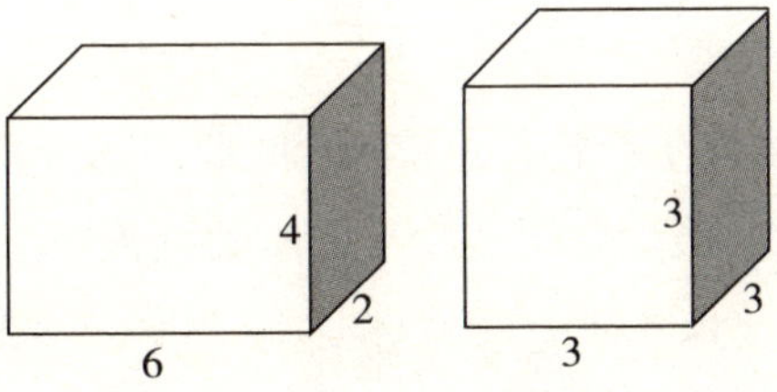

图5－1

（2）文字计算题

如：一个长方体的纸盒，它的长是38厘米，宽是27厘米，高是8厘米，它的表面积是多少？

（3）图示想象计算题

如：把下面的图形按虚线折起来，它的表面积是多少？（单位：厘米）（见图5－2）

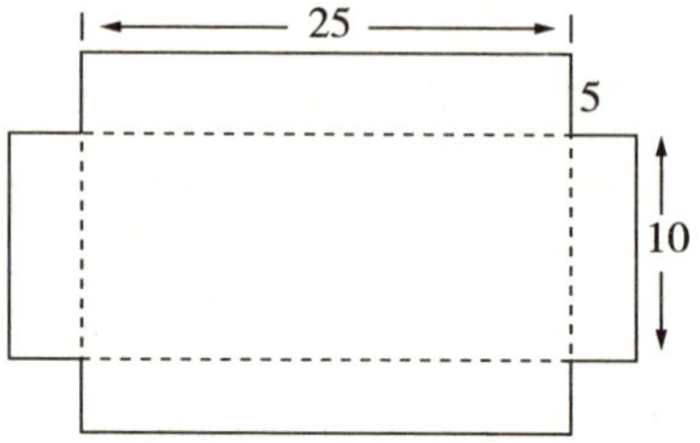

图 5 - 2

（4） 文字想象计算题

如：把棱长为 1 厘米的 6 个小正方体排成两排，拼成一个长方体，这个长方体的表面积是多少？

（5） 基本应用解答题

如：长方体的微波炉，它的长是 0.7 米，宽是 0.5 米，高是 0.4 米。做一个包装箱，至少要用多少平方米的硬纸板？

（6） 变式应用解答题

如：有一只无盖的长方体水箱，它的长 45 厘米，宽 30 厘米，高 24 厘米。制作这样一只水箱，至少需要多少铁皮？

又如：一个长方体的蓄水池，长 8 米，宽 4 米，深 1.5 米。这个蓄水池占地面积是多少平方米？

（7） 综合应用解答题

如：有一种长方体的硬纸盒，长 10 厘米，宽 6 厘米，高 5 厘米。做 1500 个这样的硬纸盒，至少要用多少平方米硬纸板？

又如：一间教室，长 8 米，宽 6 米，高 4 米，门窗面积占 18 平方米。要粉刷教室的四壁和顶面，如果每平方米用石灰 0.25 千克，一共要用石灰多少千克？

5.2　学生作业中有哪些错例？

为了了解学生作业错误的概况，为分析错误原因、研究对策、改进教学方法提供材料，我们从学生的作业中摘录了一部分错例。

① 把下面的图形按虚线折起来，它的表面积是多少？（单位：厘米）（见图 5 - 3）

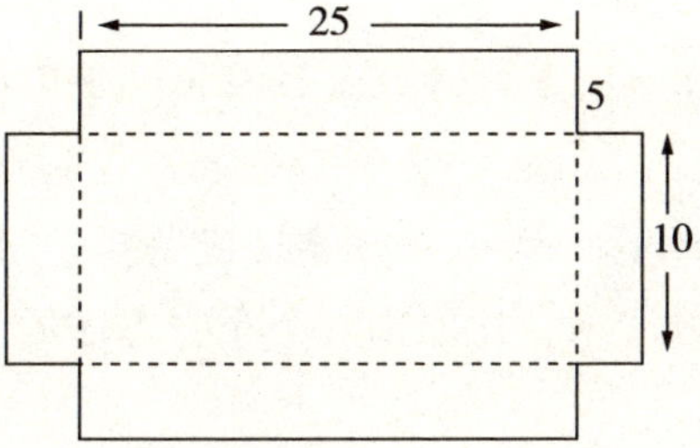

图 5 - 3

正确的计算：$(5\times25+5\times10)\times2+25\times10=600$（平方厘米）

错例一：$(5\times25+5\times10)\times2+25\times10=700$（平方厘米）（计算错误）

错例二：$(25\times10+25\times5+5\times10)\times2=850$（平方厘米）（多算了 25×10 这个面）

错例三：$25\times10+25\times5+5\times10=425$（平方厘米）（只算了左、前、下三个面的面积之和）

② 求下面各长方体的表面积。（单位：厘米）（见图 5 - 4、图 5 - 5）

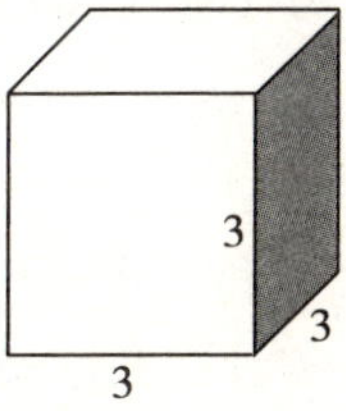

图 5 - 4

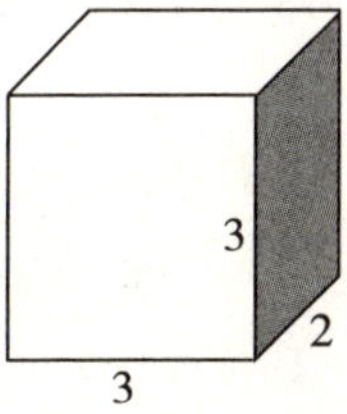

图 5 - 5

正确的计算：$3\times3\times6=54$（平方厘米）

错例：$3\times4\times6=72$（平方厘米）（计算成六个正方形的周长，而不是面积）

正确的计算：$(3\times2+3\times2+3\times3)\times2=42$（平方厘米）

错例：$(3\times3+3\times2+3\times3)\times2=48$（平方厘米）（多算了“$3\times3$”的面，少算了“$3\times2$”的面）

③ 一个铁皮茶叶罐呈长方体，上下两个面都是边长为 8 厘米的正方形，

高是 12 厘米，做这样一个茶叶罐，至少要用多少平方厘米铁皮？

正确的计算：(8×8+8×12+8×12)×2=512（平方厘米）

错例一：(8×8+8×8+8×12)×2=448（平方厘米）（没有找准每个面所对应的长和宽）

错例二：(8×8+8×12+8×12)×2=256（平方厘米）（算式对，但计算时最后漏乘 2）

④ 把棱长为 1 厘米的 6 个小立方体排成两排，拼成一个长方体，它的表面积是（　　）平方厘米，比原来 6 个小立方体的表面积之和少（　　）平方厘米。

正确的计算：表面积是 (1×2+1×3+2×3)×2=22（平方厘米）

减少的面积是 1×1×6×6−22=14（平方厘米）

错例：长方体的表面积是 6 平方厘米，减少的面积是 5 平方厘米。（实际上是 1 个小正方体的表面积概念混淆了，用 6 个小正方体减去拼成的 1 个长方体的差，求出的是个数差）

⑤ 一个工人每天都粉刷 80 平方米墙壁。现有一间仓库，长 14 米，宽 8 米，高 6 米，粉刷它的四壁，除去门窗面积 24 平方米，这个工人要粉刷几天才能完工？

正确的计算：(14×6+8×6)×2=264（平方米）　(264−24)÷80=3（天）

错例一：(14×6+14×8)×2=392（平方米）　(392−24)÷80=4（天）（没有找准所求面的长和宽，仓库四壁的总面积没算对）

错例二：(14×6+14×8+6×8)×2=448（平方米）(448−24)÷80=5.8(天)（题目要求只粉刷仓库的四壁，多算了两个面的面积）

错例三：(14+8)×6−24=108（平方米）108÷80=1.35（天）（根据算式，可见只算了 14×6 和 8×6 两个面的面积，算的结果不是仓库四壁的表面积）

⑥ 某白铁皮制品厂做一个无盖的长方体水箱，长 25 厘米，宽 25 厘米，高 35 分米。做一个这样的水箱，至少需要白铁皮多少平方米？

正确的计算：350×25×4+25×25=35625（平方厘米）=3.5625（平方米）

错例一：250×250+35×250×4=97500（平方分米）=97.5（平方米）

（面积单位换算有误，平方分米和平方厘米之间的进率是100，平方分米和平方米之间的进率是100）

错例二：$(25\times25+25\times35+25\times35)\times2=4750$（平方厘米）$=0.475$（平方米）（一是单位没有统一就直接计算了，二是求成6个面的面积了）

错例三：$(25\times35+2.5\times35)\times2+2.5\times25=1987.5$（平方分米）$=19.875$（平方米）（单位换算混乱）

⑦ 有一种长方体的硬纸盒，长10厘米，宽6厘米，高5厘米。做1500个这样的硬纸盒，至少要用多少平方米硬纸板？

正确的计算：$(10\times6+10\times5+5\times6)\times2\times1500=420000$（平方厘米）$=42$（平方米）

错例：$(10\times6+10\times5+5\times6)\times2\times1500=420000$（平方厘米）$=420$（平方米）（单位换算有误）

⑧ 一个棱长为2米的立方体鱼池的占地面积是（　　）平方米？

正确的计算：$2\times2=4$（平方米）

错例：8（不理解“占地面积”这个数学术语）

⑨ 一间教室长8米，宽6米，高4米，门窗面积占18平方米。要粉刷教室的四壁和顶面，如果每平方米用石灰0.25千克，一共要用石灰多少千克？

正确的计算：$(8\times4+6\times4)\times2+6\times8=160$（平方米）$(160-18)\times0.25=35.5$（千克）

错例一：$[(8\times4+6\times4)\times2+6\times8]\times0.25=40$（千克）（没有减门窗面积）

错例二：$(8+6)\times4\times2-18=94$（平方米）$94\times0.25=23.5$（千克）（只算了四壁的面积，少算了一个顶面的面积）

错例三：$(8\times4+6\times4+8\times4)\times2=248$（平方米）$(248-18)\times0.25=5705$（千克）（多算了一个地面的面积，在计算上又出现错误）

⑩ 一个长方体蓄水池长8米，宽4米，深1.5米。这个蓄水池的占地面积是多少平方米？

正确的计算：$8\times4=32$（平方米）

错例：$(8\times4+8\times1.5+4\times1.5)\times2=100$（平方米）（把“占地面积”理解为求表面积）

⑪ 有一只无盖的长方体水箱，长45厘米，宽30厘米，高24厘米。制作这个水箱至少需要多少平方厘米铁皮？

正确的计算：(45×24+30×24)×2+45×30=4950（平方厘米）

错例：(45×24+30×24+45×30)×2=6300（平方厘米）（5个面的面积算成了6个面的面积）

⑫ 一个长方体长6厘米，宽5厘米，高4厘米。它的表面积是（　　）平方厘米。

正确的计算：(6×5+6×4+4×5)×2=148（平方厘米）

错例：6×5+6×4+4×5=74（平方厘米）（只算了长×宽+长×高+宽×高三个面的面积，最后漏乘2）

思考

1. 你能给上面的错例分分类吗?
2. 请你找一找产生这些错误的原因。

综观以上的错例，学生作业的错误可以概括为以下几种类型。

一是计算出现错误，如①一、⑨三；

二是找不准每个面对应的长和宽，出现多算或少算面的面积，如②二、③一、⑤一；

三是不理解如“占地面积”这样抽象的数学术语，如⑧⑩；

四是简单套用求完整长方体表面积的公式，没有根据实际情况灵活运用表面积计算公式解决，诸如“无盖”、“求四壁”等的长方体表面积计算的问题，如①二、⑤二、⑨三、⑪；

五是面积单位换算存在问题，长度单位与面积的进率发生混淆，如⑥⑦；

六是正方形周长和面积计算混淆，长方体的表面积计算和体积计算混淆，如②一；

七是运用表面积计算公式不完整，把“长×宽+长×高+宽×高”认为是长方体的表面积，如①三、③二、⑫；

八是没有仔细地理解题意，在实际解题时出现多算或少算一个面的面积，如⑤三、⑨二；

九是综合性比较强的解答题，其中的数量关系不清楚，如④。

5.3 错误原因是什么?

长方体表面积计算教学中，学生作业中出现错误的原因是多方面的，不同的学生存在不同的原因，我们认为主要的原因有以下几个方面。

对计算公式所表示的实际意义理解不够

根据长方体所给的长、宽、高，想象长方体每个面的长和宽加以计算，这种把“高”转化为某个面的长或宽的想象，既是长方体表面积计算的关键点，又是难点。但是，学生在计算时，由于不能确定某个面的长和宽，死记硬背地套用计算公式，不知道算式中每一步运算所指向的某个面。因此，算式中所用数据出现遗漏、重复的情况不能及时被发现，导致计算结果错误。

对表面积计算与图形的实际联系不够

长方体表面积的计算公式，是根据长方体的特征加以推导、概括的。当进入到应用计算公式解决实际问题时，学生的空间想象还停留在6个面总面积的表象上，实物的具体情况、所要解决的实际问题与表面积计算的方法联系比较困难。因此，当遇到类似“做一只无盖的长方体水箱，至少要用多少铁皮”这样的习题时，尽管自己已知水箱的长、宽、高，但是在实际计算时，还是不能发现要少算一个面，是计算5个面的面积之和。有的学生虽然知道要少算一个面的面积，但是，又不能联系图形特征，正确地推断少算的是哪一个面。

对立体图形的空间观念比较薄弱

所谓空间观念，是指学生对图形的位置、距离、方向、大小的感知，进行想象，形成表象，发现图形与图形、图形中各部分之间的联系与关系的思维能力。五年级学生的空间观念正是由线、面的二维空间观念进入三维的空间观念，由于对体的空间观念比较薄弱，因此，计算这样一类习题“把下面的图形按虚线折起来，它的表面积是多少?”（见错例①），如果学生不动手折一折，光凭眼睛看，很难把一个平面图形想象成一个没有顶面的长方体。

又如“把棱长为1厘米的6个小正方体，排成两排，拼成一个长方体，这个长方体的表面积是（　　）平方厘米，比原来6个小正方体的表面积之和少（　　）平方厘米”。根据条件的叙述，如果学生对6个小正方体的位置移动和排列没有想象成一个长3厘米，宽2厘米，高1厘米的长方体表象，他们就无法发现计算长方体表面积所需数据与小立方体棱长的关系，就难以计算。如果想象成另一种长方体或分开的2个长方体，那么计算就是错的。难怪，这样的习题从作业上看，错误率是很高的，其根本原因是学生对立体图形的空间观念比较薄弱。

基础知识和基本技能不够扎实

长方体表面积计算，涉及整数、小数运算，单位名称与进率换算，周长与面积计算这些基础知识和基本技能。如果学生对上述这些知识和技能的掌握不扎实，那么在新知识的运用中就很容易出错，在做题的过程中出现计算错误、换算错误，甚至把正方形的周长计算与面积计算混淆起来，导致表面积计算错误。

对题目的意思不够理解

学生对题目的意思不理解，从错例中看，主要有以下两种情况。

一种是对题目中出现的新术语不理解，而这一术语正好又是所要解决的问题。因为术语不理解，要解决的问题脱离了学生已有的知识和经验，问题不理解，就无从下手去解决，这种现象我们称之谓空间想象中的盲区。如“一个棱长为2米的立方体鱼池，它的占地面积是（　　）平方米”，又如“一个长方体的蓄水池长8米，宽4米，深1.5米，这个蓄水池的占地面积是多少平方米”，都是因为不能用长方体的底面积去理解“占地面积”而产生障碍。因为题目中已经告诉了我们蓄水池的长、宽、高（深），因此有的学生就把“占地面积”错误地与表面积联系起来，用表面积计算的方法去求占地面积而得出错误的答案。

另一种是条件比较多，数量关系复杂，综合性比较强的解答题，学生在数量关系的处理上因理不清关系而做错。如“一个工人每天能粉刷80平方米的墙壁，现有一间仓库，长14米，宽8米，高6米，粉刷它的四壁，除去门窗面积24平方米，这个工人要粉刷几天才能完工?”对于这道题，学生不仅要理解“粉刷它的四壁”，能正确计算四壁的面积，接着要以四壁的面积为总量减去门窗面积的差才能得到这个工人实际要完成的工作量，然后用工作总量与工作效率的关系去求得工作时间，解决问题。由于题目的条件比较多，数量关系比较复杂，综合性比较强，解决这样的题，学生必须要理解题意，有序地调动题目已有的知识，如此才能顺利地解决问题。五年级的学生，对总数与部分数的和差关系比较熟悉，而对工作总量、工作效率、工作时间的数量关系可能比较生疏，这会增加他们解题的难度。

题目本身叙述不够确切明白

题目本身叙述不够确切，在一定程度上给学生解题带来了困难。如错例①，有以下三个地方可以推敲：

一是折的方向不明确，是否可以向不同的方向折？

二是折成什么图形不明确，是否可以折成其他的图形？

三是数据不完整，有些必要的边的长短不确定。

这些原因，引起学生开放式的空间想象，使其建立不确定的图形，产生解题的困扰。

5.4 有哪些防止学生计算错误的策略？

思考

结合以上的错例和原因分析，想一想有哪些策略可以防止这些错误的发生？

为了防止错误发生，我们认为加强基础知识的教学，使学生学会实际运用知识，加强空间想象训练，使其形成空间观念，培养学生良好的审题习惯和运算习惯，是解决问题的基本策略。具体做法可以从以下几个方面加以实施。

联系实际，注重长方体特征教学

在长方体、正方体特征的教学中，教师一般通过模型，采用看一看、摸一摸、指一指、数一数、比一比的实践活动，让学生理解它们的特征，能用语言加以表达，会指出各部分的名称，从而建立起长方体、正方体的表象。但是必须指出，这种理解所形成的表象只是停留在模型上，与学生身边大量的有关长方体、正方体的实物没有联系起来。这是一个从图到物，又从物到图的抽象到具体，具体到抽象的过程，这种过程是空间观念形成的过程，也是数学意识得到发展的过程。因此，教学长方体、正方体特征时，必须注重联系实际，使学生能够根据图形特征去鉴别长方体、正方体的实物，能把具体的实物抽象成模型的表象，为以后解决实际问题奠定基础。

让学生理解公式所表示的实际意义

长方体表面积计算的教学，是从表面积的意义出发，根据图形特征让学生自己探究计算 6 个面总面积的方法，通过比较、发现规律，运用乘法分配律加以归纳，概括成计算公式。随后通过一些基本题，让学生运用公式计算表面积，以掌握长方体表面积计算的方法。教学到此似乎已经结束了，其实在这个基础上，还要做好两个不可忽视的工作。

一是让学生指出算式中每一个数据在图形中对应的长、宽、高，说一说每一步计算所表示的实际意义，把表面积的计算与图形的表象紧紧地联系在一起，提高计算的目标意识，避免死记公式，盲目计算。这是克服表面积计算难点的重要措施。

二是让学生用规律去熟记计算公式。长方体表面积计算方法（公式）是（长×宽+长×高+宽×高）×2。从数据上看，长、宽、高三个数据各出现两次，从运算方法上看，是 3 个积的和再乘 2。找出这样的特点，帮助记忆公式。用这样的特点去对照计算、检查算式，以防止计算上的错误。因此，当学生概括出计算公式，能用公式计算表面积以后，教师可以让学生去找一找公式的特点，有没有一定的规律。

一题多练，变式训练

表面积计算的方法掌握以后，教师要有意识地设计题目，让学生练习。

如教师出示一个长方体纸板箱（见图 5－6），问：

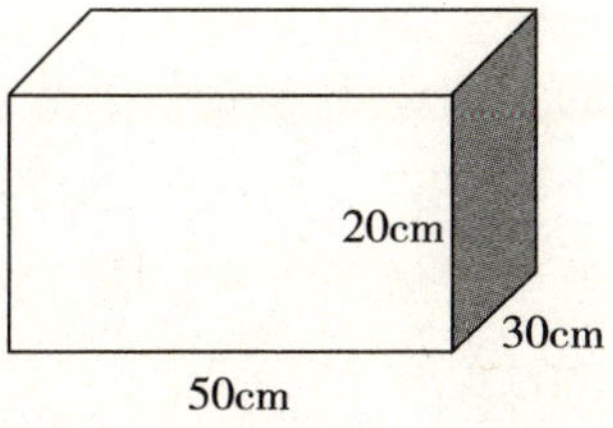

图 5－6

做一个这样的纸板箱，至少要用多少平方厘米的纸板？

如果不需要盖，至少需要多少平方厘米的纸板？

如果用彩纸装饰它的四周，至少需要多少平方厘米的彩纸？

这个纸板箱放在桌上，它所占的桌面面积是多少平方厘米？

一题多练，打开变式计算的思路，让学生学会根据实际情况正确地运用公式进行计算，为解决实际问题做铺垫。

一题多想，促进空间观念发展

教师出示一个长方体的纸板箱（见图 5－7）（不提供长、宽、高的数据）。

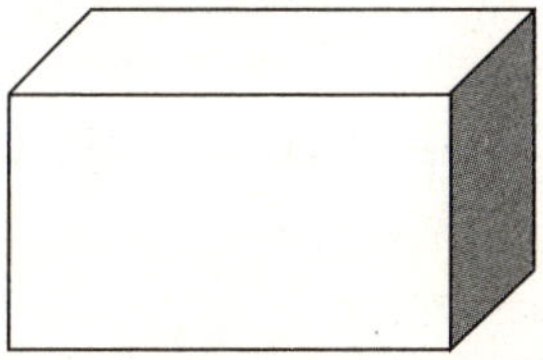

图 5－7

先让学生思考，可以提出哪些问题，如：

做一个这样的纸板箱，至少要用多少面积的纸板？

如果没有盖，至少需要多少面积的纸板？

如果这样的纸箱做 10 个，至少需要多少面积的纸板？

如果用彩纸包装它的四周，至少需要多少面积的彩纸？彩纸的面积比一只纸板箱所用纸板少多少？

如果每平方米的纸板重 x 千克，这只纸板箱重多少千克？

如果每平方米的纸板 x 元，做这样一只纸板箱需要多少元？

在提出问题的基础上，再让学生找出解决问题所需要的条件，然后动手操作、获得数据、一一解答。

一题多练、一题多想的策略，不仅克服了练习的单一性，提高练习的效果，而且让学生在一个比较复杂的情况下进行系统的想象，进而揭示数量关系的变化，这有助于学生理解条件和问题，使其能够灵活运用知识和解决问题，促进其空间观念的发展。

培养学生检查作业等良好习惯

作业中出现的错误，并非都是学生不理解、不会算，也有粗心大意造成的。为此，在长方体表面积计算教学中，教师要有意识地渗透如何检查作业、检查作业什么的方法，使学生知道做完一道题后要重新审视一下题目的意思，看看所列的算式是否能够解决问题。

检查算式包括以下内容：

算式表示几个面的面积；

算式表示哪几个面的面积；

每个面所对应的长和宽是什么；

算式中所示的长度单位是否统一；

单位换算的进率是否正确。

教学中，教给学生解题计算的检查方法，使其养成良好的作业习惯，应该成为避免错误的策略之一。

思考

关于如何培养学生良好的作业习惯，你一定有很多的经验和心得，请你写一写。

分层设计练习

我们在前面整理了表面积计算的常见练习题，基本题、变式题、应用题、综合应用题四个题型本身说明它们存在着相互联系，体现出由具体到抽象，由易到难的顺序。前面的题型练习是后面的题型练习的基础，而后面的题型练习又是前面练习的发展和深化。因此，教师在设计练习，提供学生作业内容时，尽可能考虑这个顺序，让学生循序渐进地获取知识。

我们知道，学生的基础不同，其发展水平也不相同，因此对待作业中出现的错误，不能一概而论，应具体问题具体分析。对待学生作业上的有些错误，我们要进行面对面的沟通和交流，这不仅是面向全体，让每一个学生学好的需要，也是教师了解学生，了解自己，积累案例，研究教学方法，改进教学，提高教学质量所需要的。但愿我们的教师都能了解学生，分析作业错误的原因，在研究对策的过程中快速成长。

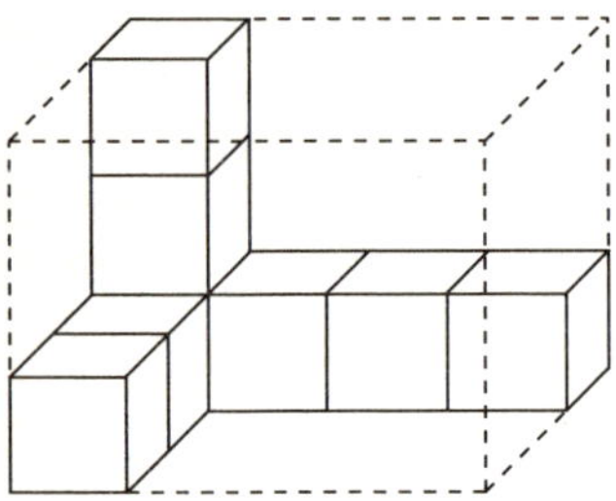

6

教与学的评价研究

2011 版课标指出：学习评价的主要目的是全面了解学生数学学习的过程和方法，激励学生学习和改进教师教学。建立目标多元、方法多样的评价体系。评价既要关注学生学习的结果，也要重视学生在数学学习活动中所表现出来的情感与态度，要帮助学生认识自我、建立信心。

我们该如何对“长方体的表面积”这一内容的教和学进行评价？本章我们将和你一起对“长方体的表面积”教学的评价标准与评价方法进行探索，旨在加深对这一教学内容的理解。

对于“长方体的表面积”的教学评价，我们将以教学目标为基础，从知识与技能、过程与方法、情感与态度三个维度分析教学的基本要素，根据课程标准的理念，对这些要素明确要求，定性描述成为教与学的评价标准。同时，考虑到教学评价的实施，我们还提出了评价的手段和方法，以供参考。

6.1 评价标准

“长方体的表面积”教与学的评价标准，包括四个方面的内容：知识与技能的评价标准，过程与方法的评价标准，情感与态度的评价标准，教师教学行为的评价标准。这主要是基于以下两方面原因思考的结果。

一方面，教学评价应考虑到学生该经历哪些活动，用怎样的方式去经历这些活动，考虑到学生在经历这些活动的过程中应有的体征状态，从而分析教学的基本要素，形成评价过程与方法、情感与态度方面的标准。

另一方面，从教与学的关系上讲，学生是学习的主人，但必须看到并加以承认，主人的地位能否得到保证，主人的作用能否发挥、发挥得怎样，从某种意义上讲，又取决于教师如何组织、如何引导、如何合作。在长方体表面积教学中，我们把教师如何组织学生，如何引导学生，如何与学生合作视为教师的教学行为，并对这些行为加以分析，提出明确的、积极的、符合新课程理念的要求，这就成为评价教师教学行为的标准，成为“长方体的表面积”教学评价的组成部分。

知识与技能的评价标准

“长方体的表面积”教学在知识与技能方面的目标是：通过长方体表面积的展开和对展开图的观察，理解表面积的含义，建立立体图形表面积的概念；联系长方体的特征，探索并概括表面积计算的方法，在理解的基础上掌握方法，能正确灵活地运用方法计算长方体的表面积。通过对上述目标的分析，可以知道“理解”、“掌握”、“运用”是知识与技能目标的基本要素。下面我们针对这些要素，提出具体的要求，使之成为知识与技能的评价标准。

（1）理解的评价标准

- 能说明长方体表面积是指长方体表面积的大小；知道凡是立体的图形和物体，它们的表面大小都可以称作表面积；
- 知道长方体的表面积与6个面的大小有关，与它的长、宽、高有关；
- 能用简单确切的语言描述长方体表面积的含义；
- 知道长方体表面积的计算方法是根据长方体的特征和表面积的含义，用长方形面积计算的方法得出的；
- 能用文字或字母表达长方体表面积的计算方法。

（2）掌握的评价标准

- 根据长方体表面积的计算方法，能正确计算长方体的表面积；
- 根据正方体的特征和长方体表面积计算的方法，能正确地计算正方体的表面积；
- 根据长方体和正方体表面积计算的方法，能自己提供所需的条件和数据，并进行实际计算；
- 根据表面积计算的算式，能说明算式中每个数据和每步运算的实际意义。

（3）运用的评价标准

- 能用“表面积”的术语表达长方体物体和立体图形外表部分的大小；
- 能用长方体、正方体表面积的计算方法计算形状是长方体或正方体物体的表面积；
- 能运用长方体、正方体表面积的计算方法计算少底或少盖的形状是长方体或正方体的物体的表面积；

- 能运用表面积计算的方法解决生活中与长方体、正方体表面积计算有关的实际问题。

过程与方法的评价标准

在知识与技能的评价标准得到确定的基础上，教师必须从新课标的教学理念出发，通过一定的途径，采用一定的方法和手段，组织学生参与活动，引导学生经历理解、掌握和运用的活动过程，让学生在达成知识技能目标的同时，促进发展性目标的落实。因此，过程和方法是学生在学习长方体表面积中获得知识、得到发展必不可少的内容。但是，必须看到并加以承认的是，由于学生经历的活动不同、方法不同、过程不同，所达到的效果也是不同的，为此，有必要对过程与方法提出评价标准。

通过对“长方体的表面积”教学目标和教学过程的分析，我们认为过程与方法的基本要素包括操作、观察、联系、探索、交流与概括这 6 个方面。现对这些活动要素提出具体的要求，即评价过程与方法的标准。

（1）操作的评价标准

操作的评价标准是指对操作的对象、操作的步骤和方法提出要求。

- 每个学生有一个长方体的纸盒（不能太大也不能过小）；
- 学生给纸盒的每一个面分别标明上、下、前、后、左、右；
- 学生用三种颜色将纸盒的上下、前后、左右三组面表示出来；
- 学生先将纸盒的上面与后面相交的一条棱剪开，再将左右两个面与上面相交的两条棱剪开，最后将上下方向的 4 条楞剪开；
- 学生将纸盒展开为由 6 个长方形组成的平面图形；
- 学生在展开图上找一找，每个长方形的长和宽与长方体纸盒的长、宽、高的关系。

（2）观察的评价标准

观察的评价标准是指学生观察什么，用什么方法观察，在观察中应该发现什么，知道什么，能回答下面的问题。

- 观察纸盒的展开图，指出面积相等的长方形，想一想为什么相等；
- 观察纸盒的展开图，想一想面积相等的长方形可以分成几组；
- 观察纸盒展开图和长方体模型，思考展开图的面积与长方体纸盒表面的大小有什么关系；

- 看长方体纸盒，思考什么是长方体的表面积。

(3) 联系的评价标准

联系的评价标准是指学生能否把新旧知识自觉地结合起来，主动地运用已有知识去理解和掌握新的知识和方法的活动和能力。

- 根据长方体的特征，能找出展开图中面积相等的长方形；
- 根据长方体的长、宽、高，能想到长方体中每个长方形的长和宽；
- 根据长方体表面积的含义，知道计算表面积的步骤和方法；
- 根据长方体表面积的计算方法，想到正方体表面积的计算方法。

(4) 探索的评价标准

探索，在这里是指学生能自觉地联系已有的知识经验，从不同的角度、用不同的方法去思考问题、尝试实践、寻求发现、解决问题的活动和能力。

- 怎样把长方体纸盒的表面展开成平面？进行思考，尝试获得最好的方法；
- 学生能通过长方体纸盒展开又还原的方法，去发现展开图就是长方体的表面，展开图的面积就是长方体外表部分的面积；
- 学生能根据长方体表面积的含义，用不同的方法计算长方体 6 个面的总面积，发现长方体表面积的计算方法；
- 学生能根据长方体表面积计算的思想方法，自觉地去寻求发现正方体表面积的计算方法。

(5) 交流的评价标准

交流是指学生把经历操作、观察、联系、探索的活动过程、方法和结论加以展示，与同学和老师一起分析比较、相互沟通、相互评价，为达成目标或解决问题进行沟通与合作的活动和能力。

- 在交流中让不同水平的学生理解表面积的含义；
- 在交流中要让不同水平的学生用自己的方法表达计算长方体表面积的思考方法；
- 在交流中要让不同水平的学生呈现不同的方法（算式）；
- 在交流中学生能用自己的语言说明算式所表示的意思；
- 在交流中要让自己理解别人的意思，又要让别人理解自己的意思；
- 在交流中让不同的学生理解、掌握长方体表面积的计算方法。

（6）概括的评价标准

概括是指学生在操作、观察、探索的活动中，把图形和方法的共同点归结起来，用结论或定义的形式加以表达。概括既是思维活动的过程，也是思维活动的一种方法。

- 通过对长方体纸盒和纸盒展开图的观察，学生能把它们都有 6 个面，都表示 6 个面大小的共同点归结起来，从而得出什么是长方体表面积的结论；
- 长方体表面积的计算，一般可以列出三种算式，从都是计算 6 个面的面积之和的共同点，学生能找出比较简单的一种，说出长方体表面积的计算方法，还可以用公式加以表达；
- 长方体和正方体都有 6 个面，又因为表面积的含义相同，计算出 6 个面的面积之和的要求相同，因此，在学习长方体表面积计算的基础上，学生能自己得出正方体表面积的计算方法。

情感与态度的评价标准

情感与态度是学生在“长方体的表面积”学习过程中对学习内容、学习活动、学习方式、学习效果及教师的教学行为，在内心的感受和需要的满意度体验，从而作出积极与消极、主动与被动、喜欢与讨厌、认真与马虎、热情与冷淡、愉快与痛苦的反映。在“长方体的表面积”教学中，评价学生的情感与态度如下：

- 喜欢长方体表面积的学习内容；
- 能积极参与操作、观察、探索、交流的活动；
- 在活动中，能主动地提出问题；
- 喜欢自己说出什么是长方体、正方体的表面积；
- 喜欢自己发现长方体、正方体表面积的计算方法；
- 喜欢先独立思考，再和同学老师交流；
- 乐意灵活运用表面积计算的方法去解答较难的变式题；
- 能主动地评价自己的学习，对不足的知识与技能乐意纠正；
- 喜欢老师的讲课，配合默契。

教师的教学行为评价标准

思考

在学习中，教师和学生分别处于怎样的地位?

在“学生是学习的主人”这一教学理念支配下，教师是数学学习的组织者、引导者、合作者。因此，组织、引导与合作的活动应该是教师在实施“长方体的表面积”教学中主要的教学行为。我们认为每种行为都包含着行为的目的、行为的内容和行为的方式方法这样三个基本要素。要素的不同内涵决定了教学行为的不同价值，因此，有必要对教学行为的目的、内容及方式方法提出要求，以教师的教学行为确保学生在学习“长方体的表面积”的活动中的主体地位。

我们以教学的一般过程为索引，从学习引入、学习展开、学习练习、学习小结这四个基本环节中去审视教师组织学生、引导学生、与学生合作的行为，通过目的、内容和方法三个维度展开，提出要求，形成评价教师组织、引导、合作行为的评价标准。

（1）学习引入

组织可以观察的材料，设计学生思考的问题，引导学生知道学习内容，共同构建学习目标。

行为的目的：让学生知道学习内容，激活学生思维，激发学习动机，明确学习的自我目标。

行为的内容：让学生观察长方体纸盒，提出数学问题，使其知道学习所要解决的问题，揭示课题。

行为的方法：一是出示一个长方体纸盒，提问：想到什么？可以提出哪些问题？明确要解决的问题是“做这样一个纸盒，至少需要多大的纸板”，揭示课题。二是直接揭示课题“长方体的表面积”，思考：根据课题，你想知道什么？为什么要知道？

（2）学习展开

采取自主、合作、探究的方式，组织学生操作材料，引导学生观察、尝试计算、共同概括得出长方体表面积的含义以及长方体表面积的计算方法。

① 理解长方体表面积的含义。(教师的教学行为)

行为的目的：组织学生经历操作、观察、概括的活动，引导学生自主地理解长方体表面积的含义。

行为的内容：展开长方体纸盒的表面，观察展开图，对展开图和长方体纸盒的表面进行比较，概括得出长方体表面积的含义。

行为的方法：紧扣学习引入时提出的问题“什么是长方体的表面积”，让学生想一想，议一议；教师指导学生把长方体的纸盒按一定的步骤和方法展开成平面；引导学生观察展开图，接着将展开图还原成纸盒，引导学生从中发现展开图的6个面的面积之和就是长方体6个面的面积之和；组织学生合作，概括出长方体表面积的含义。

② 掌握长方体表面积的计算方法。(教师的教学行为)

行为的目的：通过联系、尝试、探索的活动和过程，让学生发现长方体表面积的计算方法，在理解的基础上掌握计算方法。

行为的内容：学生获得长方体表面积计算的方法；研究怎样记住方法；说出计算长方体的表面积必须知道的条件。

行为的方法：教师采用师生合作的方式，组织学生探索，引导学生自己得出长方体表面积的计算方法。具体方法如下。

首先提出长方体的表面积应该怎样计算，需要知道哪些条件，让学生想一想，在小组里议一议，说出步骤和方法。

接着，继续提问，如果知道长方体的长、宽、高是多少，你能计算出它的表面积吗？请学生试一试，并将结果和方法（算式）在小组里交流。

然后，反馈计算结果，展开不同的算式，比较、评价，得出比较简便的计算方法。

最后，通过练一练，概括出长方体表面积的计算方法，研究怎样记住方法，并说出计算长方体的表面积必须知道的条件。

（3）组织练习

在练习中引导学生进行知识迁移，理解运用。

行为的目的：通过练习，让学生掌握长方体表面积的计算方法，能正确计算，在这一基础上让学生自己学会正方体表面积的计算方法，并能解答有关表面积计算的比较简单的生活问题，引导学生体验知识与生活的联系。

行为的内容：计算图形的表面积，解答简单的应用题；讨论长方体表面积计算在生活中的应用，举例说明。

行为的方法：提供长方体的图形，看图计算表面积，学生独立完成；提供正方体的图形，要求学生计算它们的表面积（计算时允许学生相互讨论）；反馈计算正方体表面积的结果和方法，得出正方体表面积的计算方法，并要求学生说一说这个方法你是怎么想出来的；引导学生说出思考的过程；解答比较简单的应用题，解答后，让学生联系生活，找出可以应用知识解决的问题。

（4）学习小结

组织学生回顾学习，引导学生对自己的学习进行自我评价。

行为的目的：通过小结，让学生学会整理学习内容，学会自我评价，体验学习的价值，增强学习的信心和学会学习的意识。

行为的内容：回顾内容，整理知识；回顾获得知识的过程和方法（怎样理解表面积的？长方体表面积的计算方法是怎样得出的？正方体表面积的计算方法又是怎样知道的?）自我评价，教师小结。

行为的方法：运用合作、交流的方式，先让学生说一说这节课他知道了什么，学会了什么；交流后，再让学生说一说，他认为自己学得怎样（引导学生自我评价），最后，教师肯定成绩，进行激励性的评价。

6.2 评价方法

评价方法，主要有以下几种，可以选择其中的部分应用。

① 查阅教师的教案，主要评价教学目标的确切性，以及教学过程设计的完整性和合理性。

② 请教师说课，主要听取教师设计教学的理念及基本思路。

③ 听课，记录、观察教学的活动过程，分析教师的教学行为及效果。

④ 学生座谈，了解学生在学习“长方体的表面积”活动中的情感与态度。

⑤ 课后测试，了解学生对知识与方法的学习效果。

7 学生思维测试分析

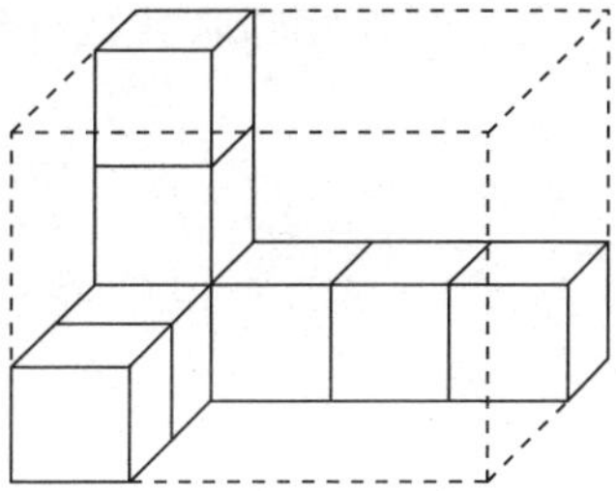

7.1 问题的提出

数学教学是数学思维活动的教学。数学思维活动的教学就是要揭示或展现蕴含在学习数学知识中的丰富多彩的思维活动过程。

那么，作为学习数学知识的主体——学生，思维活动过程是怎样的？当他们面对一个数学问题时，又是怎样展开思维的？只有我们与学生在一起，通过实验、观察、与他们交谈才能知道学生在想什么，是怎样想的，才能了解、分析学生的思维活动、思维过程，以便能够在教学中，强调思维过程，充分暴露思维过程。给学生一个数学问题，让他们去解决，并要求他们比较详细地写出想的过程，这可能是了解学生思维过程的一种方法。

当看到下面这个问题的时候，我们就产生了这样去做一做的想法。

在北师版教材五年级下册第15页有下面这个题目。（见图7－1）

3. 在下面的8个面中找出6个面，使它们能围成右面的长方体。这6个面的编号分别是＿＿＿＿＿＿＿＿。

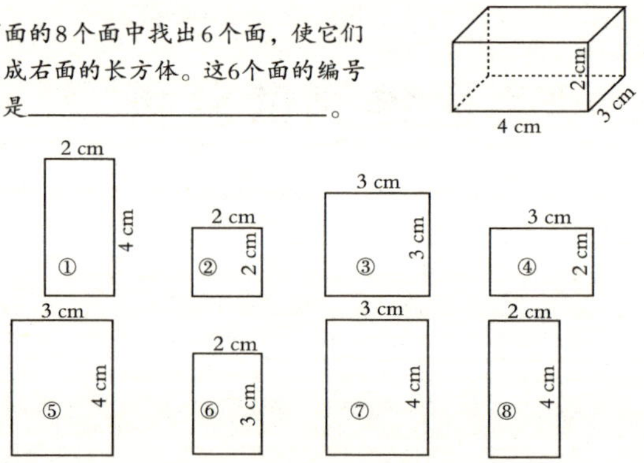

图7－1

思考

你能解决这个问题吗？如果能，分析你自己解决这个问题的思维过程。如果不能，你遇到了什么困难？

对于我们平时司空见惯的数学问题，你以前有没有经历过类似的思考？这对于我们的数学教学有帮助吗？让我们一起来进入这个问题，进入解题的思维过程。

我们尝试着把立体图拿掉和留着，分别编成一道题，先后让小学六年级的学生解答，试图从学生的解答中发现是否提供立体图对学生解题有无区别，以及学生的解题策略，并分析学生解题策略的心理特征。

7.2 测试的问题、对象和过程

测试的问题

（1）第一次测试

本次测试的导语及试题如下：

亲爱的同学：下面有一道关于长方体的题目。希望你能独立、仔细地完成，思考的过程请尽可能详细地写下来，不要用铅笔。相信你一定能完成！

请在下面的 8 个面中找出 6 个面，使它们能围成一个长方体。这 6 个面的编号分别是____________________。

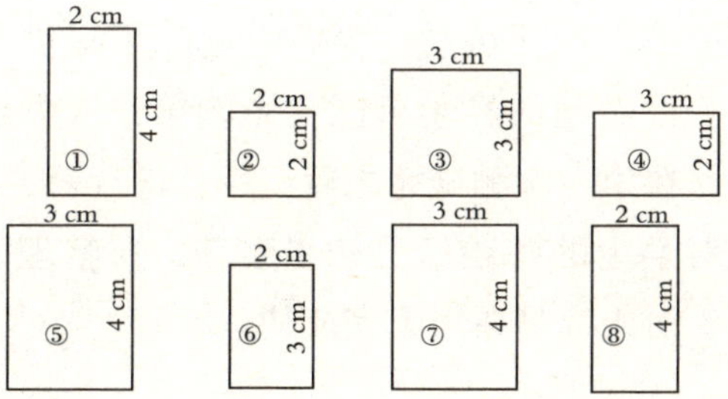

你是怎么想的？

（2）第二次测试

本次测试的导语及试题如下：

亲爱的同学：你已经做过一道关于长方体的题目，现在加了一个图，希望你再次独立、仔细地完成，思考的过程请尽可能详细地写下来，不要用铅笔。相信你一定能完成！

请在下面的 8 个面中找出 6 个面，使它们能围成右边的长方体。这 6 个面的编号分别是______________________________。

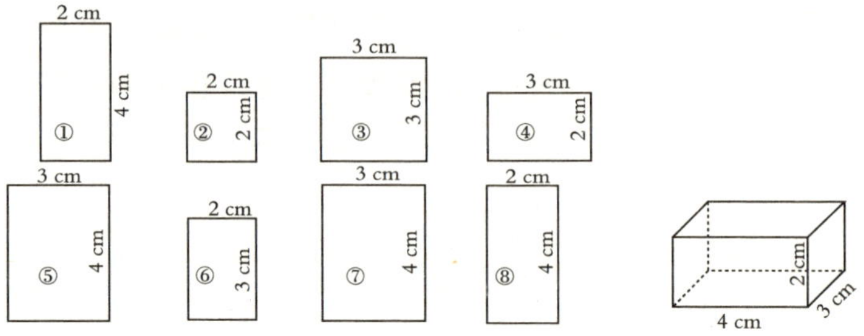

你是怎么想的？

测试的对象

测试的对象是六年级学生，年龄为 12 岁，共 150 人。

测试和访谈过程

2012 年 12 月 20 日上午，在学生不知情的情况下，由各班主任老师组织，先后两次进行测试。在测试前，没有给学生任何的解题提示，也没有读题，直接让学生独立地解答。如果学生认为自己已经解答完，就把测试卷交给老师。学生在测试的过程中，没有任何的交流与讨论，整个测试过程基本上反映了学生独立地在自然情境下解答这一道图形题的水平。

同一批学生做过第一次测试后，再做一遍除了提供图形而其他完全相同的题目，那么第一次做题的经验可能会影响第二次做题。为了尽可能减少影响，排除交流，在第一次测试完之后，马上进行第二次测试。

测试后，我们对学生的解题情况初步整理，在整理的基础上，选择了部分学生进行访谈。访谈都是在当天完成的。

7.3 测试的结果与分析

思考

1. 你觉得是否提供立体图对学生解题有影响吗?
2. 请你估计一下你的学生:没有立体图时正确率多少?有立体图时正确率多少?然后对比一下,想一想为什么?
3. 是否提供立体图会影响学生的解题策略吗?

是否提供立体图对学生解题有很大影响

是否提供立体图会影响学生解题的正确率。被测学生第一次测试正确率超过80%,第二次加了立体图后,正确率则达到了96%。

从表7-1可知,没有提供立体图时学生答题的错误率要高于提供立体图,有了立体图后正确率明显提高,从81.3%升到了96%,提高了14.7%。前后正确率的变化反映了提供立体图对于帮助学生解题的重要性。对此,从以下几个场景中我们可以分析出一些原因。

表7-1 有无立体图学生答题的对错情况对比

	错误的		正确的	
	人数	百分比(%)	人数	百分比(%)
无立体图	29	18.7	121	81.3
有立体图	6	4	144	96

场景一:没有图,有的学生因为空间观念不够强,不能凭空想象出立体图形,想了一半想不下去了,凑也凑不出答案(见图7-2);有了立体图就很清楚地知道要找哪六个面了(见图7-3)。

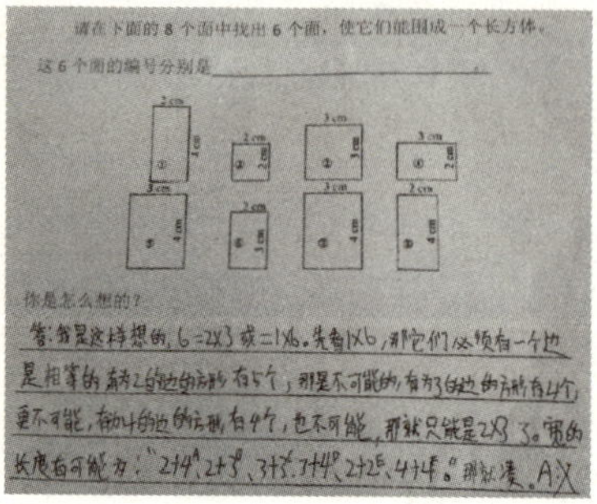

图7－2

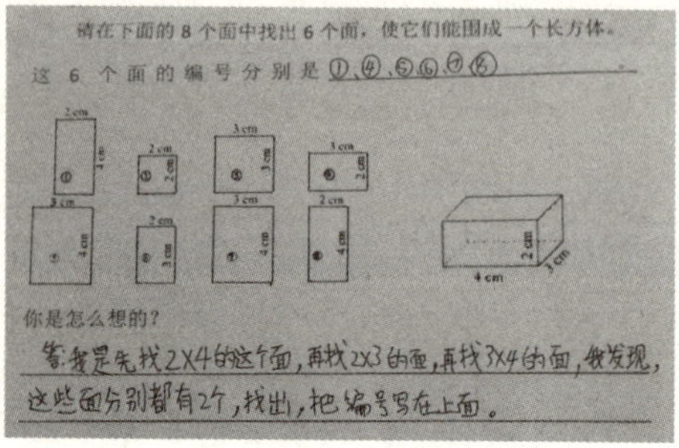

图7－3

场景二：没有图，有的学生没有好的解题方法，只会“在心里拼”，“在心里试”，不会主动“拼画”出一个符合题意的立体图去解决问题（见图7－4）；而有了立体图以后就轻松地解决了这个问题（见图7－5）。

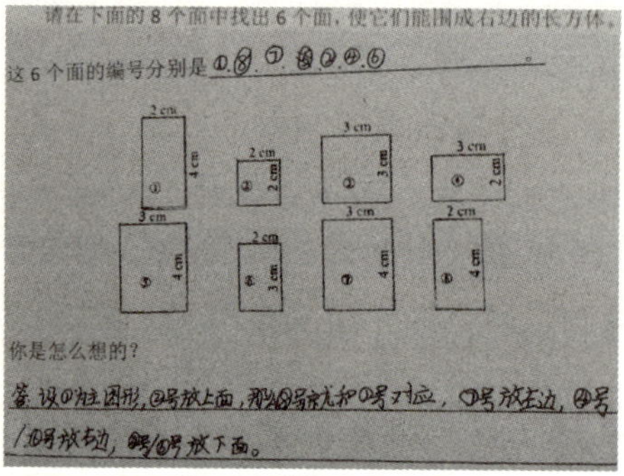

图7－4

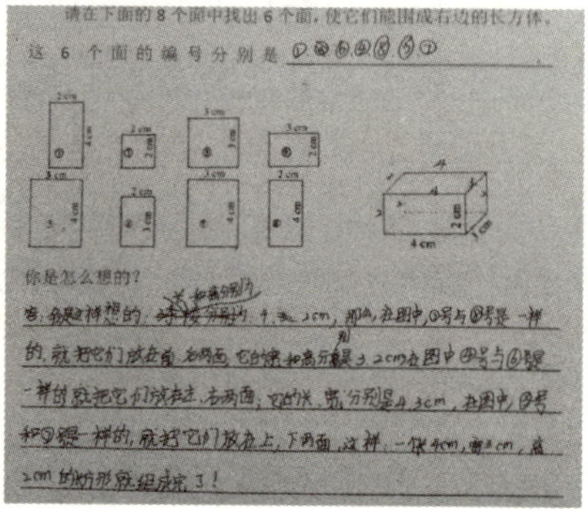

图7－5

类似这些学生，没有了图，就不会做，有了图就会做，是因为他们的形象思维不够，主要是联想能力、想象能力欠缺。他们还不能借助脑中的表象思考解决问题，一定要借助具体的图形才能解决这个问题。

场景三：没有图，还有大部分学生因为非智力因素导致错误。

第一次测试，错误的29人中，17人是因为没有看清要求，把拼成长方体看成了拼成长方形，还有12人确实是选不出拼成长方体的6个正确的面（见图7－6）。

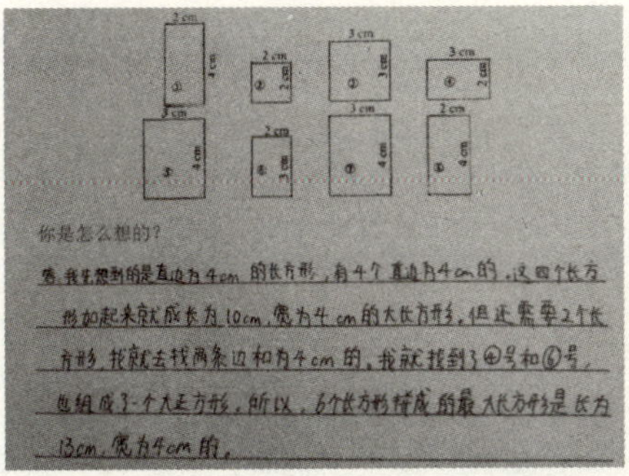

图 7－6

加了立体图以后再测试，没有学生再拼长方形了。一共有六个学生出错，其中5个学生思路清晰，叙述也完整，可惜写答案的时候编号笔误了。有意思的是只有两个人是第一次测试中就错的，也就是还有4个错误的人第一次测试是对的，在第二次测试中写答案时不是漏写了一个编号，就是写错了一个编号。访谈时，看着自己当时的答案连呼“哎呀，写错了”，“漏写了”。

下面的第一位学生漏写了编号⑧，最后还把“就可以拼成右边的长方体了”写成“就可以拼成右边的长方形了”（见图7－7）。第二位学生把编号⑦错写成了③（见图7－8）。

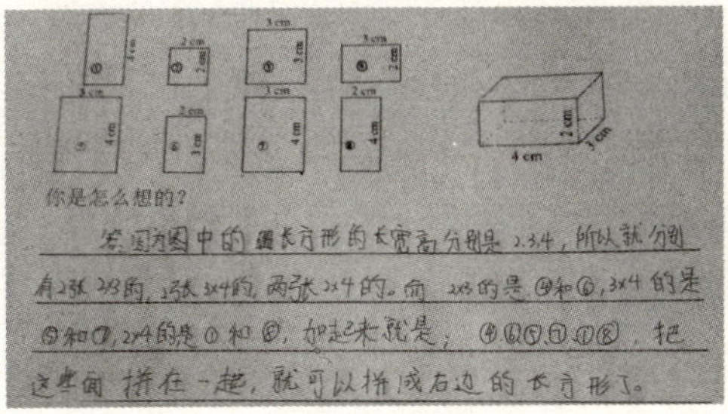

图 7－7

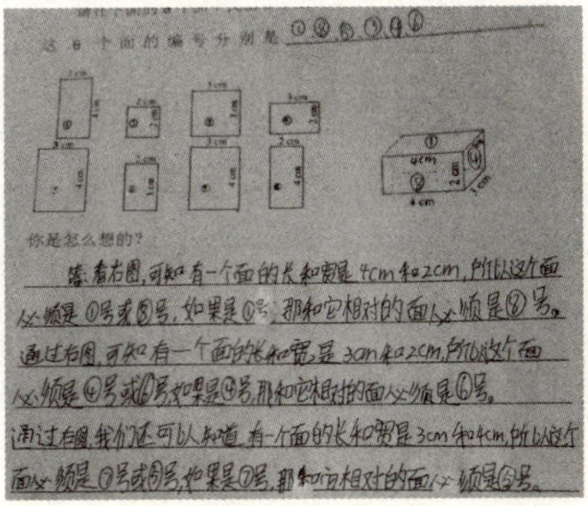

图 7－8

场景四：只有一位学生在提供立体图后还是不能解决这个问题（见图7－9）。

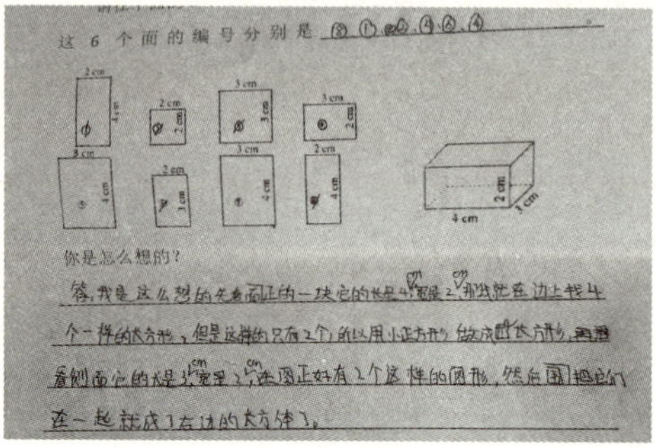

图 7－9

这个学生“先看正面的一块长是 4 厘米，宽是 2 厘米，然后就要在边上找四个一样的长方形”。这个立体图形的长、宽、高分别为 4 厘米、3 厘米、2 厘米的长方体，她想“找四个一样的长方形”当然错了，后面怎么思考都不会对了。直到访谈结束，这位学生还是没有发现自己错在哪里，没能想出正确的答案。

以上四类学生，前两类学生的形象思维不够，联想能力、想象能力欠缺，不能借助脑中的表象思维解决问题。第三类学生是因为学习习惯而影响解题结果。第四类学生是个例，这部分学生的数学能力特别弱。

是否提供立体图会影响学生解题的策略选择

六年级学生的解题策略呈现出多样性，学生认知图形存在着结构性心理特征。

思考

1. 你觉得学生会有哪些不同的解题策略?
2. 提供立体图前后对学生策略的选择会有什么影响?

通过分析学生的测试卷，我们发现学生的解题策略是多样的，学生在解决上述测试题时，主要有以下几种策略。

解题思路 1：“排除型”，排除两个正方形，即编号②③。

a. 根据长方体相对面相同得出结论。(见图 7－10)

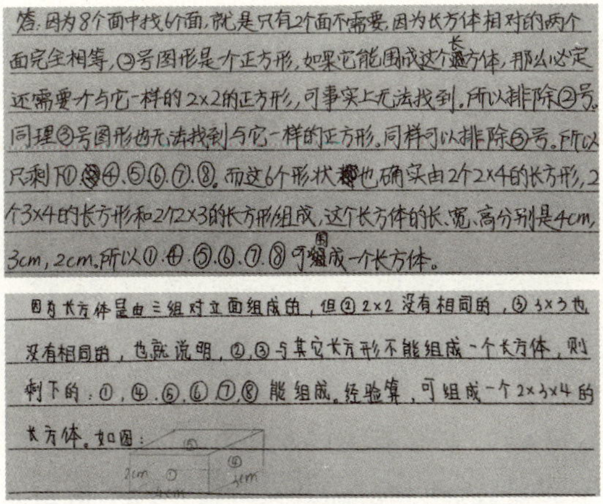

答：因为8个面中找6个面，就是只有2个面不需要，因为长方体相对的两个面完全相等，②号图形是一个正方形，如果它能围成这个长方体，那么必定还需要一个与它一样的2×2的正方形，可事实上无法找到，所以排除②号。同理③号图形也无法找到与它一样的正方形，同样可以排除③号。所以只剩下①、④、⑤、⑥、⑦、⑧。而这6个形状也确实由2个2×4的长方形，2个3×4的长方形和2个2×3的长方形组成，这个长方体的长、宽、高分别是4cm，3cm，2cm。所以①、④、⑤、⑥、⑦、⑧可围成一个长方体。

因为长方体是由三组对立面组成的，但②2×2没有相同的，③3×3也没有相同的，也就说明，②、③与其它长方形不能组成一个长方体，则剩下的：①，④，⑤，⑥⑦⑧能组成。经验算，可组成一个2×3×4的长方体。如图：

图 7－10

b. 如果用到一个正方形，必须要有 4 个完全一样的长方形，而图中没有。（见图 7－11）

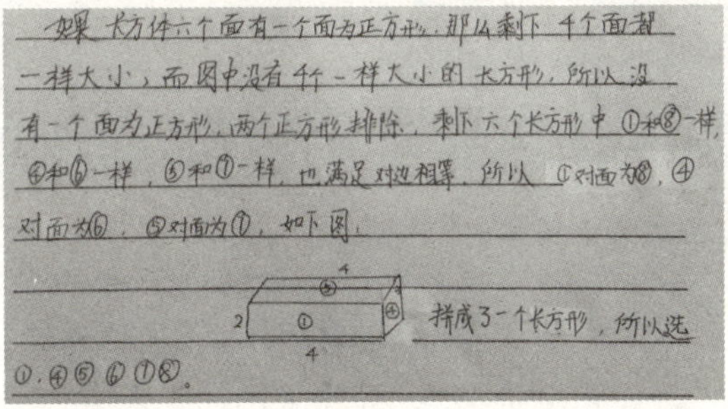

如果长方体六个面有一个面为正方形，那么剩下4个面都一样大小，而图中没有4个一样大小的长方形，所以没有一个面为正方形，两个正方形排除，剩下六个长方形中①和⑧一样，④和⑥一样，⑤和⑦一样，也满足对边相等，所以①对面为⑧，④对面为⑥，⑤对面为⑦，如下图。

拼成了一个长方形，所以选①、④⑤⑥⑦⑧。

图 7－11

解题思路 2：“相对面型”，根据长方体相对面相同，直接一对一对找面。（见图 7－12）

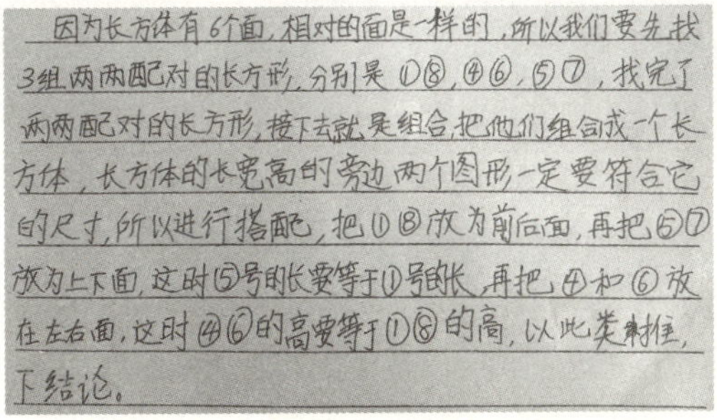

因为长方体有6个面，相对的面是一样的，所以我们要先找3组两两配对的长方形，分别是①⑧，④⑥，⑤⑦，找完了两两配对的长方形，接下去就是组合，把他们组合成一个长方体，长方体的长宽高的旁边两个图形一定要符合它的尺寸，所以进行搭配，把①⑧放为前后面，再把⑤⑦放为上下面，这时⑤号的长要等于①号的长，再把④和⑥放在左右面，这时④⑥的高要等于①⑧的高，以此类推，下结论。

图 7－12

解题思路3:“三面型”,先找到夹住一个顶点的三个面,再找另外三个相对应的面。(见图7-13)

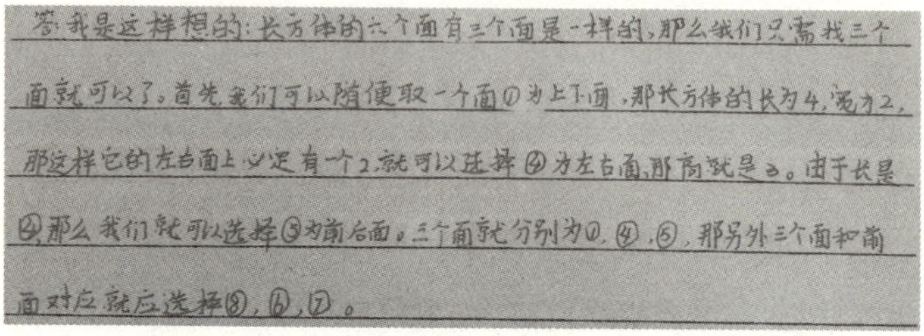
答:我是这样想的:长方体的六个面有三个面是一样的,那么我们只需找三个面就可以了。首先我们可以随便取一个面①为上下面,那长方体的长为4,宽为2,那这样它的左右面上必定有一个2,就可以选择④为左右面,那高就是3。由于长是④,那么我们就可以选择⑤为前后面。三个面就分别为①、④、⑤,那另外三个面和前面对应就应选择⑧、⑥、⑦。

图7-13

解题思路4:“长宽高型”,先确定长、宽、高,再想面,而且是一对一对地把面找出来。(见图7-14)

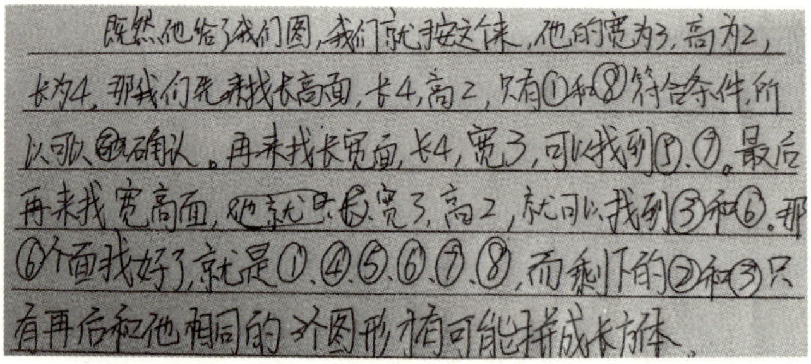
既然他给了我们图,我们就按这体,他的宽为3,高为2,长为4,那我们先来找长高面,长4,高2,只有①和⑧符合条件,所以可以④确认。再来找长宽面,长4,宽3,可以找到⑤、⑦。最后再来找宽高面,他就只长宽3,高2,就可以找到③和⑥。那⑥个面找好了,就是①、④、⑤、⑥、⑦、⑧,而剩下的②和③只有再后和他相同的外图形才有可能拼成长方体。

图7-14

解题思路5:“表面积倒推型”,即先求出已知长方体的表面积,再求出已知8个面的总和,相减得出不需要的两个面的总面积,最后找出不需要哪两个面,从而找到需要的6个面。(见图7-15)

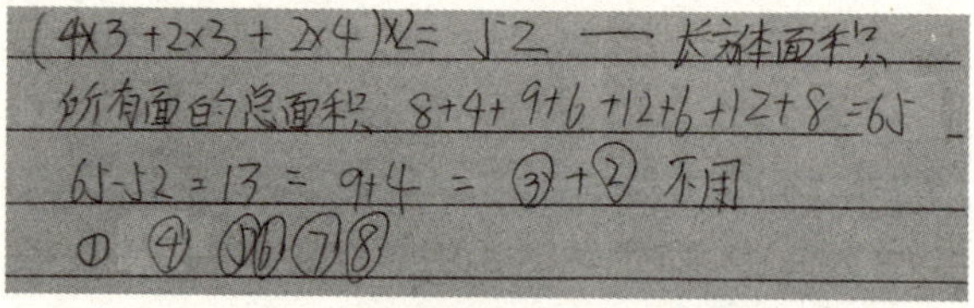
(4×3+2×3+2×4)×2=52 —— 长方体面积

所有面的总面积 8+4+9+6+12+6+12+8=65

65-52=13=9+4=③+② 不用

① ④ ⑤⑥⑦⑧

图7-15

把以上各种解题策略学生人数及所占的百分比制成表格,如表7-2所示。

表 7－2　各种解题策略学生人数及所占的百分比

<table>
<tr><th colspan="2"></th><th colspan="2">无立体图</th><th colspan="2">有立体图</th></tr>
<tr><td colspan="2">错误的</td><td colspan="2">29（18.7%）
其中 19 人拼长方形</td><td colspan="2">6（4%）</td></tr>
<tr><td rowspan="5">正确的</td><td>解题思路 1</td><td rowspan="5">121
（81.3%）</td><td>21（14%）</td><td rowspan="5">144（96%）</td><td>12（8%）</td></tr>
<tr><td>解题思路 2</td><td>98（65.3%）</td><td>111（74%）</td></tr>
<tr><td>解题思路 3</td><td>1（0.7%）</td><td>16（10.7%）</td></tr>
<tr><td>解题思路 4</td><td>1（0.7%）</td><td>4（2.7%）</td></tr>
<tr><td>解题思路 5</td><td>0</td><td>1（0.7%）</td></tr>
</table>

我们发现：

有了立体图后，有一个学生居然想到利用表面积倒推找到需要的 6 个面。因为有了图，图上又标示了长、宽、高，他的这种策略才可行。

有了立体图后，选择解题思路 1“排除型”的学生大大减少，而选择解题思路 2“相对面型”和解题思路 3“三面型”的学生数大大增加。因为有了图，面就清楚地摆在眼前，学生可以根据自己看到的面，再依据长方体的相对面相同，把需要的 6 个面一一找出来，非常简单。

数学成绩与学生在解决问题时的策略选择有关

这里把被测试的 150 名学生在随后的六年级第一学期的区统考且难度系数为 0.8 的数学成绩按照从高到低排序，划分为三类，分别为数学能力强的、数学能力中等的、数学能力比较弱的。

数学能力强的和数学能力中等的正确的人数差不多，数学能力比较弱的正确的人数少一些。（见表 7－3）

表 7－3　平时数学成绩与测试题的正确率

	数学能力强的		数学能力中等的		数学能力较弱的	
	人数	百分比（%）	人数	百分比（%）	人数	百分比（%）
正确的	45	30	42	28	34	22.7
错误的	5	3.3	8	5.3	16	10.7

数学能力强的学生特别多地选择“排除型”，是数学能力中等的人数的

3 倍，而数学能力比较弱的只有 1 人选择，只占 0.6%。（见表 7－4）

表 7－4　平时数学成绩与测试题选择的策略

	数学能力强的		数学能力中等的		数学能力较弱的	
	人数	百分比（%）	人数	百分比（%）	人数	百分比（%）
排除型	15	10	5	3.3	1	0.6
相对面型	29	19.3	36	24	33	22
三面型	0	0	1	0.6	0	0
长宽高型	1	0.6	0	0	0	0
错误的	5	3.3	8	5.3	16	10.7

根据人们对超常儿童思维特点的研究，超常儿童在解决数学问题时，简缩思维运用得很突出，而简缩思维是人类思维品质的要素之一。（徐有标，1992）较多的数学能力强的学生具备这种思维品质。他们是这样想的：8 个面中选择 6 个面，其实就是排除掉 2 个面。根据长方体相对的两个面相同，编号②和③都没有相同的另一个面，所以排除。（见图 7－16）

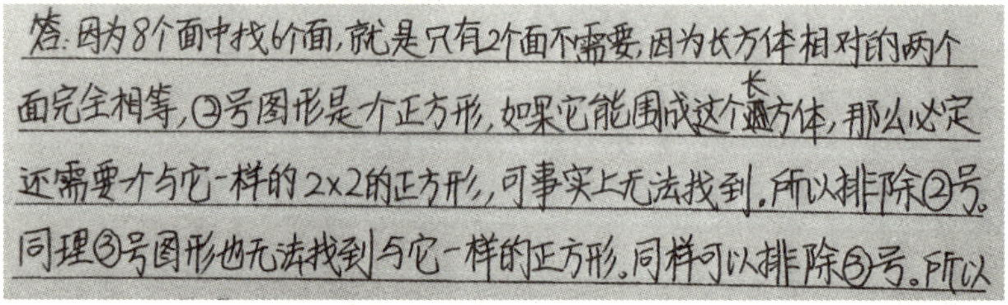
答：因为8个面中找6个面，就是只有2个面不需要，因为长方体相对的两个面完全相等，②号图形是个正方形，如果它能围成这个长方体，那么必定还需要个与它一样的2×2的正方形，可事实上无法找到，所以排除②号。同理③号图形也无法找到与它一样的正方形，同样可以排除③号。所以

图 7－16

同时，研究还表明，超常儿童思维比较活跃，在解决数学问题时，既能熟练地进行正向思维，也善于进行逆向思维。（徐有标，1992）他们是这样想的：如果②和③这样的正方形面要用到，必须存在四个一样的长方形面，而图中没有四个一样的长方形面，所以排除②和③。（见图 7－17）

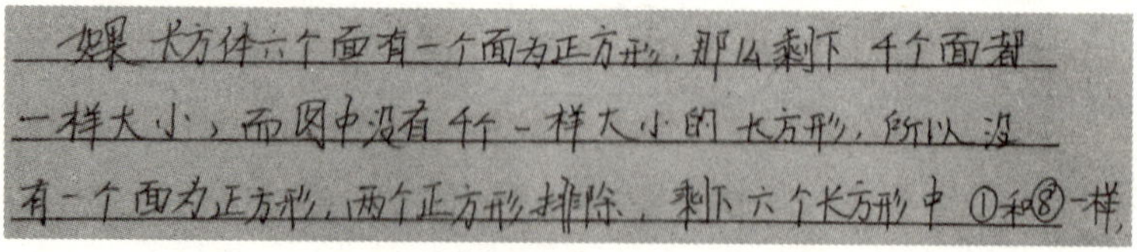
如果长方体六个面有一个面为正方形，那么剩下4个面都一样大小，而图中没有4个一样大小的长方形，所以没有一个面为正方形，两个正方形排除，剩下六个长方形中①和⑧一样，

图 7－17

可见，数学能力强的学生容易采取简缩思维，善于进行正逆思维。

三类学生中，中规中矩地根据长方体面的特点解决问题的人数占了所有人的66%左右，其中数学能力中等的稍稍多一些。他们都会提到这么一句话：长方体相对的两个面完全相同。（见图7－18）

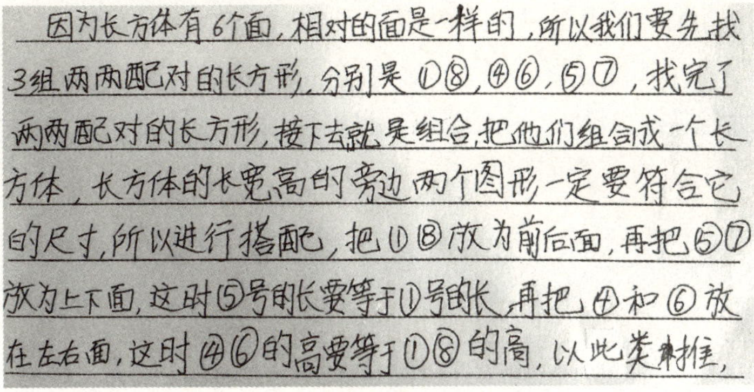
因为长方体有6个面，相对的面是一样的，所以我们要先找3组两两配对的长方形，分别是①⑧，④⑥，⑤⑦，找完了两两配对的长方形，接下去就是组合，把他们组合成一个长方体，长方体的长宽高的旁边两个图形一定要符合它的尺寸，所以进行搭配，把①⑧放为前后面，再把⑤⑦放为上下面，这时⑤号的长要等于①号的长，再把④和⑥放在左右面，这时④⑥的高要等于①⑧的高，以此类推，

图7－18

长方体面的特点是这些学生在半年多前学的，中间也没有相关的知识学习要用到这个知识点。看来，这些学生对于长方体面的特点掌握得还是不错的，能从记忆库中很熟练地提取出来，进行运用。

可见，数学能力中等的学生比较习惯按常规思路解决问题，虽然普通，也许慢些，但是正确率还是有保障的。

数学能力较弱的学生主要表现在没有图不能想（空间观念欠缺），没有图想错（非智力因素欠缺）。这在前面就是否提供立体图时已经讨论过，这里就不再赘述。

7.4　测试对教学的启示

思考

上面这个几何题的测试和分析，你觉得对我们平时的小学数学教学有什么启示吗?

面对有差异的学生实施有差异的教学

从前面的测试与访谈我们看到，学生是有明显差异的，同样的教学内容和过程不能够让他们获得同样的发展，甚至有的孩子连最低的要求都难以达到。我们在给学生提供学习材料以及练习题时应该考虑分能力和层次。比如这道几何测试题作为练习，我们可以按照从难到易分几个层次提供给学生，让他们根据自己的学习情况自由选择。

a. 请在下面的 8 个面中找出 6 个面，使它们能围成一个长方体。这 6 个面的编号分别是______________________________。

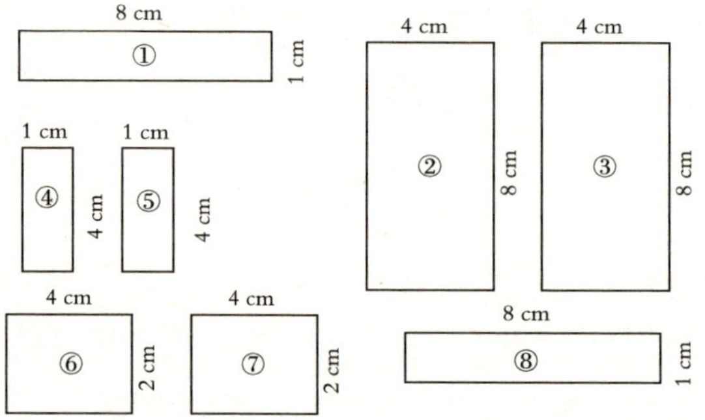

b. 请在下面的 8 个面中找出 6 个面，使它们能围成一个长方体。这 6 个面的编号分别是______________________________。

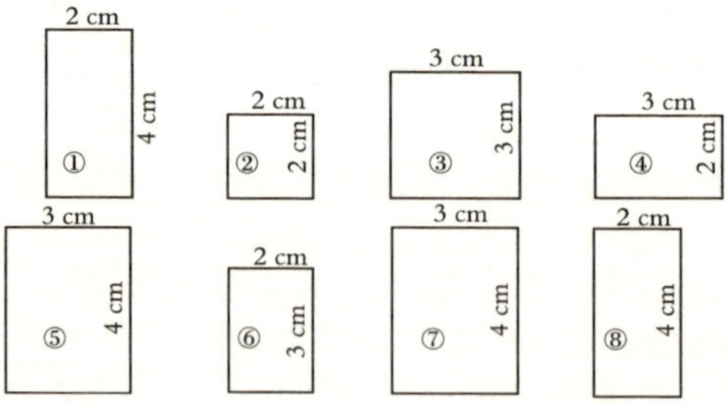

c. 请在下面的 8 个面中找出 6 个面，使它们能围成右边的长方体。这 6 个面的编号分别是______________________________。

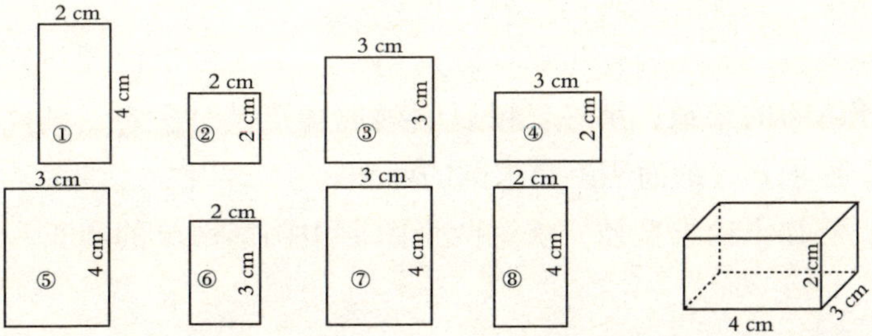

d. 请在下面的 8 个面中找出 6 个面，使它们能围成右边的长方体。

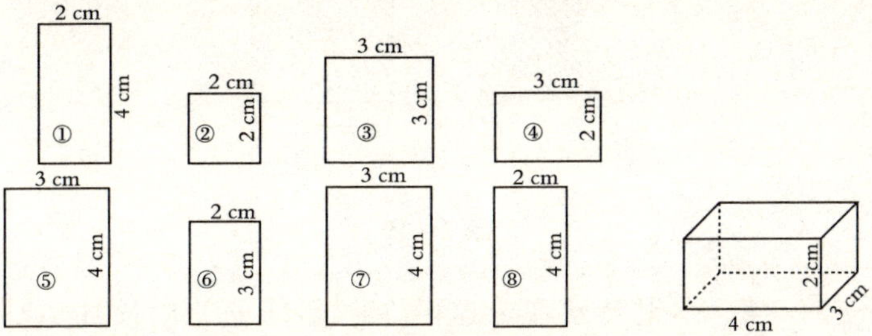

从图中长方体我们看到，前面是一个长是（　　），宽是（　　）的长方形，就是（　　）号面。根据长方体对面相同，那么后面也是这样一个长方形，就是（　　）号面。

同理，右面是一个（　　）的长方形，就是（　　）号面。根据长方体对面相同，那么（　　）面也是这样一个长方形，就是（　　）号面。

同理，（　　）面是一个（　　）的长方形，就是（　　）号面。根据长方体对面相同，那么（　　）面也是这样一个长方形，就是（　　）号面。

所以，这 6 个面的编号分别是______________________________。

有意识地训练有困难的学生画图

画图可以帮助学生正确地理解题意，画图可以降低解题的难度。比如刚才这道题目，可以一边找长方形，一边画图，把脑中想拼的长方体一面一面地画出来。

在平时的教学中，要注意训练学生的画图意识。比如遇到这样的题目——某钟表的分针长 10 厘米，请问：

（1）分针走一圈，它的针尖走过的路程是多少？

（2）分针走一圈，它扫过的面积是多少？

要求学生画图后再解有几点好处：第一，学生可以清楚地知道分针的长度相当于圆中的半径；第二，可以明确地知道求针尖走过的路程就是求圆的周长，而求扫过的面积就是求圆的面积。

又如：已知半径或直径，求这两个图形中阴影部分的周长和面积（见图 7－19）。

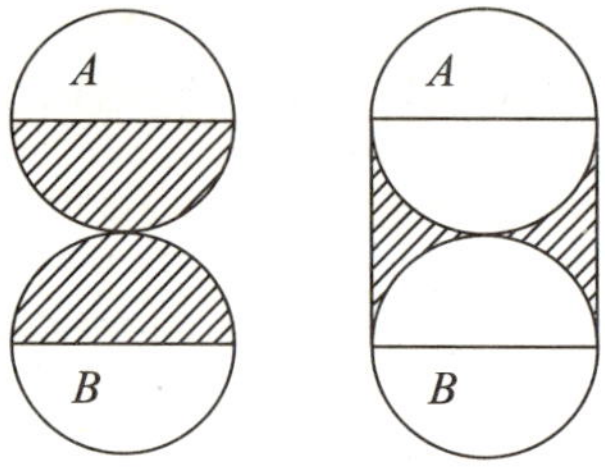

图 7－19

如果先描一描，学生会发现求这两个阴影部分的周长其实都是求一个圆的周长再加两条直径，这样便觉得简单多了。

培养学生的建模意识，使其抓住要点解决问题

为了使学生能解决这类问题：一个圆在一个图形外无滑动地滚动一周，它会滚动多少圈？我们设计了这么一组题。

（1）半径为 1 厘米的圆 A，沿着直线向前滚动（见图 7－20），当圆滚动一周时：求圆心前进的距离。

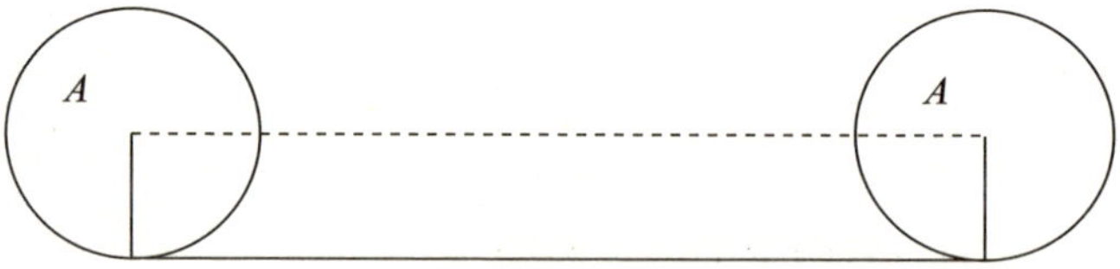

图 7－20

通过这道题目明白：圆心前进的距离相当于圆滚动过程中经过的路程。圆滚动一周，圆心前进一个圆周长；圆滚动两周，圆心前进两个圆周长，以此类推。

（2）圆的半径是 1 厘米。圆 B 不动，当圆 A 在圆 B 外侧无滑动地滚动一圈又回到原来的位置时，求圆 A 的圆心走过的路程。（见图 7－21）

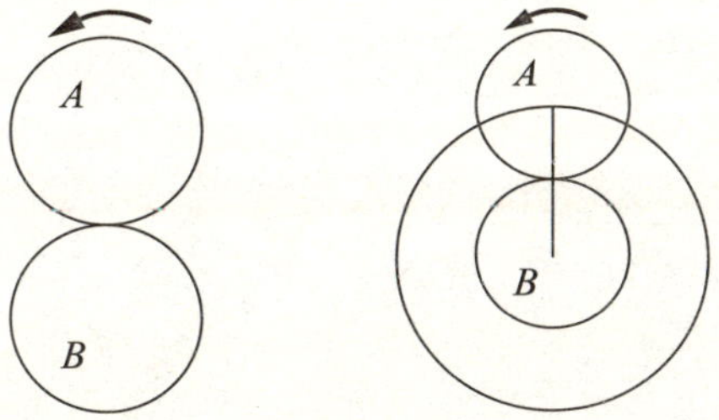

图 7－21

这道题目要运用：圆心前进的距离相当于圆滚动过程中经过的路程。因为圆 A 的圆心经过的路程是圆 B 周长的两倍，也是圆 A 周长的两倍，那么我们就可以进一步推断：圆 A 在圆 B 外侧无滑动地滚动一圈又回到原来的位置时，滚动了两周，而不是一周。

（3）可以让圆 A 在正三角形外，正四边形，长方形，甚至任意一个多边形外面滚动，最后得到：圆在任意一个多边形外侧无滑动地滚动一圈又回到原来的位置时，它滚动的路程是这个多边形的周长再加自己的一个周长。

通过这样的系列训练，学生建立了数学模型，他遇到题目，就比较容易找到正确的模型以及相应的解决问题所需的知识和方法，从而提高了解决问题的能力。

下篇　长方体体积的教学研究

1　课程标准（教学大纲）研究

2　教材比较研究

3　学生课堂前测分析

4　教学设计研究

5　学生课堂后测分析

1

课程标准（教学大纲）研究

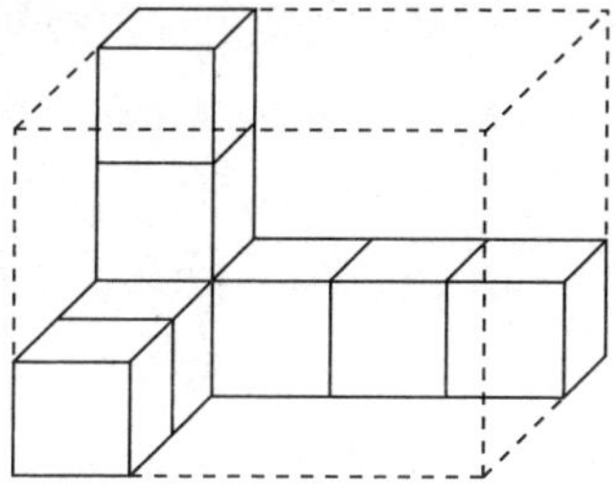

1.1 课程标准（教学大纲）对长方体体积的教学要求

何时在小学进行长方体体积的教学?

思考

你觉得小学数学的教学内容是在不断变化的吗?“长方体的体积”一直是小学数学的教学内容吗?

中小学课程的核心是课程目标、课程设置、课程内容和要求。历史上各个时期的课程目标、课程设置、课程内容和要求主要反映在课程标准或教学大纲里。我们查阅了《20世纪中国中小学课程标准·教学大纲汇编》等书，发现从1902年至1916年颁布的《钦定蒙学堂章程》《奏定初等小学堂章程》《小学校教则及课程表》《国民学校令施行细则》都没有提出关于图形与几何领域知识的教学，而只涉及数与代数领域的知识。1923年至1936年颁布的《新学制课程标准纲要·小学算术课程纲要》《小学课程暂行标准·小学算术》《小学各科课程标准·算术》《小学算术课程标准》中，开始对图形与几何领域有了具体的要求，但只涉及平面图形的相关知识，尚未涉及立体图形。1941年颁布的《小学算术科课程标准》中首次有了关于长方体的学习要求，表述为“长方体的实测和计算”，但是没有明确实测的内容。1948年颁布的《算术课程标准》中则明确提出了实测部分包括体积的实测，并能计算长方体和正方体的体积。

课程标准（教学大纲）对长方体体积的教学有何要求?

思考

你小时候一定学过“长方体的体积”这一教学内容吧?你认为在小学阶段学习“长方体的体积”，会有哪些教学要求呢?

我国历史上的课标或大纲中关于“长方体的体积”有哪些具体的教学要求呢?表1－1摘录了1941年至2011年颁布的课标或大纲对“长方体的体积”这一教学内容的教学要求。请你阅读下面的文字，想一想不同时期的课标或大纲对“长方体的体积”的教学要求和教学年级的安排有什么异同？

表 1－1　不同历史时期课标或大纲中关于“长方体的体积”的教学要求

课标/大纲	学习年级	教学要求
1941 年《小学算术科课程标准》	六年制第五学年	1. 立方寸、立方尺、立方丈的意义的认识。 2. 正立方体的实测和计算。 3. 长立方体的实测和计算。
1948 年《算术课程标准》	六年制第五学年	实测部分——体积： （1）正方体、长方体的认识。 （2）体积的实测。 （3）立方体、立方尺、立方寸、立方分的意义。 （4）体积和容量的关系。 计算方法部分——简单立体求积： （1）正方体、长方体求体积。 （2）体积和容量换算。
1950 年《小学算术课程暂行标准（草案）》	五年制第四学年	体积和容积的认识和简单计算。（正方体、长方体）
1952 年《小学算术教学大纲（草案）》	五年制第四学年第二学期	认识体积、正方体和长方体及其面、边和角，并计算其表面积。体积单位（立方丈、立方尺、立方寸），正方体、长方体体积的测量和计算。
1956 年《小学算术教学大纲（修订草案）》	五年制第五学年第二学期	长方体和正方体，它们的面、棱和顶。体积单位（立方尺、立方寸、立方公尺、立方公寸、立方公分）。计算长方体和正方体的体积。
1963 年《全日制小学算术教学大纲（草案）》	六年制五年级第一学期	初步掌握长方体和正方体的特征，掌握常用的公市制体积单位，能够正确地计算长方体和正方体的表面积和体积。

续表

课标/大纲	学习年级	教学要求
1978年《全日制十年制学校小学数学教学大纲（试行草案）》	五年制四年级第二学期	长方体和正方体的认识。长方体和正方体的表面积。体积的意义。体积单位（立方米、立方分米、立方厘米）。长方体体积，正方体体积。土、石方的简单计算。
1986年《全日制小学数学教学大纲》	五年制五年级第一学期；六年制六年级第一学期	掌握长方体和正方体的特征，理解体积、容积的意义，认识常用的体积单位。掌握计算长方体、正方体体积的计算公式，并且能够计算它们的体积和表面积。能够进行土、石方的简单计算。
1988年《九年制义务教育全日制小学数学教学大纲（初审稿）》	五年制四年级；六年制五年级	掌握长方体和正方体的特征，会计算它们的表面积。知道体积的含义，认识常用的体积单位（立方米、立方分米、立方厘米、升、毫升）。掌握长方体和正方体的体积计算公式。
1992年《九年义务教育全日制小学数学教学大纲（试用）》	五年制四年级；六年制五年级	掌握长方体和正方体的特征，会计算它们的表面积。知道体积的含义，认识常用的体积单位（立方米、立方分米、立方厘米、升、毫升）。掌握长方体和正方体的体积计算公式。
1994年《关于印发中小学语文等23个学科教学大纲调整意见的通知》	五年制	调整意见：将四年级量与计量中的“体积单位”，几何初步知识中的“长方体和正方体的特征，长方体和正方体的表面积，体积的含义，长方体和正方体的体积”移到五年级。
2000年《九年义务教育全日制小学数学教学大纲（试用修订版）》	六年制五年级	掌握长方体和正方体的特征，会计算它们的表面积。知道体积的含义，认识常用的体积单位（立方米、立方分米、立方厘米、升、毫升）。掌握长方体和正方体的体积计算公式。

续表

课标/大纲	学习年级	教学要求
2001 年《全日制义务教育数学课程标准（实验稿）》	第二学段	结合具体情境，探索并掌握长方体、正方体、圆柱的体积和表面积以及圆锥体积的计算方法。
2011 年《义务教育数学课程标准（2011 年版）》	第二学段	结合具体情境，探索并掌握长方体、正方体、圆柱的体积和表面积以及圆锥体积的计算方法，并能解决简单的实际问题。

怎样安排教学年级？

“长方体的体积”的教学多数安排在五年制的四年级或六年制的五年级，也有安排在五年制的五年级或六年制的六年级。

不同时期的课标或大纲的教学要求有何不同？

思考

认真阅读表 1－1，想一想，我国不同时期颁布的课程标准或教学大纲对“长方体的体积”这一教学内容有什么不同的要求？

你一定发现自 1941 至 2011 年颁布的每个版本的课程标准或教学大纲中都涉及长方体和正方体的体积计算。尽管安排的年级有所不同，但是教学要求大致相同，基本表述为“掌握长方体和正方体的体积计算方法”，并且都将长方体和正方体的认识（特征）、表面积、体积和体积单位与体积计算联系在一起。

实验稿课标和 2011 版课标不仅提出了知识技能目标，还提出了过程性目标。

1.2 部分国家对长方体体积的教学要求

除我们自己的国家外，其他国家的现行课标对“长方体的体积”教学要求是什么，我们翻阅了《小学数学教育比较研究》一书，选取了部分国家介绍如下。

美国有何要求？

美国全国数学教师协会（NCTM）于1989年制订的《学校数学课程与评估标准》中对K—4年级学段课程提出了十三篇课程标准，其中第九篇“几何与空间感”提出K—4年级课程应包含二维与三维几何的内容，使学生能做到：① 对图形进行表述、制作、绘画、分类；② 将图形进行拼合、分割、变形时，会对结果进行探索和猜测；③ 培养空间感；④ 将几何思想同数与度量的思想联系起来；⑤ 认识与欣赏周围的几何事实。认为空间感包括：① 对二维与三维图形的洞察和直观的认识；② 了解二维与三维图形的特性；③ 了解图形间的关系；④ 了解形状变化所产生的结果（如周长与面积的变化等）。

在K—4年级学段的第十篇课程标准“度量”中，提出度量的教学要使学生能够做到：

① 懂得长度、容量、重量、面积、体积、时间、温度、角等术语的含义；② 掌握度量的步骤，懂得度量单位的概念；③ 了解度量的估值及其应用；④ 了解度量在日常生活中及在课题中的应用。（黄建弘，1995）[17]

从中我们可以看出，美国在K—4年级学段的课程标准中没有对长方体的体积做出具体的要求，但是涉及了体积与体积单位的概念，认为儿童学习几何，要借助于实物，通过实物对图形进行观察、实验、探讨、比较、研究、描绘，以培养空间感。

德国有何要求？

德国小学数学教学计划是由各州文化教育部根据联邦文化教育部长例行会议确定的原则制订的。虽然各州制订的教学计划不尽相同，但是大体上还是一致的。

德国巴伐利亚州小学数学教学在四年级的教学计划中，“几何的基础经验”部分就提到了“对正方体、长方体的经验”的教学内容，对组织教学提出了建议：

① 将小正方体（长方体）组合成大正方体（长方体），用单位正方体组成立体并比较；② 将正方体或长方体形状的物体包装沿棱切开，将表面展开在方格纸上，变更正方形或长方形组合的顺序；③ 解释给出的网格，通过剪和组合来检验；④ 描述立体模型的棱、角、面（数目、位置、形状）。

德国小学教材实行一纲多本，在教材之一《数的世界》第四本中有几何的基础经验的教学内容，包括：镜中像；旋转、平移和翻转；直角六面体和正方体的网格、制作正方体；比例尺。教材中有制作长方体的内容，但是对长方体及其体积的内容没有涉及。

而在教材《多种多样的数学》第三册几何部分有了对体积的要求：体积的估计、比较和测定；容积单位，在第四册的几何部分要求：识别和说出立体（正方体、长方体、圆柱）的形状；正方体和长方体的面模型、棱模型；棱、角、面；用单位正方体组成立体；画几何图形。这本教材涉及体积与体积单位的概念，长方体和正方体的概念，用正方体组成立体的内容，但是对长方体的体积计算没有具体的教学要求。（黄建弘，1995）[142-159]

日本有何要求？

日本学校的学习内容是根据文部省颁布的《学习指导要领》来进行的。最新的《学习指导要领》是1989年修订，1992年开始实施的。

在新的《学习指导要领》中的第五学年的目标和内容中，“量与测定”部分对长方体的体积计算给出了具体的教学要求：理解体积的概念，在简单的情况下能够求出体积——① 理解关于体积的单位和测定的意义；② 记住体积的单位（立方厘米 cm^3、立方米 m^3）；③ 记住立方体以及直方体体积的求法；④ 理解关于容积的意义。（黄建弘，1995）[200]

英国有何要求？

按照1988年的教育改革法，英国建立了国家课程，1989年，英国又签发了“国家课程中的数学”（Mathematics in the National Curriculum）的文件，1991 年作了修订，1992 年开始实施，1994 年 4 月英国学校课程和评价当局发布了一份修订国家课程的建议草案。建议草案的数学学习大纲在第二学段的“图形、空间和度量”部分提出要让学生“求简单图形的周长，用计数法求面积和体积，引入其他方法的使用”。对体积的度量提出了要求，但是要求比较低，主要用计数法来度量。（黄建弘，1995）[271]

俄罗斯有何要求？

俄罗斯中小学目前使用的是苏联时期国家教委在 1990 年颁布的中小学教学大纲。学校五、六年级数学教材普遍采用努尔克主编或维林京主编的两种教材。两者主要内容和基本思想比较一致。在努尔克主编的数学教材的第五册中就有“立方体的体积，立方数”和“体积单位的相互关系”的教学内容，但是没有涉及长方体的体积计算。

思考

阅读了五个国家关于“长方体的体积”的教学要求，对比我国课程标准（教学大纲）对这一知识的教学要求，你有什么发现？

综观美国、德国、日本、英国、俄罗斯五个国家的课程标准或教学大纲，除日本对长方体的体积计算有具体的教学要求，英国有初步的度量长方体的体积的要求外，其他三个国家都只要求认识长方体、掌握体积概念，对长方体的体积计算没有要求。

1.3 课程标准（教学大纲）研究对教学的启示

思考

我国不同时期的课标（大纲）以及不同国家的课标对“长方体的体积”的教学要求，对我们的教学有哪些启示呢？

在操作过程中沟通数学要素

无论是我国不同时期的课标变化还是不同国家的课程标准，都是从重结果发展到了重过程，也就是说，长方体的体积计算方法获得的过程远比获得的计算方法本身更为重要。学生是怎样获得长方体的体积计算方法的呢？动手操作是一个基本的渠道。我们可以看到在国外的课标中，有立方体的体积，立方数的概念，有用计数法来计算长方体的体积，有制作长方体和立方体。这些都为学生理解长方体的体积积累了丰富的经验。对于儿童来说，空间与图形更多地依赖生活经验的积累，而对图形进行拼合、分割、变形等动手操作活动则可帮助儿童积累和丰富有关图形与空间观念的经验。几何教学要使学生了解他们的周围环境，因为我们本身就生活在一个平面的、立体的几何环境中，因此要让学生了解日常生活中集合体之间的联系和其规律性。因此，在长方体的体积教学中，学生的操作过程应当成为学生学习活动的重要组成部分。只有在实践操作的过程中学生才能对长方体的长、宽、高以及体积之间建立紧密的联系，也只有沟通体积单位与长、宽、高以及体积的关系，才能发现与归纳出计算的方法。回归本源，长方体的体积就是体积单位的个数，学生在动手搭一搭、摆一摆的过程中就容易沟通体积单位与长方体的长、宽、高以及体积之间的关系，才能进一步归纳出计算公式，最终才有可能将计算公式从记忆的层面上升到理解和运用的层面。

在探究过程中发展空间观念

实验稿课标和 2011 版课标都提出了长方体的体积教学的过程性目标，而之前的课标都没有涉及，上述其他五个国家的课程标准更多地从测量、分割组合的角度对长方体以及体积概念提出了要求。因此，我们在进行长方体的体积教学的过程中，要更多地重视体积计算公式获得的过程，充分展开探究的过程和学习的过程，让学生在探究活动中获得计算长方体的体积计算方法，理解空间关系，培养空间观念。

在应用过程中理解计算公式

在平时的教学中你碰到过这样的情况吗？有些学生把长方体的体积公式背得很熟，但是一到生活情境，就没有办法提取出数学信息；有些学生情境一变化，就不知道如何解决问题；还有些学生只能记忆公式，却不清楚公式的原理，遇到实际问题不会运用公式。这是什么原因呢？你可能会想到，是学生在学习的过程中对计算公式并不理解或理解还不到位。

2011 版课标提出要“结合具体情境，探索并掌握长方体、正方体、圆柱的体积和表面积以及圆锥体积的计算方法，并能解决简单的实际问题”。因此，我们在关注教学结果的同时更应关注知识获得的过程，让学生知其然更知其所以然，同时在应用公式的过程中，还要培养学生将情境数学化的能力，了解生活和数学之间的关系，明确算理，掌握算法，解决实际问题。

2

教材比较研究

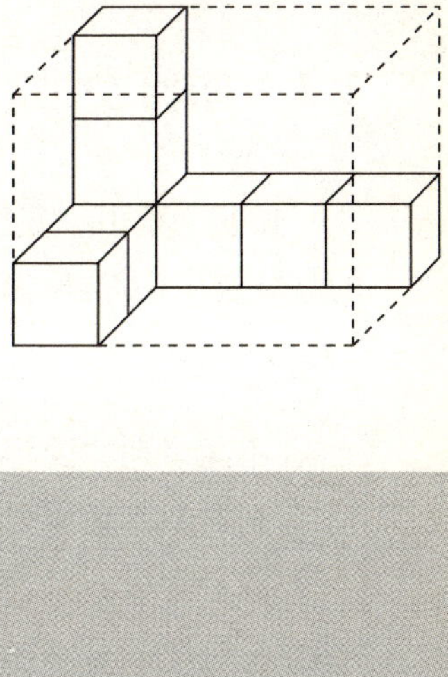

“长方体的体积”是小学数学几何教学中的重要内容，2011 版课标在课程内容中要求：“结合具体情境，探索并掌握长方体、正方体、圆柱的体积和表面积以及圆锥体积的计算方法，并能解决简单的实际问题。”由此可见，长方体体积的教学不仅要让学生掌握长方体的体积计算方法，同时也需要让学生在探索计算方法的过程中掌握相关的数学思想方法，能够解决实际问题，同时为学习圆柱和圆锥的体积打好基础。在这一章中，我们将会阅读我国现行的六个版本教材（选取的教材同上篇），在阅读的基础上，比较它们是如何编写“长方体的体积”这部分内容的，不同版本教材之间有哪些相同和不同之处，我们将从编写年级、引入方式、呈现方法、研究方法等方面进行分析、比较和交流，以便对教材有更深的理解，为教学提供帮助。

2.1 如何安排教学年级?

在前一章中，我们阅读了我国不同时期课标对“长方体的体积”具体的教学要求，你还记得不同时期的课标是怎样安排教学年级的吗?

小贴士

在不同时期的课标或大纲中，“长方体的体积”的教学多数安排在五年制的四年级或六年制的五年级，也有安排在五年制的五年级或六年制的六年级。

思考

你使用的是哪个版本的教材? 你还记得“长方体的体积”这一教学内容是在哪个单元中吗? 这个单元除了这一内容，还学习了哪些相关知识?

现行的各个版本的教材都是将“长方体的体积”安排在“长方体和正方体”的单元之中，之前学生已经认识了长方体和正方体，会计算长方体和正方体的表面积，建立了体积概念，知道了体积单位，在此基础上进行长方体的体积计算的学习。

六个版本教材在安排年级时有两种情况：

一是安排在五年级下册（第十册）进行教学，多数教材采用了这种安排方式，如人教版、青岛版、浙教版、北师版和西师版这五个版本的教材。

二是安排在六年级上册（第十一册）进行教学，如苏教版教材。

2.2 采取了哪些引入方式?

学生学习“长方体的体积”这一内容，不仅要掌握长方体体积的计算方法，同时也要在学习计算方法的过程中，学习解决问题的思想和方法。如何引入“长方体的体积”研究，使学生既能感受到学习的必要性，又能启发学生思考解决问题的策略呢？请你阅读六个版本的教材，比较一下教材在引入方式上有什么异同？

通过比较，你一定发现了六个版本的教材，主要有以下三种引入方式。

(1) 创设生活情境，提出数学问题

青岛版教材（见图2-1）和浙教版教材（见图2-2）在引入部分都创设了生活情境，鼓励学生提出问题，进而把生活问题转化为数学问题，逐步明确要研究的数学内容。青岛版教材呈现了三个长方体形状的盒子，由于前一节课学生刚学习过体积和体积单位，学生很容易就能提出饮料盒的体积怎样计算的问题，引出要研究的内容；浙教版教材借助生活中集装箱上有关体积的表示方法，鼓励学生提出问题，引出要讨论的问题：怎样求出长方体的体积？

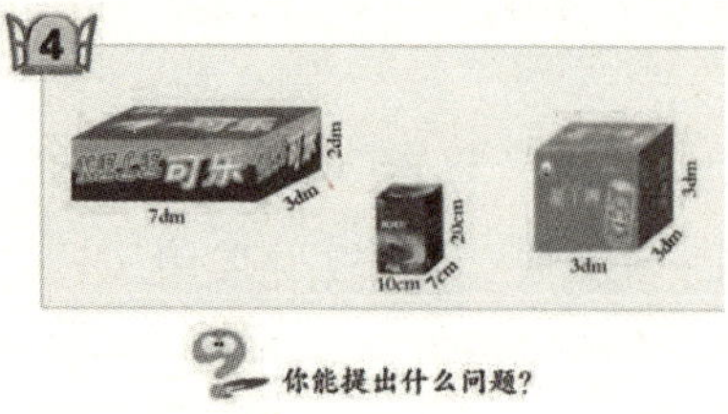

图 2－1

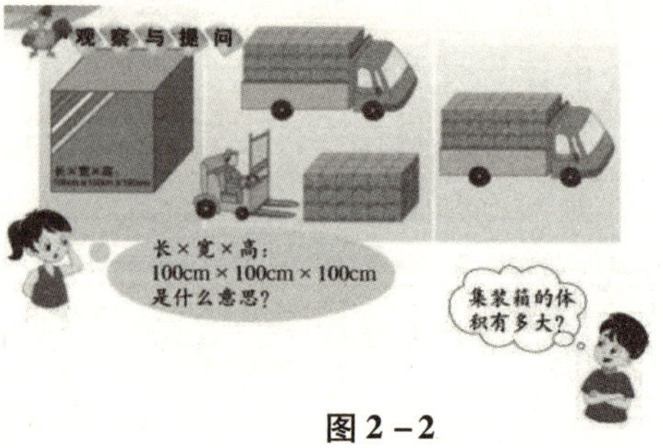

图 2－2

（2）鼓励学生猜想，启发学生思考

北师版教材（见图 2－3）和人教版教材（见图 2－4）在引入部分都直接提出了数学问题来引发学生思考。北师版教材引导学生思考长方体体积和什么有关，人教版教材引导学生思考研究长方体的体积的方法。这两个问题都很有价值，前者通过三组长方体的比较，启发学生思考影响长方体体积的相关量，后者涉及解决问题的策略与方法。以这样的问题引入，看似简单，但开放度大，思维含量高，能有效地带动学生思考，激发学习的兴趣。

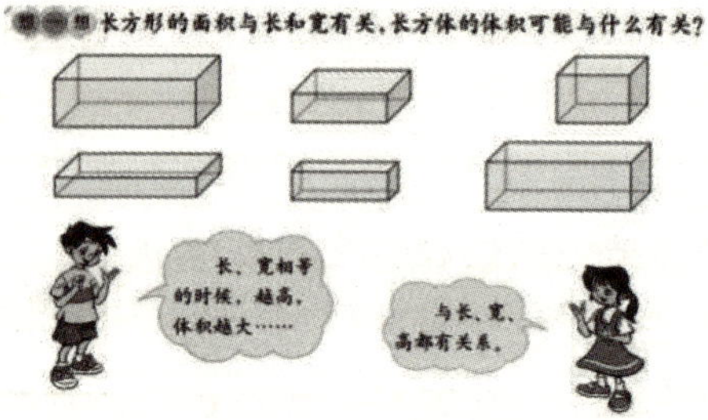

图 2－3

图 2－4

值得一提的是浙教版教材在创设生活情境、引导学生提出问题后，再让学生进行猜想。教材通过两位同学的对话，强调已有思想方法的迁移，从平面图形的面积公式推导迁移到立体图形的体积公式推导，启发学生通过摆单位体积的正方体来研究长方体的体积。教材中对数学思想方法的引导对于学生解决数学问题能力的培养大有益处。

（3）明确研究方法，直接动手操作

苏教版教材（见图2－5）和西师版教材（见图2－6）在引入部分十分相似，都明确了研究方法，即用“摆一摆”和“填一填”的方法来研究长方体的体积。我们认为这样直接切入教学内容，可以省去不少教学时间，在展开部分有更充分的探索时间，但是相比前两种引入方法，学生对为什么要去摆的意义不够明确，对研究方法的探索略有欠缺。

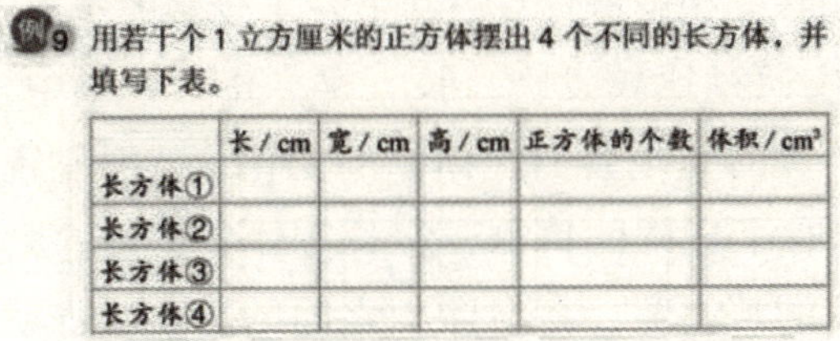
例9 用若干个1立方厘米的正方体摆出4个不同的长方体，并填写下表。

	长/cm	宽/cm	高/cm	正方体的个数	体积/cm³
长方体①					
长方体②					
长方体③					
长方体④					

图2－5

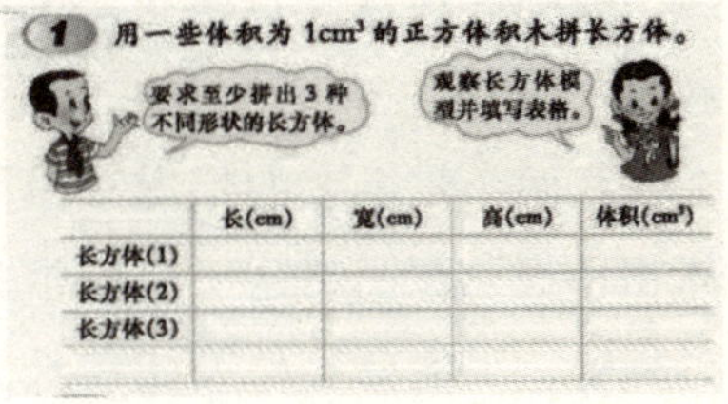
1 用一些体积为1cm³的正方体积木拼长方体。

	长(cm)	宽(cm)	高(cm)	体积(cm³)
长方体(1)				
长方体(2)				
长方体(3)				

图2－6

思考

比较上述三类引入方式，在教学的实施中可能会有哪些利和弊？你更喜欢哪一种，为什么？

2.3 研究前进行了哪些猜测和思考？

六个版本教材在探索长方体体积计算方法的过程中，都采用了动手操作的方法，那么在动手操作前，是否让学生对长方体体积计算方法进行了猜测？是否对研究的方法进行了思考？

如果你仔细阅读了教材，一定会发现不同教材所呈现的思考性还是不一样的，表2－1对此进行了统计。

表 2-1 六个版本教材引导学生猜测计算方法、思考研究方法情况统计

内容 \ 教材	北师版	青岛版	人教版	苏教版	西师版	浙教版
是否对计算方法进行猜测	√					√
是否对研究方法进行思考		√	√			√

（1）教材如何引导学生猜测计算方法？

北师版教材（见图 2-3）在引导学生猜测计算方法上花了较多的笔墨，教材出示了三组长方体，引导学生通过比较发现，长、宽、高三个量中，在任意两个量不变的情况下第三个量的变化会引起体积的变化，从而发现体积和长、宽、高这三个量相关。有了这样的猜测，在长方体体积的探索过程中，学生更容易关注到长方体的长、宽、高与体积之间的关系，也就更容易推导出长方体的体积公式。

浙教版教材（见图 2-7）利用平面图形面积公式推导方法对立体图形体积公式推导方法的迁移作用，启发学生产生“长方体体积和长、宽、高有关”的猜想。这样的思想方法无疑对学生解决新问题有很大帮助。

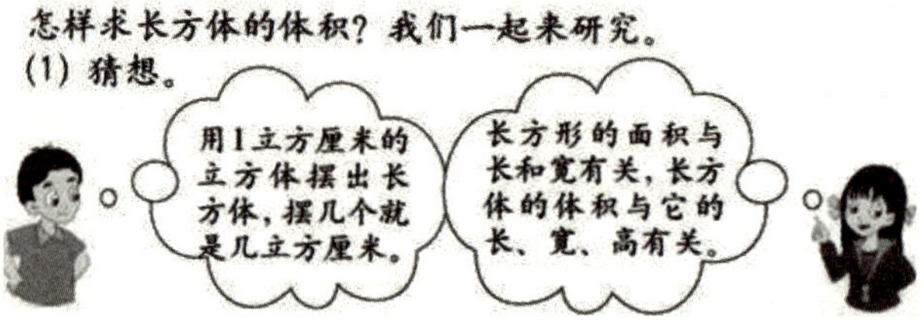

图 2-7

（2）教材如何引导学生思考研究方法？

从之前对教材引入部分的比较中可以发现，苏教版和西师版教材直接呈现了动手操作的任务，而浙教版教材（见图 2-7）、青岛版教材（见图 2-8）和人教版教材（见图2-9）在动手操作前都设置环节让学生思考怎样来研究长方体的体积。

在碰到需要求长方体的体积这样一个数学问题时，到底采用怎样的方法来解决呢？是让学生来思考解决问题的方法，还是直接告诉学生解决问题的方法呢？

2011 版课标在第二学段的学段目标中明确要求：“能探索分析和解决简单问题的有效方法，了解解决问题的多样性。”从中可见，“让学生思考研究方法”这样的环节设置很有必要，学生解决问题的能力并不是一朝一夕养成的，只有结合平时的教学有意识地培养，才能逐步提高。对比浙教版（见图 2 –7）、青岛版（见图 2 –8）和人教版（见图 2 –9）三个版本的教材，尽管在动手操作前都有让学生思考研究方法的环节，但在呈现的研究方法上也不完全相同。

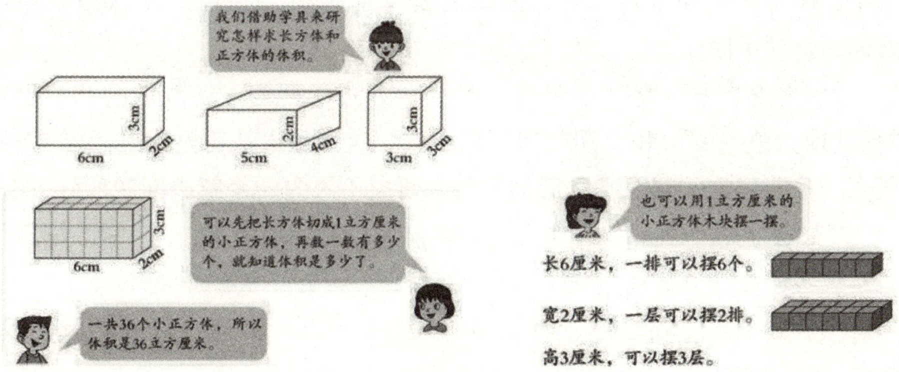

图 2 –8

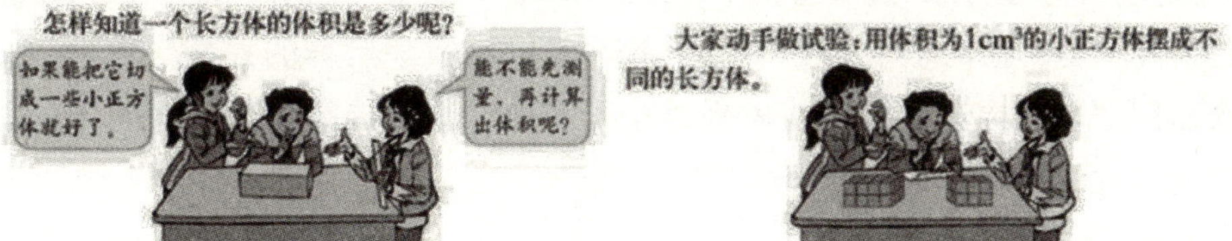

图 2 –9

阅读图 2 –7、图 2 –8、图 2 –9，你认为这三个版本的教材呈现了哪些不同的研究方法？这些方法各有什么优势呢？我们一起来作个比较（见表2 –2）。

表 2-2 三个版本教材呈现的研究方法情况统计

教材 研究方法	浙教版	青岛版	人教版
摆一摆，填一填	√	√	√
切一切，数一数		√	√
借助学具来研究		√	
先测量，再计算			√

从表 2-2 可见，三个版本的教材都呈现了“摆一摆，填一填”这一方法，其实不仅仅是这三个版本的教材，文中所涉及的六个版本的教材均呈现了这样的研究方法，原因可能是这种方法有利于探索长方体体积的计算方法，既符合小学生的年龄特征和知识结构，又能很好地解决数学问题。

“切一切，数一数”的方法和“摆一摆，填一填”的方法则存在着互逆关系，前者是从整体到部分，强调的是空间想象，后者是从部分到整体，强调的是动手操作。

“借助学具来研究”不仅是一种数学方法，更是一种数学的基本思想，“摆一摆，填一填”和“切一切，数一数”这两种方法都是在利用学具进行研究。在遇到数学问题时，借助学具来研究不失为一个解决问题的好方法。

“先测量，再计算”的方法，实则包含着更深的内涵。这一方法需要进一步思考研究长方体中有哪些量可以测量？需要测量其中的哪几个量？测量的量和体积之间到底存在着怎样的关系？一步一步思考下去，就能找到解决问题的方法。

尽管解决问题的方法以及方法的多样性并不是“长方体的体积”的教学重点，但是这样的过程显然不仅仅着眼于一个学习内容，而是指向学生的后续学习，指向学生的数学能力的培养以及数学素养的提高。你也一定会认同“教材在动手操作前先来讨论研究的方法对提高学生解决问题的能力有很大的帮助”这样的观点吧！

2.4 怎样研究计算方法?

尽管长方体的体积可以有不同的研究方法，但是对比六个版本的教材，主要的研究过程都采用了“动手操作→观察发现→归纳公式”这三个主要步骤，整个过程体现了不完全归纳法的思路，但是在细节处理上却“大同小异”，如表2-3所示。

表2-3 六个版本教材推导长方体的体积公式的主要过程

主要过程＼教材	北师版	青岛版	人教版	苏教版	西师版	浙教版
动手操作→观察发现→归纳公式	√			√		
研究方法→动手操作→观察发现→归纳公式		√	√			
动手操作→观察发现→归纳公式→理解公式					√	
猜想→动手操作→观察发现→验证→回顾						√

北师版教材（见图2-10）中的“做一做”相当于苏教版教材（见图2-11）中的例9，通过摆1立方厘米的正方体，探索长方体体积与长、宽、高之间的关系。苏教版教材中的例10在例9的基础上，根据对长方体体积与长、宽、高之间关系的初步猜想以及图中长方体的长、宽、高的数据，通过先“想一想”再“摆一摆”两步来求长方体的体积，换成分割的角度来思考体积的计算方法，既培养了学生的空间观念，又是对例9猜想活动的验证，对于发展学生合情推理能力的作用不可小觑。

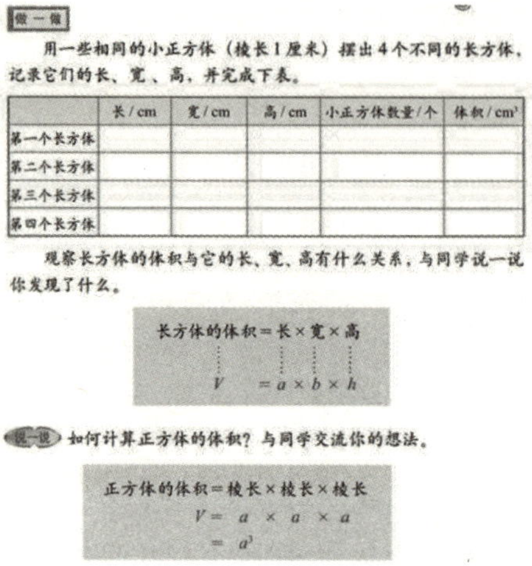

做一做

用一些相同的小正方体（棱长1厘米）摆出4个不同的长方体，记录它们的长、宽、高，并完成下表。

	长/cm	宽/cm	高/cm	小正方体数量/个	体积/cm^3
第一个长方体					
第二个长方体					
第三个长方体					
第四个长方体					

观察长方体的体积与它的长、宽、高有什么关系，与同学说一说你发现了什么。

长方体的体积＝长×宽×高

$V = a \times b \times h$

说一说 如何计算正方体的体积？与同学交流你的想法。

正方体的体积＝棱长×棱长×棱长

$V = a \times a \times a$

$= a^3$

图 2－10

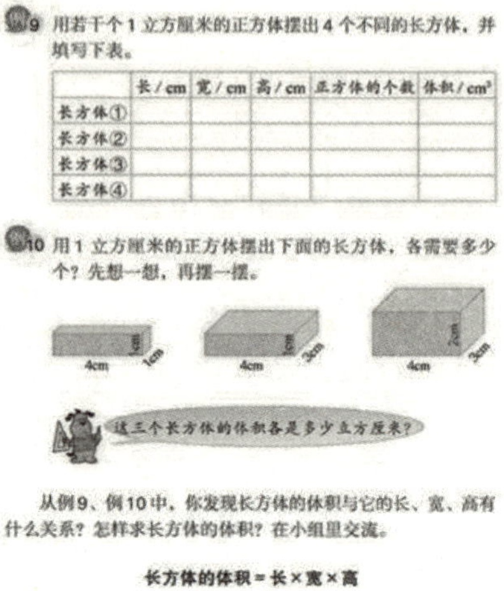

例9 用若干个1立方厘米的正方体摆出4个不同的长方体，并填写下表。

	长/cm	宽/cm	高/cm	正方体的个数	体积/cm^3
长方体①					
长方体②					
长方体③					
长方体④					

例10 用1立方厘米的正方体摆出下面的长方体，各需要多少个？先想一想，再摆一摆。

从例9、例10中，你发现长方体的体积与它的长、宽、高有什么关系？怎样求长方体的体积？在小组里交流。

长方体的体积＝长×宽×高

图 2－11

在青岛版（见图2－8）和人教版（见图2－9）的教材中，同样也有“动手操作→观察发现→归纳公式”这三个主要步骤，不同的是在动手操作前多了一个“研究方法”的步骤，让学生自己尝试寻找求长方体体积的研究方法。

西师版教材（见图2－12）在“动手操作→观察发现→归纳公式”这三个步骤后增加了一个“理解公式”的环节。前三个步骤，学生从特殊到一般，用不完全归纳法归纳了长方体的体积公式，那么这个公式是否成立呢？不完全归纳法具有或然性，而小学生的年龄特征又不可能从数学的角度去证明结论的正确性，教材从数形结合的角度让学生进一步理解公式的意义，了解正方体个数和长方体体积之间的关系，体验结论的正确性，还是很有必要的。

浙教版教材（见图2－13）在长方体体积的研究过程中采用的主要步骤是“猜想→操作→观察发现→验证→回顾（归纳公式）”。不难发现，主要步骤还是“动手操作→观察发现→归纳公式”，但是相比其他版本的教材，多了“猜想”和“验证”两个步骤。先以24个小正方体摆成的长方体为例概括出体积计算公式，再以其他个数正方体摆成的长方体为例进行验证，通过比较“数个数”得到的结果和“按公式计算”得到的结果判断结论的正确性。这样的过程，既探索了长方体的体积计算方法，又以此为载体让学生经历了解决问题的全过程，体验猜想、发现、验证的过程，这一过程对发展学生合情推理能力尤为重要。2011版课标在第二学段的学段目标中明确要求：“在观察、实验、猜想、验证等活动中，发展合情推理能力，能进行有条理的思考，能比较清楚地表达自己的思考过程与结果。会独立思考，体会一些数学的基本思想。”可以看出，浙教版教材呈现的探索过程完全符合课程标准的要求。学生在学习长方体的体积的过程中，既推导出了长方体的体积计算方法，又学会了解决问题的方法，发展了合情推理的能力。

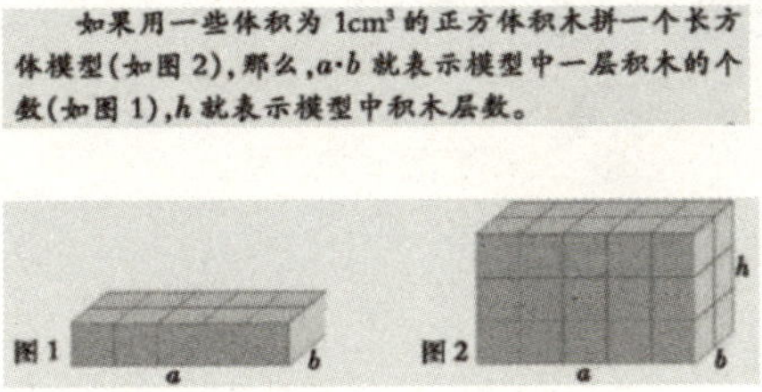

图 2 -12

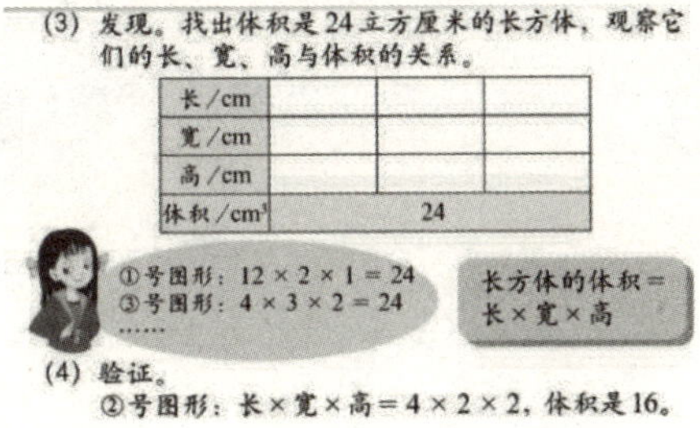

图 2 -13

2.5 呈现了哪些计算方法?

思考

一般来说，长方体的体积有哪些常用的计算方法？这几种方法之间有主次吗？如果你来实施教学，你会怎样处理呢？

计算长方体的体积，主要有两种算法，一是求长、宽、高的积，二是求底面积和高的积。六套教材呈现的长方体体积计算方法统计如表2 -4 所示。

表 2 -4　六个版本教材呈现的长方体体积计算方法统计

方法 \ 教材	北师版	青岛版	人教版	苏教版	西师版	浙教版
方法一：长×宽×高	√	√	√	√	√	√
方法二：底面积×高	√	√	√	√		√
方法数量	2	2	2	2	1	2

西师版教材（见图 2－14）尽管没有直接呈现第二种方法，但是教材给出了一个提示“也可以先算出长方体的一个面的面积，然后……”，利用这个提示引导学生思考体积的第二种求法。其余五个版本的教材均给出了两种计算方法。

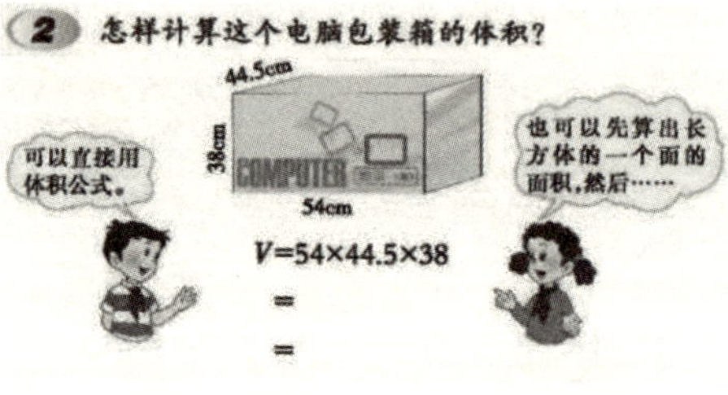

图 2－14

2.6 怎样编写正方体的体积计算公式？

正方体作为一种特殊的长方体，可以利用长方体的体积公式来计算体积，又由于正方体的特殊性（长、宽、高相等），在得出长方体的体积公式后，六套教材都将正方体的体积单独呈现。教材是怎样编写正方体的体积计算公式的？六套教材一共呈现了以下三种方法。

方法一：引导学生根据正方体的特征和长方体、正方体的关系思考正方体的体积计算公式，如浙教版教材（见图 2－15）、苏教版教材（见图2－16）、人教版教材（见图 2－17）。

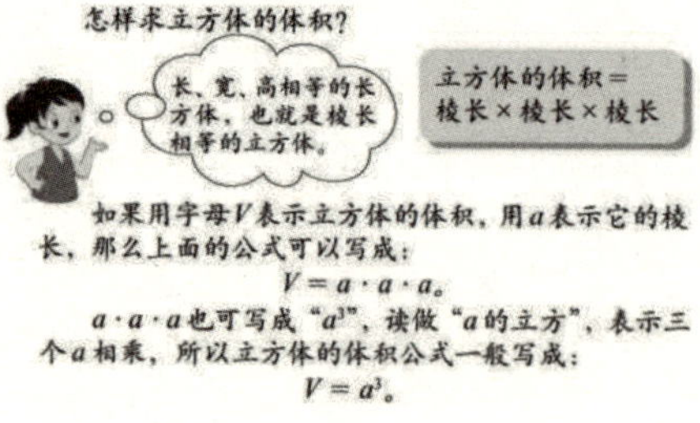

怎样求立方体的体积？

长、宽、高相等的长方体，也就是棱长相等的立方体。

立方体的体积＝棱长×棱长×棱长

如果用字母V表示立方体的体积，用a表示它的棱长，那么上面的公式可以写成：

$V=a\cdot a\cdot a$。

$a\cdot a\cdot a$也可写成“a^3”，读做“a的立方”，表示三个a相乘，所以立方体的体积公式一般写成：

$V=a^3$。

图 2－15

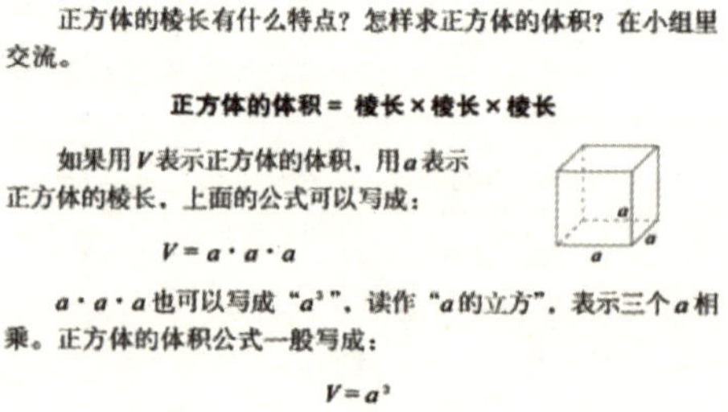

正方体的棱长有什么特点？怎样求正方体的体积？在小组里交流。

正方体的体积＝棱长×棱长×棱长

如果用V表示正方体的体积，用a表示正方体的棱长，上面的公式可以写成：

$V=a\cdot a\cdot a$

$a\cdot a\cdot a$也可以写成“a^3”，读作“a的立方”，表示三个a相乘。正方体的体积公式一般写成：

$V=a^3$

图 2－16

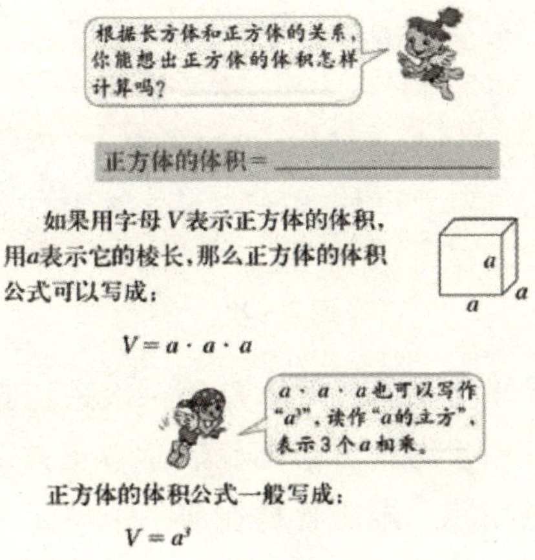

图 2－17

尽管这三个版本的教材都给出了思考的角度，但是在编写上也有不同之处。浙教版和苏教版教材在引导学生思考后，都直接呈现了正方体体积计算的文字公式和字母公式。人教版教材则以填空的形式让学生自己填写正方体的体积公式，并呈现了正方体体积计算的字母公式。

方法二：不给出任何提示，引导学生独立思考正方体的体积计算公式，如北师版教材（见图 2－18）、西师版教材（见图 2－19）。

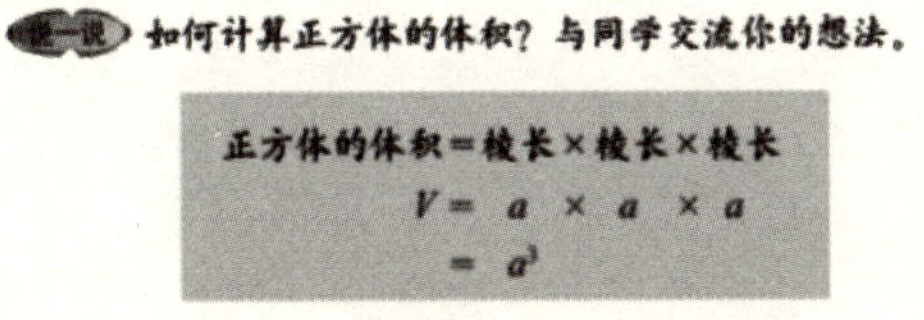

图 2－18

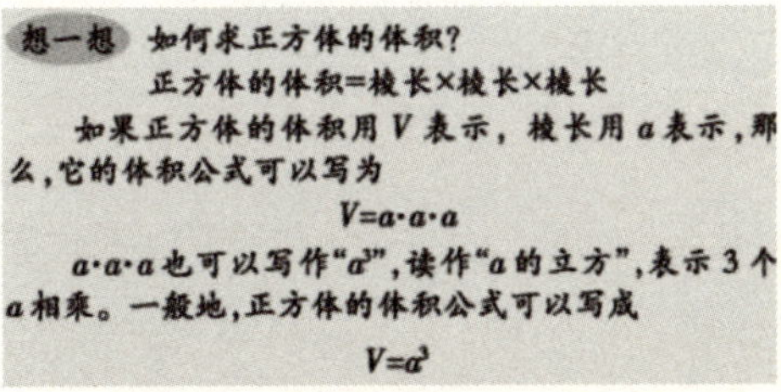

图 2－19

方法三：直接呈现正方体的体积计算公式，如青岛版教材（见图 2－20）。

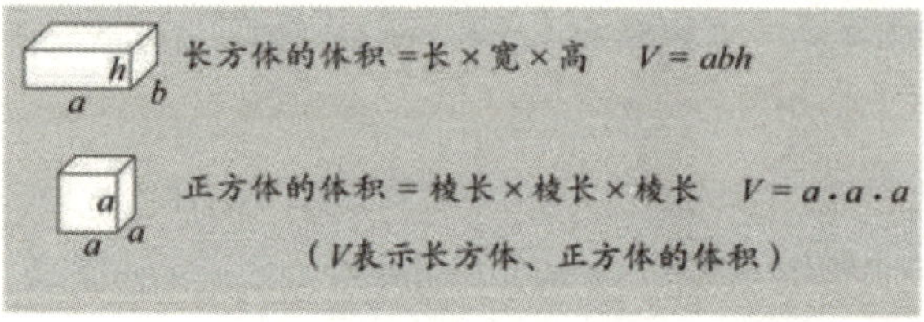

图 2－20

对于五、六年级的学生而言，并不是第一次进行具有包含关系的两个概念的学习。第一学段中学习长方形周长后学习正方形的周长，学习长方形面积后学习正方形的面积，本册教材在前一个单元学习了长方体的表面积后推导正方体的表面积计算方法，这些知识的学习为他们学习正方体的体积积累了很多方法和经验，并不存在困难。

思考

正方体是一种特殊的长方体，正方体的体积计算公式的推导，你会采用上述哪一种方式？为什么？

3

学生课堂前测分析

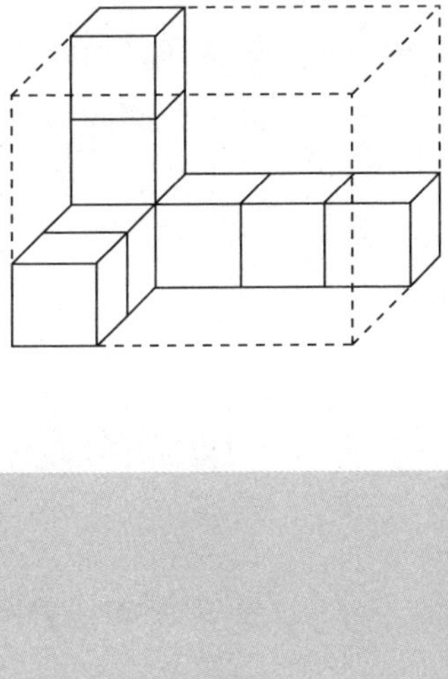

3.1 问题的提出

长方体的体积在浙教版教材中出现在五年级下册（第十册）中，在这之前学生认识了长方体和立方体的特征，认识了表面积，能计算长方体和立方体的表面积，掌握了体积和体积单位的概念。在此基础上进行长方体的体积教学，学生的起点在哪里？有没有学生已经掌握了计算公式？如果有，掌握的学生所占比例大约是多少？有多少学生只是记忆公式还不能解决实际问题？有多少学生运用公式有困难？学生学习长方体的体积有哪些困难？这些问题对于课堂教学的设计与实施都有很大的影响，因此很有必要在教学前对学生进行前测以便了解学生的起点在哪里，更好地设计教学计划，实施和组织课堂教学。

思考

如果请你来对学生进行前测，你想通过前测了解哪些情况？你会怎样来设计前测问卷？请你试着写一写。

3.2 前测的设计、对象与过程

前测的设计与目的

前测以练习的形式出现，包括问答题、填空题、计算题和应用题四种题型。测试在轻松的环境中进行，除要求独立完成外，没有对学生提出其他要求。

前测的对象

前测的对象为使用浙教版数学教材的五年级学生，共62人。

前测的过程

测试前没有要求学生对测试内容进行预习，在学生不知情的情况下，进入教室发放试卷。为避免引起学生的紧张情绪，告知学生该测试只是为了了解学生对长方体体积的知识储备情况，以便更好地开展教学。

测试时间为25分钟，要求学生独立完成，不会做的可以不做。

测试结束后，我们对试卷进行了批改整理，对每一题的测试情况进行了归类和分析，以期找到学生的共性和个性问题；并在当天对有典型错误及特殊解法的学生进行了个别访谈，以便了解学生的真实想法，为课堂教学的设计和实施提供帮助。

3.3 前测的结果与分析

学生听说过长方体的体积吗?

我们对学生回答前测卷中第1题（详见附录6）的结果统计如下。（见表3－1）

表3－1　前测数据统计表（一）

听说过		没有听说过	
人数	百分比	人数	百分比
42	67.2%	20	32.8%

约三分之二的学生听说过长方体的体积，在回答后一个问题“生活中哪里用得到体积?”时，大部分学生没有写，写的几个学生也只写了几个名词，有8个学生写了气球，有5个学生写了建筑物，有3个学生写了房间，但是都没有说清楚具体的部分，可见学生对生活中哪里用得到体积缺乏生活经验和数学认识。

有多少学生能写出长方体的体积计算公式？

我们对学生回答前测卷中第2题（详见附录6）的结果统计如下。（见表3-2）

表3-2 前测数据统计表（二）

问题：长方体体积 =（　　　）			
正确		错误	
人数	百分比	人数	百分比
30	48.4%	32	51.6%

尽管大部分学生无法表述清楚生活中哪里用得到体积，不理解体积的具体概念和意义，但是长方体的体积计算方法还是有将近一半的学生能写正确。

思考

你觉得学生在没有学习过体积之前，能正确写出长方体的体积计算公式的原因是什么？

经过对这部分学生的访谈发现，学生能正确写出体积计算公式的原因主要有三种。

一是以前听到过。就像在学习长方形的面积计算公式前，就有一部分学生知道长方形面积等于长乘宽，但是不理解为什么要这样做。

二是长方形的面积计算方法对长方体的体积计算方法产生的迁移作用。有学生这样认为："长方形的面积是长和宽相乘，那么我想长方体的体积就是长、宽、高的乘积。"

三是猜测。猜想长方体的体积可能和长、宽、高有关，但是用这三个量相加来求体积的可能性不大，所以就用了"乘"的办法。这些学生和前一类学生有相似的地方，但是没有说是从长方形的面积计算方法中得到的启发。

得到长方体的体积计算公式，需要有一种基本的用标准去度量的意识，也就是要在长、宽、高上分别摆放体积单位，然后沟通长、宽、高的长度和体积单位的个数之间的关系，沟通体积单位个数和体积之间的关系，这之间的关系并不是学生能直接观察到的，对学生有一定的难度，因此没有一个学生能讲清楚体积计算的算理。但是学生的第二种和第三种思考方法也是数学教学中需要培养的，对发展学生的数学思维，探索新知识很有帮助 。

有多少学生能正确计算长方体的体积?

我们对学生回答前测卷中第4题（详见附录6）的结果统计如下。（见表3－3）

表3－3　前测数据统计表（三）

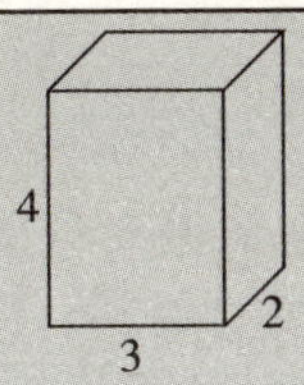				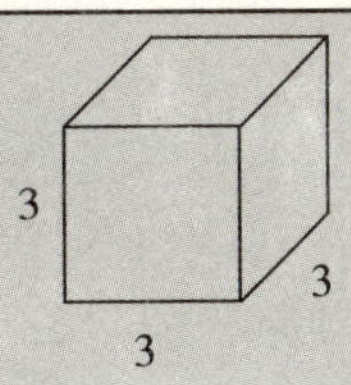			
正确		错误		正确		错误	
人数	百分比	人数	百分比	人数	百分比	人数	百分比
11	17.7%	51	82.3%	11	17.7%	51	82.3%

尽管有将近一半的学生能正确地写出长方体的体积计算公式，但是到了运用公式求长方体和正方体的体积时，正确率就大大降低了，只有17.7%的学生能正确求出长方体和正方体的体积。我们分别来看看出现错误的51个学生的主要错误类型。（见表3－4）

表3－4　前测数据统计表（四）

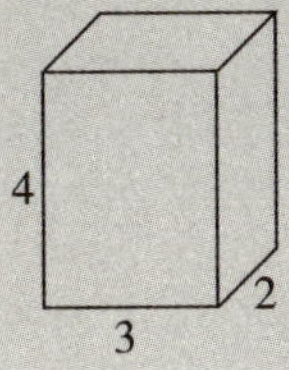 51人错误，主要类型有三种						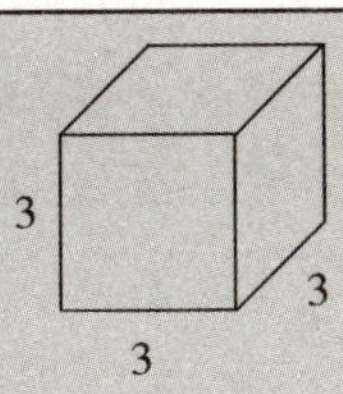 51人错误，主要类型有两种			
（1）错在单位		（2）错在计算		（3）列式错误		（1）错在单位		（2）列式错误	
人数	百分比	人数	百分比	人数	百分比	人数	百分比	人数	百分比
32	62.8%	2	3.9%	17	33.3%	29人	56.9%	22人	43.1%

在长方体的体积计算中，属于第一种错误类型的32个学生中，有17人把体积单位写成面积单位，有9人写成长度单位，有6人没写单位。

在正方体的体积计算中，属于第一种错误类型的29个学生中，有17人把体积单位写成面积单位，有8人写成长度单位，有4人没写单位。

学生出现这样的错误，其原因也是多方面的。

其一，学生没有建立较强的单位意识。在量与计量中，量感比较强的学生在计量和度量后能带上单位来表达物体的量，在此题中分别有8人和9人没有在数据后面写单位，说明学生没有很好的量感，也没有形成单位意识。

其二，学生不清楚体积单位。因为前测是在体积单元的学习前进行的，在学生没有掌握体积和体积单位的概念前，有学生知道要写单位，但是不清楚单位是什么，所以就用面积单位或者长度单位来代替。

其三，即使学生能列出正确的算式，但是并不理解算式的意义。在前一题中将近一半的学生能写出计算公式，此题中算式正确的也超过半数，但是并不说明这部分学生已经掌握了长方体的体积计算方法。在对学生的访谈中发现，很大一部分学生是因为题目中只有长、宽、高三个数据，所以就将这三个数据相乘来求体积，但是并不明白为什么要将这三个数据相乘。也有的学生能说出长和宽求出了底面的面积，但是为什么要乘高就说不出原因来了。

学生能否根据已知条件计算长方体的体积？

我们对学生回答前测卷中体积计算题（详见附录6）的结果统计如下。（见表3-5）

表3-5 前测数据统计表（五）

利用“长×宽×高”求长方体体积		利用“棱长×棱长×棱长”求正方体体积		利用“底面积×高”求长方体体积		利用底面周长求底面边长后再求正方体体积	
人数	百分比	人数	百分比	人数	百分比	人数	百分比
11	17.7%	11	17.7%	4	6.5%	0	0

前测卷中有四道题目涉及求体积，分别对应了上述四种不同的求体积的方法。从正确学生数所占的比例来看，利用“长×宽×高”求长方体体

积和利用“棱长×棱长×棱长”求正方体体积这两种方法的人数最多，但是也不足总人数的1/5。能利用“底面积×高”求长方体体积的只有4人，说明即使能用“长×宽×高”来求体积，对公式的算理还是不明确的，不清楚长、宽之积就是长方体的底面积。对于根据底面周长求底面边长再来求正方体的体积更是无人能解决，可见学生的理解还没有达到这一层次。

学生能否解决长方体体积的逆向题？

我们对学生回答前测卷中第6题和第7题（详见附录6）的结果统计如下。（见表3－6）

表3－6　前测数据统计表（六）

能根据体积、高和长，求长方体的宽		能根据体积和高求长方体的底面积	
人数	百分比	人数	百分比
26	41.9%	18	29.0%

前测卷中有两题属于长方体体积计算的逆向题，一题是根据长方体的体积、长和高求长方体的宽，另一题是根据体积和高求长方体的底面积。从前测的数据我们发现了一个奇怪的现象，能利用长方体的体积、高和长来求长方体的宽的学生比能利用长方体的长、宽、高来求体积的学生多15人，也就是能正确解决逆向题的学生比能正确解决正向题的学生多了24.2%。为此，我们对前测中不能正确解决正向题却能正确解决逆向题的学生进行了访谈，发现大部分学生并不能解释算式的意义，而是因为数据之间存在的倍数关系，推测用连除来计算。同样能利用体积和高求长方体的底面积的学生比能利用底面积和高来求体积的学生多了14人，多了22.5%，学生也是根据两个数据之间存在的倍数关系推测用除法计算，但并不能真正理解算理。因此，尽管从人数和百分比来看，能正确解决逆向题的学生远远多于正确解决正向题的学生，但是并不能说明学生对体积的计算方法的真正掌握情况。

学生能否利用体积知识解决实际问题？

我们对学生回答前测卷中第9题（详见附录6）的结果统计如下。（见表3－7）

表 3-7 前测数据统计表（七）

问题：把一个长 70 厘米、宽 50 厘米、高 50 厘米的长方体木块削成一个体积最大的正方体，削去部分的体积是多少立方分米？									
正确		错在单位没换算或换算错误		方法正确计算错误		审题错误导致列式错		不理解不会做	
人数	百分比	人数	百分比	人数	百分比	人数	百分比	人数	百分比
0	0	3	4.8%	0	0	0	0	59	95.2%

该题涉及长方体的体积计算公式、学生的空间观念以及审题的基本能力。从前测数据显示，学生基本没有能力来解决实际问题，由此可见，从知识技能的角度来讲，无论是体积的概念还是算法，掌握、理解都是运用的前提。

思考

阅读了学生的前测情况统计表，你得到了什么启示？

3.4 前测对教学的启示

体积和体积单位概念的建立是学习长方体体积的基础

从前测的数据来看，学生对长方体的体积计算公式有所了解，但是对算理并不理解，即使知道了怎样计算，也仅仅是一种猜测和估计，知其然而不知其所以然。理解长方体体积计算的算理的基础是能够沟通体积单位个数和体积之间的关系，沟通长方体长、宽、高的长度和体积单位摆放之间的关系，只有明确了这些要素之间的内在联系，才能理解长方体的体积计算公式的算理。因此，体积和体积单位概念的建立是学习长方体体积的基础，通过计算体积单位的个数来计算长方体的体积，形成一种初步的度量的意识和概念，才能从根本上理解长方体的体积公式的算理，也就能进一步解决一些实际问题。

动手实践、空间想象是学习长方体体积的关键

在访谈中，我们发现有一部分学生只是从数据上猜测长方体的体积计算方法，而没有从图形与几何的角度来理解体积的意义，寻找解决问题的方法，这和长方体是学生学习的第一个立体图形，没有获得过相关的学习经验有关。还有一部分学生只能记忆公式，但是没有理解算理和算法之间的关系，因此碰到实际问题就无从解决。面对这样的情况，教师在教学中应该创造更多的机会让学生进行动手实践和空间想象，从观察、操作、想象等多个渠道理解长方体的体积概念，寻求和理解体积的计算方法。

掌握基本的度量方法是学习长方体体积的突破口

访谈中我们发现有一部分学生碰到图形和几何领域中的度量问题就无从下手，不知道从哪个角度来解决。学生从一年级接触长度的测量开始，课标就提出“结合生活实际，经历用不同方式测量物体长度的过程，体会建立统一度量单位的重要性”的要求。到了三年级学生学习长方形的面积时，学生也会经历这样的过程，体会到要测量图形的面积，需要一个度量的标准，从而引入了面积单位的概念，通过计算面积单位的个数来求得图形的面积。在长方体体积学习中，教师需要重视度量标准的建立，只有这样学生才能够比较好地对长方体的体积计算方法进行探索，更好地找到计算方法。

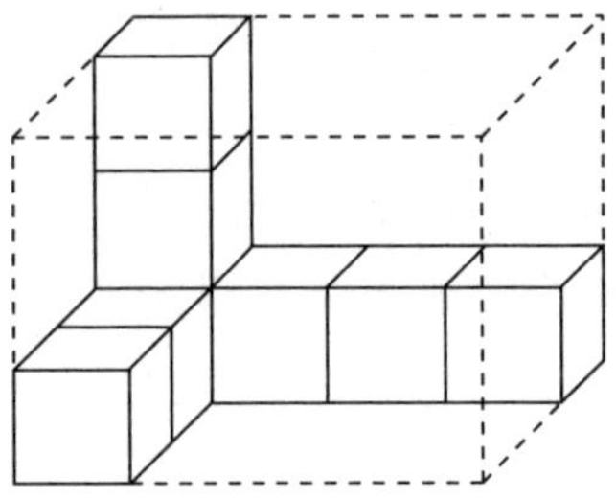

4

教学设计研究

教学设计是指教师依据教育教学原理、教学艺术原理，为了达到教学目标，根据学生的认知结构，对教学过程、教学内容、教学组织形式、教学方法和需要使用的教学手段进行规划的策略。教师只有通过精心设计，才能保证教学的质量，达成教学目标。同样的内容，同样的教材，不同的教学设计，教学效果可能大不一样。本章试图对已经发表的22篇教学设计进行综述，并进一步研究“长方体的体积”的教学设计。

4.1 教学设计综述

教学设计是如何确定教学目标的？

思考

你认为，不同历史阶段“长方体的体积”教学目标会有不同吗？哪些目标应该是一成不变的？哪些目标具有时代特征？如果你来设计本节课，你将如何阐述你的教学目标？

教学目标在教学设计中处于核心位置，它决定着教学行为，不仅是教学的出发点而且是教学的归属，同时还是教学评价的依据，它既有定向功能又有调控功能。收集到的22篇教学设计均为2000年之后，其中有教学目标的9篇，他们的教学目标是这样设定的：

【教学目标一】（彭莹，2000）

能运用长方体、正方体的体积计算公式，解决有关的实际问题，进一步发展学生的空间观念。

【教学目标二】（陈瑞辉，2008）

① 知识与技能：使学生理解并掌握长方体和正方体的体积计算公式，能运用公式解决简单的实际问题。

② 过程与方法：通过学生的自主探索和合作交流，培养学生观察、分析、比较、归纳、创新等能力，进一步发展学生的空间观念。

③ 情感与态度：让学生在合作探究的学习中，体验学习数学的乐趣，

渗透“事物相互联系和发展变化”的辩证唯物主义观点。

【教学目标三】（吕丽梅 等，2009）

① 知识与技能：探索并掌握长方体和正方体体积的计算方法，解决一些简单的实际问题。

② 过程与方法：在实践活动中，引导学生观察、操作、探索，发展空间观念。

③ 情感态度与价值观：激发学生学习数学、发现数学的兴趣，学会与人合作。

【教学目标四】（范建梅，2009）

① 探究并掌握长方体、正方体的体积计算方法，并能解决简单的实际问题。

② 通过简单的应用练习，深化对公式的理解。

③ 培养学生的探索精神，让学生感受数学的魅力。

【教学目标五】（王本溪，2009）

① 结合具体情境和实践活动探索长方体、正方体的体积计算方法。

② 能正确计算长方体、正方体的体积，解决一些简单的实际问题。

【教学目标六】（宋生刚 等，2010）

① 结合具体情境和实践活动，探索并掌握长方体、正方体体积的计算方法，能正确计算长方体、正方体的体积，解决一些简单的实际问题。

② 在观察、操作、探索的过程中，提高动手操作能力，进一步发展空间观念。培养学生动手操作、抽象概括、归纳推理的能力。

③ 激发学生学习数学的兴趣，促进与人合作能力的提高。

【教学目标七】（朱国平 等，2011）

① 经历从实物中抽象出数学模型，探索影响长方体体积大小的因素。

② 观察操作，自主探索公式，能正确计算长方体、正方体的体积。

③ 培养学生积极思考、探索新知的思维品质，发展学生的空间观念。

【教学目标八】（曾婷，2011）

① 在具体的情境中自主探索并掌握长方体和正方体的体积计算公式，能应用公式正确计算长方体和正方体的体积，并解决一些简单的实际问题。

② 通过操作、观察、猜想和归纳等数学活动，经历体积公式的探索过程，不断积累立体图形的学习经验，增强空间观念，发展数学思维。

③ 进一步体会数学与实际生活的联系，获得学习成功的体验，激发数学学习的兴趣。

【教学目标九】（戚洪祥，2011）

① 使学生学会计算长方体和正方体的体积并能利用公式正确进行计算。

② 在体积公式的推导过程中，培养学生的观察能力、空间想象力、提出问题和解决问题的能力。

③ 使学生初步体会数学来源于生活且服务于生活，产生热爱数学的思想感情。

思考

2001 年，我国实施了新一轮的课程改革，你能发现课改前后的教学设计在教学目标的制订上，有什么不一样的地方吗？这些教学目标有什么共同点？

9 篇有教学目标的教学设计中，处于 2001 年新一轮课程改革之前的只有一篇，显然这篇教学设计教学目标的设定比较单一。综观新课改之后的八篇教学设计中的教学目标，大部分教师既关注知识与能力的发展，又关注教与学的过程与方法，同时也兼顾了情感态度价值观的提升，目标定位合理恰当，反映了新课程背景下课堂教学的多元目标。通过对长方体的体积的学习，学生不仅学会了运用公式计算长方体、正方体的体积，同时其观察操作和自主探索的能力也得到了加强，空间观念得到培养，在探索的过程中获得了成功的学习体验。

教学设计是如何突破重点、难点的？

思考

你认为本节课的重点和难点分别是什么？回忆一下你听过的或上过的本节课的教学，想一想怎样设计教学环节可以有效地突出重点、突破难点？

在收集到的 22 篇“长方体的体积”的教学设计中，大部分教学设计把本节课的教学重点放在理解、掌握、应用长方体和正方体的体积计算公式上，把难点放在长方体和正方体的体积计算公式的推导过程以及空间观念的培养上。因此，教学设计中采用的突出重点、突破难点的手段也大致相同，主要有以下几种手段。

（1）重迁移，促联系

思考

每一个知识点的学习一般都有它的生长点。所谓生长点就是学生已经具备的相关知识，是学习新知识的前提和基础。根据你的教学经验，哪些知识是学生学习“长方体的体积”的生长点?

正因为知识具有生长点，所以在课程的开始部分往往会有“复习引入”的环节，以唤醒学生对相关的旧知识的回忆，沟通新旧知识的关系，促进新知识的学习。毋庸置疑，长方体的概念与特征、体积的概念等，都成为这节课的知识生长点。

除了生长点对新知识的影响以外，同样重要的是技能与方法对学习新知识的影响。在心理学中，迁移是指在一种情境中获得的技能、知识或态度对另一种情境中技能、知识的获得或态度的形成的影响，简单地说是一种学习对另一种学习的影响。学生学习长方体的体积计算公式前，已经建立了长度单位和面积单位的概念，而长方形的面积公式的推导对于长方体的体积计算公式的推导有着很大的影响，对于学生的学习产生了正迁移作用。

赵震（2008）等老师在教学设计中设计了以下几个环节来促进知识的迁移。

1. 计量长度的经验

计量长度

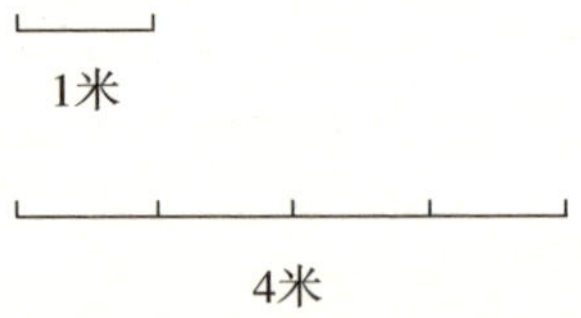

师：我们以前计量过长度和面积。这条线段长 4 米，你知道原因是什么吗?

生：因为它包含着4个1米。

师：（计算机演示）换句话说，如果要计量一条线段有多长，就要看它包含多少个相同的长度单位。

2. 计量面积的经验

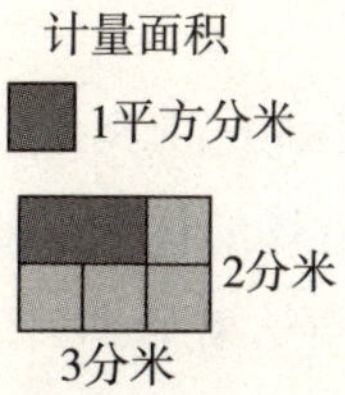

师：（计算机演示）我们用1平方分米做计量单位。沿着长摆了3个，它的长就是3分米，沿着宽摆了2个，它的宽就是2分米，那也就说明这个长方形的面积是6平方分米。如果要量一个长方形的面积有多大，看什么？

生：看这个长方形里有多少个相同的面积单位。

3. 引发思考

师：今天我们研究长方体和正方体的体积，你有什么想法？（出示下面的示意图）

生：那就看这个长方体里有多少个体积单位。

师：你的意思是说，计量长方体的体积，就要看这个长方体包含有多少个相同的体积单位，对吗？

（生纷纷点头）

师：大家利用计量长度和面积的经验，联想到计量物体体积的办法，为我们进一步的研究和思考找到了方向。其实这种思考问题的方式就是我们经常说的迁移。

思考

阅读这个教学设计的片段后，你发现哪一部分较好地体现了知识间的迁移作用，你喜欢这样的设计吗？为什么？

在这一环节的教学中，我们可以看到，教师非常重视计量单位的概念。从长度计量单位过渡到面积计量单位，再过渡到体积计量单位，逐步调动学生已有的知识和经验，帮助学生建立起物体的体积就是看体积单位的数量的认识。这样的一种迁移不仅仅是一种知识的迁移，更是一种思想方法的学习。

在引导学生思考长方体的体积和哪些因素有关时，部分教学设计也是利用了长方形的面积计算对长方体的体积计算的迁移作用。

宋生刚、王爱东（2010）等人在设计中首先请学生思考长方形的面积和什么有关，在学生回答长方形的长和宽后，教师引导学生思考长方体的体积可能与什么有关，学生自然而然地想到了长方体的体积可能和长、宽、高有关。然后利用课件动态变化长方体的长、宽、高，直观演示长方体的长、宽、高的变化都会引起体积的变化，从而使学生产生长方体体积和长、宽、高到底存在着怎样的关系的疑问，激发起进一步探索的欲望。

（2）重沟通，促理解

思考

课堂上通过动手操作推导长方体的体积计算公式是基于学生哪些认识和理解？请你具体地说一说。

收集到的教学设计采用的推导体积计算公式的步骤几乎都是：用体积单位摆一摆、数一数，再寻找数据之间的关系，进而发现长方体的体积和长、宽、高之间的关系。22 篇教学设计中大部分在推导公式前沟通了长方体体积与所摆体积单位个数之间的关系，沟通了长方体的长、宽、高和所摆体积单位的每排个数、排数、层数之间的关系，对于小学高段的学生这样的沟通兼顾了算理和算法，使学生知其然，更知其所以然。

盛红亚（2007）老师在教学设计中首先沟通了体积单位个数和体积之间的关系，学生了解到求长方体的体积只要知道需要用多少个体积单位来摆就可以了。但是到了实际生活中发现并不是每个长方体都能够用摆的方法来解决，于是产生了用想的过程来代替摆，既解决了实际问题，又发展了空间观念。随后又发现每一个长方体都用想象摆体积单位的过程也很麻烦，怎样才能更方便地求出长方体的体积呢？学生通过寻找刚才几组数据中的规律得到了长方体的体积计算方法。这样的过程就是一个切合学生实际的学习过程，一个不断产生认知冲突，不断优化解决问题策略的过程。

【片段一】

师：下面各图都是用棱长1厘米的小正方体拼成的，它们的体积分别是多少？你是怎么想的？

生1：图1体积是5立方厘米，因为它包含5个1立方厘米的小正方体。

生2：图2体积是15立方厘米，因为一排是5立方厘米，有这样的三排，共15立方厘米。

生3：图3体积是60立方厘米，因为1层是15立方厘米，有这样的4层，共60立方厘米。

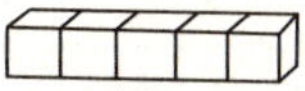
图1

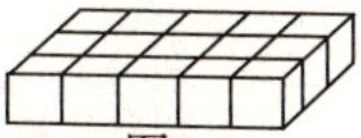
图2

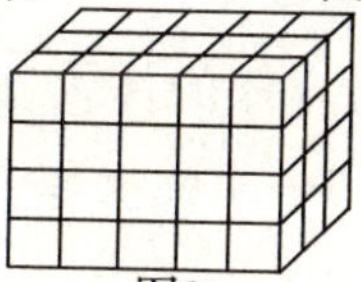
图3

师：通过刚才的计算，我们知道计量一个物体的体积就要看这个物体包含体积单位的数量。

【片段二】

师：老师这里有一个长方体零件，长10厘米，宽8厘米，高7厘米，你能用摆小正方体的办法求出它的体积吗？

我们没有这么多小正方体，那么请同学们4人一组想想办法，能否只摆出长方体的一部分，再想一想整个长方体怎么摆？它的体积是多少？

我想知道一个更大的长方体的体积，如长方体形状的集装箱，高大的长方体形状建筑物，你还想用小正方体去摆吗？

生：不想摆了，太麻烦了，我想找到求长方体体积的计算方法。

师：观察刚才我们所摆的几个长方体，它们所含的体积单位的数量跟长方体的什么有关？有怎样的关系？

是不是所有长方体所含体积单位的数量都是长方体的长、宽、高的乘积呢？请同学们自己想一个长方体，想象这个长方体怎么样摆，想一想它的体积是多少？

老师也想了一个长方体，长 8 米，宽 5 米，高 3 米，想象用什么体积单位去摆，怎么样摆，它的体积是多少？它的体积是不是正好等于长、宽、高的乘积？

看来，尽管我们想的长方体不同，但是长方体所含体积单位数量都是长、宽、高的乘积，所以长方体的体积 = 长 × 宽 × 高。

思考

在教学过程中沟通长方体体积与所摆体积单位个数之间的关系，沟通长方体的长、宽、高和所摆体积单位的每排个数、排数、层数之间的关系，你认为有必要吗？这样的沟通对于学生推导长方体的体积公式有什么好处？

（3）重操作，促发现

收集到的教学设计在推导长方体的体积计算公式时都有动手操作这一环节。其中 21 篇设计采用的是动手实践操作，只有 1 篇设计采用的是计算机操作。

思考

你认为在推导长方体的体积计算公式的过程中，对于五年级的学生来说动手操作有必要吗？如果有必要，怎样的操作是有效的？

综观这些教学设计，学生的操作分成两个层次，第一层次的操作为推导长方体的体积计算公式提供基础。学生用体积单位摆成几个不同的长方体，通过数体积单位的个数得到所摆长方体的体积，再通过观察所摆成的长方体的长、宽、高与体积之间的关系来推导长方体的体积计算方法。第二层次的操作则起到了验证作用。长方体体积公式的得出是一个不完全归纳的过程，结果存在或然性，小学阶段的学生一般通过举例验证的方法来验证结论的正确性。通过比较数体积单位的个数和用公式计算体积两者的结果是否一样，来判断推导出的结论的正确性。

范建梅（2009）老师在教学设计中就有这样的操作环节。

1. 猜想（略）

2. 实验

师：长方体的体积到底与长、宽、高有没有关系？有怎样的关系？我们来做个实验。

① 布置实验：小组里用一些1立方厘米的小正方体拼出3个不同的长方体，并把数据记录在表格中。

	所用小正方体的个数	体　积	长	宽	高
长方体（1）					
长方体（2）					
长方体（3）					

② 小组实验。（4人学习小组合作，3名组员各拼一个长方体，组长填表）

③ 汇报交流。（任选一组拼好的3个不同的长方体放到实物展示台上，并展示其填表情况）

3. 发现

师：仔细观察小组里的表格，你发现长方体的体积与长、宽、高有没有关系？有怎样的关系？

生1：我发现长方体的体积等于长、宽、高的乘积。

生2：我们小组表格中也能发现这个。

师：其他小组也发现这个的，请举手。（其他小组都举起了手）

师：我们不同的拼法都发现了长方体的体积＝长×宽×高。

4. 验证

师：刚才我们发现长方体的体积＝长×宽×高，这个公式对所有的长方体都适用吗？

（小组里重新拼不同的两个长方体，验证每个长方体的体积是否等于它的长、宽、高的乘积）

师：大家发现适用吗？

生：适用。

师：这公式为什么适用？我们一起来看看。

原来长方体的长就是每排个数，宽就是排数，高就是层数。长×宽×高＝每排个数×排数×层数＝小正方体的总个数＝长方体的体积。（把学生拼的长方体模型放到实物展示台上，利用实物图理解）看来我们的发现是正确的。

> **思考**
>
> 上述教学设计中的两个不同层次的动手操作的目的有什么不同？如果你来实施课堂教学，你会选择这样的两次操作吗？

在这个教学设计中，两个层次的操作分别起到了不同的作用，第一次操作指向于观察与发现，第二次操作指向于验证。学生通过实践活动主动获取了长方体的体积公式，也培养了动手能力和探索精神，体验了不完全归纳的思想方法。更难能可贵的是教师在学生验证发现公式适用于其他长方体后，又引导学生明理，"长×宽×高=每排个数×排数×层数=小正方体的总个数=长方体的体积"，加强了直观和抽象之间的联系，发展了学生的空间观念。

（4）重积累，促发展

> **思考**
>
> 在图形与几何领域的学习中，"空间观念"成为不可或缺的元素之一，在"长方体的体积"教学中，你认为可以从哪些角度来发展学生的空间观念？

数学是研究数量关系和空间形式的科学。"空间观念"是2011版课标提出的十大核心概念之一，主要是指根据物体特征抽象出几何图形，根据几何图形想象出所描述的实际物体，想象出物体的方位和相互之间的位置关系，描述图形的运动和变化，依据语言的描述画出图形等。小学图形与几何课程的核心目标应该是积累丰富的几何活动经验，培养学生的空间观念。对于"长方体的体积"的教学，教师比较容易走入的误区是撇开空间观念的要素，而仅仅作为公式的推导和计算来进行教学。这个内容恰恰是发展学生空间观念的良好载体，空间观念的培养与计算公式的推导两者应当相辅相成、相得益彰。

比如朱国平、范新林（2011）等人在"长方体和正方体的体积"教学设计中从不同角度体现出教师对学生空间观念的培养。

1. 长方体“三视图”的剖析，建立表象

师：棱长为1厘米的正方体体积是1立方厘米，下面物体（见图1）的体积是多少？

生：6立方厘米。

师：有什么好方法，使我们一目了然体积是6立方厘米？

生：把前面的一个立方体放在右上角。生演示移动的过程，变成图2。

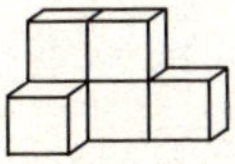

图1

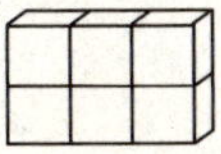

图2

师：这是怎样一个长方体？

生：一层放3个正方体，放了两层，就是长放3个，高放2个。

师：下面的图形（见图3）你能移动一下把它也变成长方体吗？

生在课件上演示（见图4）。

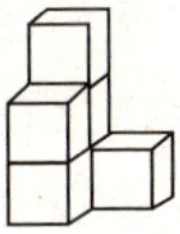

图3

图4

师：图2和图4两个长方体有什么联系？

生1：是同一个长方体，摆的位置不同。

生2：形状是一样的，长、宽、高不一样。

师：的确是同一个长方体，区别是观察的角度不同。那还有第三种观察角度，会是怎样一个长方体？

生1：扁扁的，长摆3个，宽摆2个。

生2：一行摆3个，摆2行。

生3：一排摆3个，摆2排。

（出示图5）

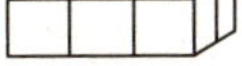

图5

小结：同一个长方体，由于观察的角度不同，它的长、宽、高会相互转化，但大小不变。

2. 建立实物与数学模型之间的联系

师：（出示图 6）下面这个复杂的图形如果摆成长方体，会是怎样的？体积又是多少？

生 1：长摆 4 个，宽摆 3 个，体积是 12 立方厘米。

生 2：一行摆 4 个，摆 3 行，体积是 12 立方厘米。（出示图 7）

（师演示从图 7 中抽象出图 8）

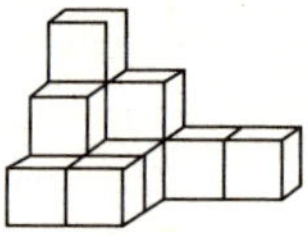
图6

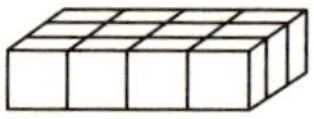
图7

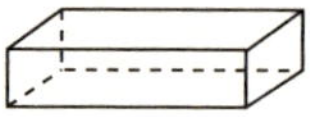
图8

师：这个长方体的体积是多少？为什么？

生 1：也是 12 立方厘米，因为它和刚才的长方体是一样大小的。

生 2：我也认为是 12 立方厘米，因为它里面可以摆 12 个小正方体。

师：看来不规则图形摆成长方体很容易知道它的体积，而且我们发现：一个长方体包含几个 1 立方厘米的小正方体，它的体积就是几立方厘米。

（师演示拉伸长方体的高，形成图 9）

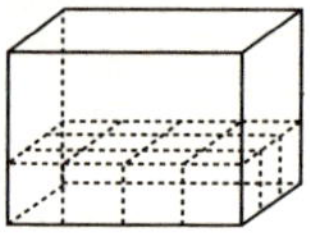
图9

师：现在长方体的体积是多少呢？

生：36 立方厘米，一层是 12 个，3 层是 $12\times3=36$ 个。

3. 探究影响长方体体积大小的因素

师：（出示图 10）小正方体的体积是 1 立方厘米，上面的长方体体积是多少？请你估一估。

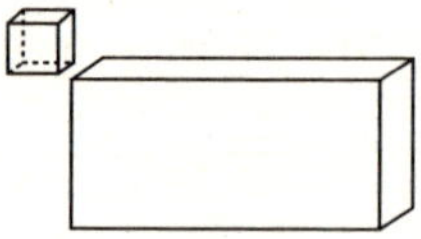
图10

生：9 立方厘米、15 立方厘米、12 立方厘米、16 立方厘米、24 立方厘米……

师：你的估计有依据吗？

生1：估计长可以摆几个、宽摆几个、高摆几个……

生2：我觉得比较难估计，最好把小正方体“拿”下来。

师：（出示图11）把小正方体放在长方体的顶点位置，果然更有利于估计它的体积了，对于刚才你估的结果想改动吗？想改的请改正。

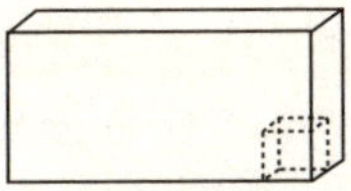

图11

生1：我估计是20立方厘米，一行摆5个、摆2行、可以摆2层，5×2×2=20。

生2：我估计的结果是24立方厘米，长摆6个、宽摆2个、高摆2个，6×2×2=24。

生3：我也是24立方厘米，我估计它的长是6厘米、宽2厘米、高2厘米。

（逐步出示图12，准确计算它的体积）

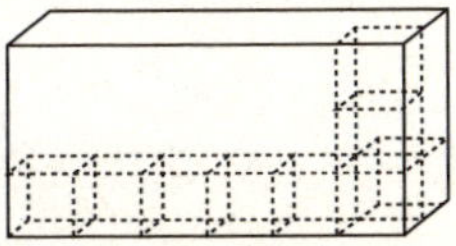

图12

生：6×2×3=36，这个长方体包含了36个小正方体，它的体积是36立方厘米。

（出示图13，计算长方体的体积）

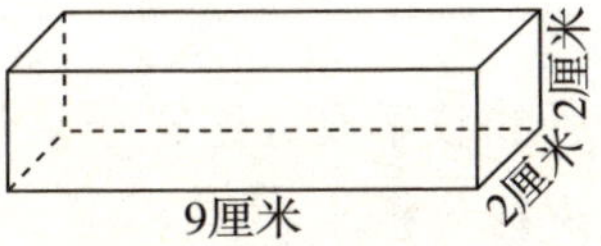

图13

生：9×2×2=36（立方厘米），因为这个长方体的长是9厘米，它就可以在长这条边摆9个小正方体……

4. 概括长方体体积计算公式

师：通过刚才的研究，我们发现长方体的体积和什么有关？

（师出示图14，分别拉伸它的长、宽、高观察体积的变化，把图形旋转观察体积的变化）

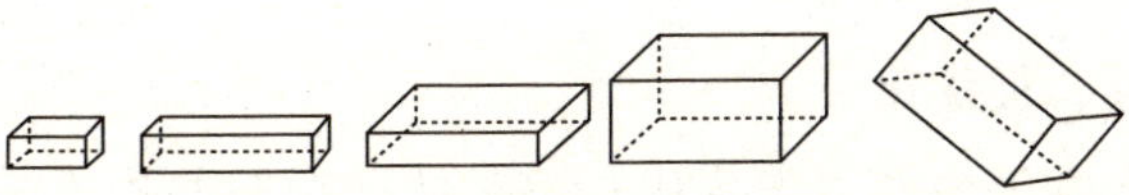

图14

师：把图旋转后，你还能找到这个长方体的长、宽、高吗？

如果这个长方体的长是 a 厘米，宽 b 厘米，高 h 厘米，谁会求它的体积？

（总结长方体的体积计算公式）

5. 练习中归纳正方体的体积计算公式

6. 想象图形间的逻辑关系，发展空间想象能力

师：一个正方体的棱长扩大到原来的 2 倍，它的体积扩大到原来的几倍？在你的头脑中想象一下，画一画，尝试着把它“拉一拉”。

生：8 倍，4 倍，6 倍……（生回答的错因之一是 2 的立方算成了 2×3）

（验证答案，出示图 15。有不少学生画出了草图）

师：棱长扩大到原来的 10 倍呢？（演示图 16）棱长扩大到原来的 n 倍呢？

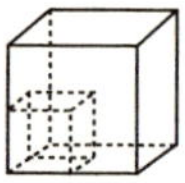

图15

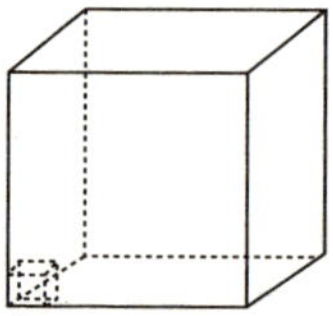

图16

思考

朱国平老师与范新林老师的教学设计区别于其他教学设计，其最大的亮点在哪里？请简要地进行分析。

读完这个教学设计，你一定会发现它与其他的教学设计还是有许多不同的地方。最大的不同可能就在于教师立足于学生空间观念的发展，不为教而教，从三视图开始逐步深入，引导学生建立起实物模型和几何图形之间的联系，通过对长方体体积的本质属性的分析，发现长方体的体积计算方法。整个过程，既得出了长方体的体积计算公式，又发展了空间观念，可谓一举两得。

（5）重体验，促优化

2011 版课标在实施建议中提出：数学活动经验的积累是提高学生数学素养的重要标志。帮助学生积累数学活动经验是数学教学的重要目标，是

学生不断经历、体验各种数学活动过程的结果。数学活动经验需要在“做”的过程和“思考”的过程中积淀，是在数学学习活动中逐步积累的。在设计“长方体的体积”教学中，很多教师也非常重视学生的经验和体验，重视学生的感悟，在学生的体验和感悟的基础上，进行策略的优化。

思考

经验和体验有什么不同？在“长方体的体积”的学习中，应当让学生体验哪些数学活动，获得哪些数学经验？

经验是学习者从多次实践中获得的知识或者技能，而体验则是学习者参与特定的数学活动，主动认识或验证对象的特征，获得一些经验的过程。我们通过赵震、吴正宪（2008）等人教学设计中“摆一摆”这一个环节的两种不同反馈方式，来感受学生是怎样体验数学活动和积累数学活动经验的，同时也来体会老师是怎样帮助学生优化策略的。

第一组用 24 个 1 立方厘米的小正方体摆长方体。学生操作后，教师反馈了学生以下摆的方式。

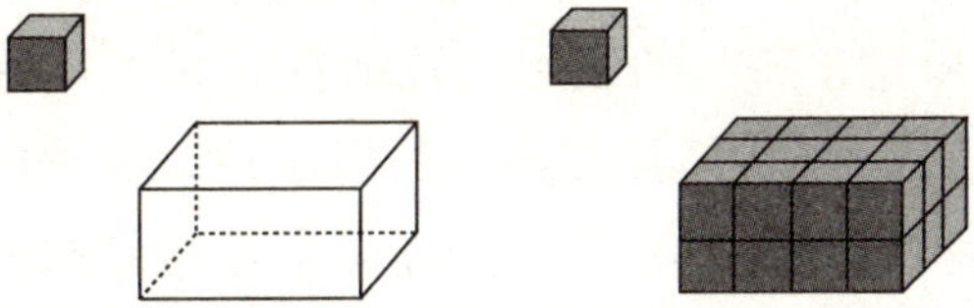

第二组用 36 个 1 立方厘米的小正方体摆长方体时，教师布置学习任务时提出了一个要求：比一比，看看谁能想出更巧妙的办法，以更快的速度测量出这个大长方体的体积。学生操作后，教师依次反馈了以下三组摆的方式。

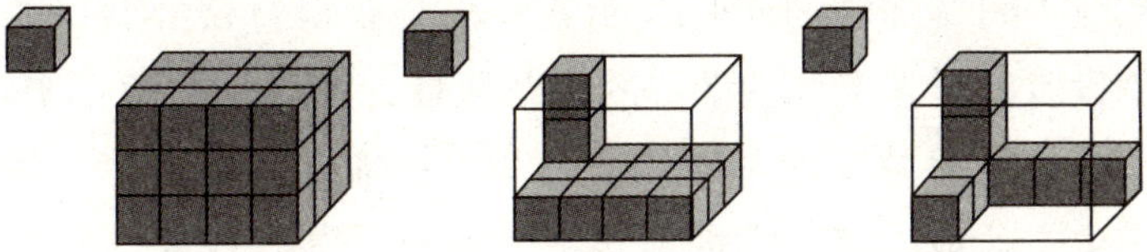

教师在组织不同的拼摆活动时，侧重于拼摆方法的简便，渗透择优策略，突出长方体体积的本质属性，让学生更好地理解长、宽、高与体积之间的关系，使体积公式得以证明。正是基于学生“做”数学的过程，基于学生的体验和经验，学生的思维火花才会不断地碰撞，数学思维才能得到提升。

教学设计带给我们哪些启示？

（1）要重视对图形的感知

“图形与几何”的主要内容有：空间和平面基本图形的认识，图形的性质、分类和度量；图形的平移、旋转、轴对称、相似和投影；平面图形基本性质的证明；运用坐标描述图形的位置和运动。图形和几何领域的教学，对图形的感知显得尤为重要。学生对图形特征的把握，对图形内部关系的理解，对图形之间的联系与沟通都基于对图形的正确感知。有了正确到位的图形感知，才有可能进一步进行图形其他内容的探索和学习。

（2）要重视知识的形成过程

数学是一门系统性很强的学科，知识间的内在联系十分紧密，任何新知识或因为某种需要而产生，或因为某种需要要将原有知识进行延伸和发展。任何新知识都有它的发生、形成和发展过程。我们应该重视知识发生、形成和发展过程的教学，让学生在积极参与的过程中，充分发挥他们的主体性，使知识很好地内化，使认知结构发生质的变化。“长方体的体积”的学习，学生不仅要知道怎样算，还要能知道为什么这样算，知道为什么“长方体体积 = 长 × 宽 × 高”的道理。教师在教学中要重视知识的形成过程，让学生经历发现问题、寻找解决问题的途径以及解决问题的过程，亲身体验体积公式的推导过程。放手让全体学生参与新知的探究过程，既能激发学生强烈的参与意识，促使学生积极思维，又有利于培养学生的探索精神和实践能力。

（3）要让学生经历猜想和验证的思维过程

2011 版课标在实施建议中提出：数学教学应根据具体的教学内容，注意使学生在获得间接经验的同时也能够有机会获得直接经验，即从学生实际出发，创设有助于学生自主学习的问题情境，引导学生通过实践、思考、探索、交流等，获得数学的基础知识、基本技能、基本思想、基本活动经验，促使学生主动地、富有个性地学习，不断提高发现问题和提出问题的能力、分析问题和解决问题的能力。

“长方体的体积”的教学要让学生经历知识的形成过程，经历长方体体积计算公式的推导过程。学生通过学习不仅能获得数学结论，更重要的是逐步学会了获得数学结论的思想方法，提高了主动探索、获取知识的能力。

而在积极参与“发现—猜想—验证”的学习过程中，学生通过独立思考、合作交流，逐步感悟了数学思想，也积累了丰富的数学活动经验。作为数学老师，更应当注重学生学习过程中的观察发现，鼓励学生大胆猜想，合理证明，唯有这样，才能更好地落实2011版课标中所说的“在观察、实验、猜想、验证等活动中，发展合情推理能力，能进行有条理的思考，能比较清楚地表达自己的思考过程与结果”的要求。

思考

阅读了以上一些关于“长方体的体积”的教学设计的片段，你获得了什么启示？请你写一写。

4.2 同课异构

之前我们已经接触过对同一内容的“同课异构”，你还记得什么是“同课异构”吗？

同课异构指的是同一个课题，同一个教学内容，采用不同的课堂教学结构来教学。对“长方体的体积”教学进行同课异构就是每一个教学设计的内容都是“长方体的体积”，但因不同的教学目标，而采用不同的教学环节；或者是相同的教学目标，采用不同的课堂教学结构。下文将围绕“长方体的体积”呈现两份不同的教学设计，分别侧重于培养探究能力和合作能力。

从培养探究能力的角度如何设计教学？

思考

什么是探究？怎样培养学生的探究能力？如何从培养学生的探究能力的角度来设计“长方体的体积”的教学呢？请你先试一试。

探究学习是一种积极的学习过程，是让学生自己思考怎么做甚至做什么，而不是让学生接受教师思考好的现成的结论。探究是一种多层面的活动，包括观察、提问、查阅资料、制订计划、收集和分析数据、解决问题以及交流结果、作出评价等多个方面。在小学数学教学中进行探究性学习不仅仅是手段，更是教学目标之一，意在让学生经历解决问题的过程，使其养成探究问题的方法和能力。我们进行了以下的教学设计，试图培养学生的探究能力。

【教学目标】

1. 通过实践活动，探索并掌握长方体和正方体体积的计算方法，能正确计算长方体、正方体的体积，解决一些简单的实际问题。

2. 经历解决问题的过程，体验“操作—观察—发现—猜测—验证—归纳”的探究过程，培养探究能力。

【教学准备】

每人 24 个小正方体（棱长为 1 厘米），练习纸，课件。

【教学过程】

1. 课前游戏

我们一起来玩一个“是是非非”的游戏，老师每出示一句话，如果正确，请你做手势“√”，如果错误，请你做手势“×”。

第一大组都是男孩子。
我们班的课程表上每天都有一节数学课。
每个月有 30 天。
7 月份是夏天。

学生在游戏的过程中发现，判断一句话错误，只要举出一个反例就可以了。比如在第一大组中只要有一个女孩子，这句话就不成立，就是错误的；同样道理，对于“每个月有 30 天”这句话，只要举出一个反例“1 月份有 31 天”，就可以将其推翻。这个游戏意在让学生感受一个命题是否成立，可以用举反例的方法来判断。

2. 出示任务

今天我们学习的内容是“长方体的体积”，请你猜测一下，长方体的体积可能和什么有关？为什么？（学生可能回答长、宽、高，因为对于学生来讲，他们所了解的长方体也只有这三个要素）

你认为长方体的体积怎样计算？为什么？（学生可能从长方形的面积计算公式猜测长方体的体积等于长、宽、高之积）

今天这节课，我们就来探索长方体的体积。

3. 探索长方体体积的计算方法

① 选择24个边长为1厘米的小正方体搭成不同的长方体，记录每个长方体的长、宽、高。

序　号	总个数	体积（cm^3）	长（cm）	宽（cm）	高（cm）
(1)	24				
(2)					
(3)					

② 观察表格中的数据，你有什么发现？将你的发现和伙伴交流。

③ 全班反馈：体积 = 长 × 宽 × 高。

④ 刚才根据摆小正方体的情况，我们发现了“体积 = 长 × 宽 × 高”，这只是我们的一个发现，或者说是猜想，要想知道猜想是否成立，还需要验证。想一想，怎样验证？

根据学生回答，整理验证的方法。

a. 选择数量不同的小正方体摆一摆。

b. 数一数，求出体积。

c. 用“长 × 宽 × 高”算一算，求出体积。

d. 看一看，两种方法得到的结论是否一样。

学生边验证，边填表。

序　号	数一数总个数	长摆几个	宽摆几个	高摆几个	体积（cm^3）	长（cm）	宽（cm）	高（cm）
(1)								
(2)								
(3)								

⑤ 交流概括：通过全班的反馈和交流，发现每种数量的小正方体搭成长方体，体积都可以用“长 × 宽 × 高”来计算。

⑥ 分析明理：长方体的体积为什么等于长×宽×高呢？请你根据要求学习：

a. 仔细观察表格，你又有什么发现？

b. 说说为什么会有这样的发现。

c. 全班交流。

根据表格，学生很容易获得以下几个发现：

长摆的个数＝长的厘米数；

宽摆的个数＝宽的厘米数；

高摆的个数＝高的厘米数；

总个数＝体积数量；

总个数＝长摆的个数×宽摆的个数×高摆的个数。

前面4个发现学生比较容易理解，因为是用1立方厘米的小正方体在摆，小正方体的边长是1厘米，所以摆几个边长就是几厘米，一共摆几个体积就是几立方厘米。根据一层中长边摆的个数和宽边摆的个数可以求出一层的个数，再根据高上摆的个数即摆了几层，就能知道总个数了。

得到了前面4个发现，学生就很容易得到长方体的体积＝长×宽×高的原因了。

总个数=	长摆的个数	×	宽摆的个数	×	高摆的个数
↓	↓		↓		↓
体 积=	长	×	宽	×	高

4. 探索正方体体积的计算方法

① 猜测正方体的体积怎样计算。

② 小组交流探究方法。

③ 四人小组合作探索正方体体积的计算方法。

④ 小组讨论为什么可以这样计算。

5. 课堂小结

① 学习了什么知识？

② 回忆一下，我们是怎样探索长方体体积的计算方法的？

操作—观察—发现—猜测—验证—归纳

【设计意图：爱因斯坦曾经说过："所谓教育，就是忘却在校学得的全部内容后所剩下的本领。"对于数学而言，所有的知识都忘记了，但是在学习过程中获得的探究能力、解决问题的能力就是学习的价值所在。当学生面对一个新的数学问题，他是等老师讲解还是主动想办法解决，是束手无策还是调动已有的知识和经验寻找解决问题的途径，这有赖于之前的学习过程中积累的经验、获得的体验以及养成的习惯和培养的能力。“操作—观察—发现—猜测—验证—归纳”这样的一个探究过程，对于解决许多数学问题都适用。比如数与代数领域中探索加法和乘法的交换律、结合律，探索平方差公式等，图形与几何领域中探索长方形的周长和面积，探索平行四边形、三角形的面积等都可以用上这样的探究过程。这份教学设计意在让学生经历这样的探究过程，体验这样的数学思想方法，把“操作—观察—发现—猜测—验证—归纳”的过程也当作本节课的目标来实施，久而久之，学生获得的不仅仅是知识，更是一种方法，一种能力。时间久了，即使知识忘了，方法还在，能力还在，还是能解决新问题。】

从培养合作能力的角度如何设计教学？

思考

什么是合作学习？怎样培养学生的合作能力？如何从培养学生的合作能力的角度来设计“长方体的体积”的教学呢？请你先试一试。

合作学习一般是指在学习过程中，通过生生互动和师生互动的学习环节，实现学习目标的突破。有效的数学学习活动不能单纯地依赖模仿和记忆，动手实践、自主探索和合作交流是学习数学的重要方式。教师应当逐步让学生在合作学习中培养合作的意识，形成合作的习惯，提高合作的能力，体会到合作学习的乐趣。我们进行了以下的教学设计，试图培养学生的合作能力。

【教学目标】

① 通过实践活动，探索并掌握长方体、正方体体积的计算方法，能正确计算长方体、正方体的体积。

② 激发学生学习数学的兴趣，促进与人合作能力的提高。

【教学准备】

按四人一组进行分组，桌椅按小组摆放，每组 60 个小正方体（棱长为 1 厘米），4 个大长方体（一个长、宽、高为 2 厘米、3 厘米、4 厘米的长方体，一个长、宽、高为 3 厘米、3 厘米、3 厘米的长方体，一个长、宽、高为7厘米、3厘米、1厘米的长方体，一个长、宽、高为5厘米、5厘米、2厘米的长方体），练习纸，课件。

【教学过程】

1. 课前游戏：比比哪个小组摆得快！

四人小组合作，取出12个小正方体，按教师要求摆放。

（1）搭得最高

（2）占桌面面积最大

（3）表面积最大

2. 揭示主题

今天这节课，我们要来探索长方体的体积计算方法。

3. 探究活动一

（1）出示小组学习要求

① 四人小组每人选取同样多的小正方体，搭成不同形状的长方体，将长、宽、高记录在表格中。

序　号	总个数	体　积	长	宽	高
(1)					
(2)					
(3)					
(4)					

② 观察表格，你们有什么发现？

③ 推选一人准备全班交流。

（2）四人小组活动

（3）全班交流

每组的总个数是一样的，各组的数据又是不一样的，但是不同数据所获得的结论却又比较一致。通过各组汇报，比较容易将各组的发现集中到同样数量的小正方搭长方体，不管多少个，长、宽、高的积就是体积。

4. 探究活动二

（1）出示小组学习要求

① 独立思考，为什么长方体的体积等于长、宽、高之积？你能想办法来说明理由吗？

② 利用小组中的小正方体和大长方体拼一拼、搭一搭、摆一摆，验证你找到的理由。

③ 四人小组交流。

第一次四人小组活动，是用相等数量的小正方体拼成长方体，由于个数相等，很快得到了“长方体的体积 = 长 × 宽 × 高”的猜测，但是为什么会有这样的结论呢，原因不得而知。因此，在第二次四人小组活动中，安排了每人一个大长方体，用分与摆的思想逆向地寻找“长方体的体积 = 长 × 宽 × 高”的原因。学生可以用体积单位在长方体的面上摆一摆、搭一搭，发现长、宽、高与所在边上小正方体个数之间的关系。

（2） 全班交流

在全班交流的过程中，学生的摆法或搭法可能会出现三个层次：

第一层次，先摆底面，再一层一层摆放上去。（见图 1）

第二层次，先摆底面，高的部分只摆出一条棱。（见图 2）

第三层次，只摆出长、宽、高三条边。（见图 3）

图 1

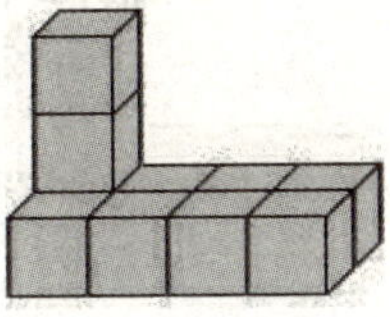

图 2

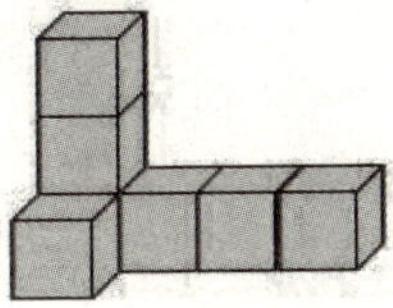

图 3

摆放的个数越少，摆得越简洁，越能体现出长、宽、高上摆的个数与长、宽、高的关系，也就越能找到为什么可以这样计算的原因。

5. 探究活动三

（1） 出示小组学习要求

① 小组讨论怎样研究正方体的体积计算方法。

② 用不同的方法研究，并记录研究过程。

③ 小组交流，整理研究的方法、过程和结论。

④ 准备汇报。

（2） 全班交流

6. 课堂小结（略）

【设计意图：从学生前测的情况来看，学生对长方体的体积计算公式或多或少有所了解，每个学生的掌握情况不一，这份教学设计立足于学生的小组合作，设计了三组活动来展开学习。在小组的合作学习过程中，有分工、有合作，有操作、有交流，有独立思考、有伙伴互助，教师则起到了小组学习的引领者、指导者、参与者的作用。学生操作困难、思维受阻、合作不力时，教师则以不同的身份参与各组的学习活动之中，这既发挥了学生的主观能动性，培养了合作的意识和能力，又让学生最大限度地体会到了学习的乐趣，品尝到了成功的愉悦。】

5

学生课堂后测分析

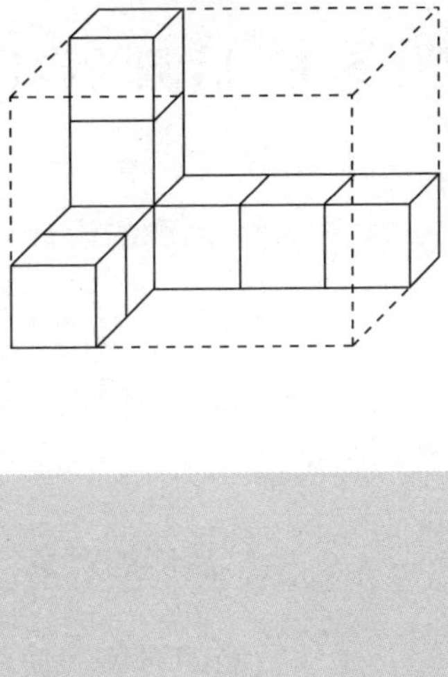

长方体的体积在浙教版教材中出现在五年级下册（第十册）中，学生学习这部分知识一年后对体积的认识如何？计算公式掌握得如何？是否还能解决求长方体的体积问题和其他的变式问题？这些问题对于教师在教学体积和体积单位以及长方体的体积的起始阶段该如何设计和实施课堂教学，如何设计练习都有很大的影响，因此有必要在教学后对学生进行后测以便了解学生的掌握情况，更好地设计教学计划，更好地实施和组织课堂教学。

思考

如果请你来对学生进行后测，你想通过后测了解哪些情况？你会怎样来设计后测问卷？请你试着写一写。

5.1 后测的设计、对象与过程

后测的设计与目的

后测以练习的形式出现，包括填空题、问答题、计算题和应用题四种题型。测试在轻松的环境中进行，除要求独立完成外，没有对学生提出其他要求。

后测的对象

后测的对象为使用浙教版数学教材的六年级学生，共 93 人，一年前学习过“长方体的体积”内容。

后测的过程

测试前没有要求学生对测试内容进行复习，在学生不知情的情况下，进入教室发放试卷。为避免引起学生的紧张情绪，告知学生只是要了解学生掌握的情况，以便更好地复习这方面的知识。

测试时间为 25 分钟，要求学生独立完成，不会做的可以不做。

测试结束后，我们对试卷进行了批改整理。对每一题的测试情况进行了归类整理和分析，以期找到学生的共性和个性问题，并在当天对有典型错误和特殊解题方法的学生进行了个别访谈，以便了解学生的真实想法，对课堂教学的设计和实施进行改进。

5.2 后测的结果与分析

有多少学生能写出长方体的体积计算公式?

我们对学生回答后测卷中第 1 题和第 2 题（详见附录 7）的结果统计如下。（见表 5－1）

表 5－1　后测数据统计表（一）

问题：长方体的体积 =（　　　　）				问题：正方体的体积 =（　　　　）			
正确		错误		正确		错误	
人数	百分比	人数	人数	人数	百分比	人数	百分比
89	95.7%	4	4.3%	86	92.5%	7	7.5%

从后测数据来看，大部分学生能正确写出长方体和正方体的体积计算公式，个别学生有错误。长方体的体积公式写错的 4 个学生都是将长方体的体积计算公式写成了长方体的表面积计算公式。正方体的体积公式写错的 7 个学生中，有 4 人是混淆了正方体的体积和表面积计算公式，有 3 人是将棱长写成了边长。应该说，学生对于公式整体掌握得比较好，公式也比较便于学生的记忆。

写对的学生都是将长方体和正方体的体积计算公式分别表述为“长 × 宽 × 高”和“棱长 × 棱长 × 棱长”，而没有一个学生表述为“底面积 × 高”。我们翻阅了人教版、北师版、青岛版、苏教版、西师版、浙教版六个版本的教材，发现除了西师版没有出现“底面积 × 高”的体积计算方法，其他五个版本的教材都出现了这种计算方法。同时这几套教材在课后练习中，用长、宽、高求体积和用底面积求体积的习题量基本一致，那为什么学生在写体积计算公式的时候，都写了前者，而忽略了后者呢？我们通过对学生的访谈和对一些课堂教学设计的分析，试图找到产生该现象的原因。

一是学生认为长、宽、高是长方体的基本要素，且是可视指标，因此没有考虑还可以根据底面积和高去求体积。

二是学生受面积公式的影响，认为长方形的面积 = 长 × 宽，所以想到长方体的体积 = 长 × 宽 × 高。

三是动手实践发现的结论更利于学生的记忆。各个版本的教材和不同的教学设计往往都安排了动手操作，让学生发现长、宽、高和体积单位之间的关系，发现体积单位个数和体积之间的关系，从而得到长方体的体积 = 长 × 宽 × 高。而底面积 × 高是在前者的基础上根据“长 × 宽 = 底面积”的关系推导而来，不如前者印象深刻。

有多少学生能正确计算长方体的体积？

我们对学生回答后测卷中第 4 题（详见附录 7）的结果统计如下。（见表 5 – 2）

表 5 – 2 后测数据统计表（二）

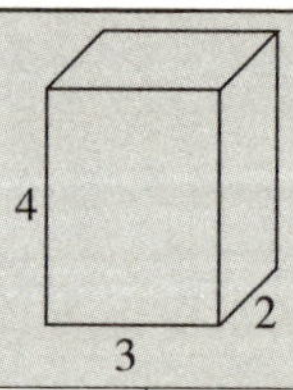				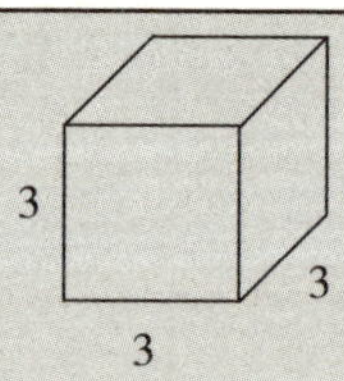			
正确		错误		正确		错误	
人数	百分比	人数	百分比	人数	百分比	人数	百分比
87	93.5%	6	6.5%	87	93.5%	6	6.5%

从后测的数据可见，大部分学生能运用公式计算长方体的体积。算错的 6 个学生中，有 4 人混淆了表面积和体积，分别求出了长方体和正方体的表面积，有 2 人算式正确，计算错误。

学生能否根据已知条件计算长方体的体积？

我们对学生回答后测卷中体积计算题（详见附录 7）的结果统计如下。（见表 5 – 3）

表 5 –3　后测数据统计表（三）

利用“长×宽×高”求长方体体积		利用“棱长×棱长×棱长”求正方体体积		利用“底面积×高”求长方体体积		利用底面周长求底面边长后再求正方体体积	
人数	百分比	人数	百分比	人数	百分比	人数	百分比
87	93.5%	87	93.5%	80	86.0%	65	69.9%

在后测卷中有四道题目涉及求体积，分别对应了上述四种不同的求体积的方法。从正确学生所占的比例来看，利用“长×宽×高”求长方体体积和利用“棱长×棱长×棱长”求正方体体积这两种方法正确人数最多，有将近15%的学生在利用“底面积×高”求长方体体积中出现错误，主要错误原因有计算错误和审题错误。对于根据周长求底面边长再来求正方体的体积，有30%左右的学生无法解决这个问题，由此也暴露出学生综合解决问题的能力比较欠缺。有些学生直接把底面的周长当作底面积乘高，有些把底面周长当作底面边长先求底面积再来求体积。

学生能否解决长方体体积的逆向题?

我们对学生回答后测卷中第6题和第7题（详见附录7）的结果统计如下。（见表5 –4）

表 5 –4　后测数据统计表（四）

能根据体积、高和长，求长方体的宽		能根据体积和高求长方体的底面积	
人数	百分比	人数	百分比
92	98.9%	87	93.5%

在后测卷的所有习题中，这两道题正确的百分比相对较高，这和前测的结果完全一致。通过对学生的访谈，发现大部分学生能根据长方体的体积公式，说出求宽的方法和求底面积的方法。

学生能否利用体积知识解决实际问题?

我们对学生回答后测卷中第9题（详见附录7）的结果统计如下。（见表5 –5）

表 5-5 后测数据统计表（五）

问题：把一个长 70 厘米、宽 50 厘米、高 50 厘米的长方体木块削成一个体积最大的正方体，削去部分的体积是多少立方分米？									
正确		错在单位没换算或换算错误		方法正确计算错误		审题错误导致列式错		不理解不会做	
人数	百分比	人数	百分比	人数	百分比	人数	百分比	人数	百分比
64	68.8%	11	11.8%	7	7.5%	3	3.2%	8	8.6%

这一题是前测卷和后测卷中学生增量最大的一题，前测中正确率为 0，后测中有接近 70% 的学生能解决这个问题，还有将近 20% 的学生算式列对了，错在计算或单位的换算上。学生在解题中主要有两种方法：（1）$70\times50\times50-50\times50\times50$；（2）$(70-50)\times50\times50$。在正确的学生中，有 81.25% 的学生采用了第一种方法，有 18.75% 的学生采用了第二种方法。

思考

阅读了学生的后测情况统计表，你得到了什么启示？

5.3 后测对教学的启示

教师要重视图形知识之间的迁移作用

从学生的后测以及个别访谈中我们发现，长方形面积计算的学习对学生学习长方体的体积起到了正迁移作用。长方形的面积和长、宽有关，由此学生想到长方体的体积可能和长、宽、高有关；长方形的面积是长与宽之积，由此学生猜想长方体的体积可能是长、宽、高之积。这些原有的知识与经验都对学生的体积学习产生了正向的迁移作用。事实上，在整个小学阶段的图形教学中，不仅不同知识点之间的学习存在着迁移作用，学生在前期学习中积累起来的数学思想方法对后续学习的迁移对学生起到了更大的帮助作用。比如在长方形的面积学习中采用了猜测、操作、观察、想象、发现、归纳等方法来探索面积的计算公式，在长方体的体积计算教学中，学生也能运用这样的过程来探索，解决实际问题。

教师要帮助学生建立初步的度量概念

随着年级的升高，学生逐步从长度的度量过渡到面积的度量再过渡到体积的度量，经历了一个“线—面—体”的过渡，不变的核心是利用基本单位来度量。但是我们发现，即使学生经历了长度的度量和面积的度量，在探索长方体的体积时，还是有学生缺乏用统一的单位来度量的意识和概念，不知道应该怎样来探索长方体的体积计算方法。因此，教师在教学中并不能为教而教，学什么教什么，更应当重视知识背后的思想和方法。如果在每一次的量与计量的教学中，教师都重视帮助学生建立度量概念，那么到了探索长方体体积计算方法时就容易多了。

教师要注重培养学生的空间观念

图形与几何部分的学习需要学生做到心中有形、心中有体，这就需要教师在教学中培养学生的空间观念，培养学生的空间想象。后测的结果显示，部分学生无法解决变式的问题，比如利用底面（正方形）周长和高求体积等，归根结底还是缺乏空间想象能力，不清楚每一个数据表示的含义，无法沟通数据之间的联系，在解题过程中，不能将文字和图形沟通起来。因此，在教学中，教师要多创造机会让学生动手实践、掌握特征，多进行空间想象、沟通关系，使得知识点的学习和空间观念的培养相辅相成、相得益彰。

参考文献

毕宏辉 . 2012. 同样的小棒 + 不一样的精彩：对“用小棒搭长方体”活动的实践与思考 [J]. 小学数学教学 (5)：31.

昌丽梅，李艳辉 . 2009.《长方体体积》教学设计 [J]. 黑河教育 (5)：46.

陈瑞辉 . 2008. “长方体和正方体的体积”教学设计与说明 [J]. 小学教学参考：数学 (9)：19.

戴鸿英 . 2001. 实验操作　引导创新 [J]. 湖北中小学实验室 (3)：50.

段玉江 . 2001. “长方体、正方体的认识” [J]. 云南教育 (17)：41.

范建梅 . 2009. “长方体和正方体的体积计算”教学案例 [J]. 中小学数学：小学版 (7)：83 – 84.

顾雪琴 . 2010. “长方体和正方体的认识”教学案例 [J]. 贵州教育 (20)：28 – 30.

黄建弘 . 1995. 小学数学教育比较研究 [M]. 成都：四川教育出版社 .

黄兴丰，程龙海 . 2003. 初中生在几何解题中所出现错误的调查研究 [J]. 数学教育学报 (3)：74.

课程教材研究所 . 2001. 20 世纪中国中小学课程标准 · 教学大纲汇编：数学卷 [M]. 北京：人民教育出版社 .

李沪，扈有生 . 1994. “长方体和正方体的表面积”教学设计与评析 [J]. 山东教育 (11)：42.

李玲玲 . 2001. 钻进“盒子”教长方体的表面积 [J]. 湖南教育 (3)：36.

林宝珠 . 2001. 说课设计《长方体和正方体的表面积》[J]. 小学教学设计 (2)：31 – 32.

刘兼，孔企平 . 2006. 义务教育课程标准试验教科书 · 数学 [M]. 北京：北京师范大学出版社 .

刘锡宝 . 2012. 高中数学公式定理大全 [M]. 北京：龙门书局：9.

刘玉和，王宁绪 . 1994. 长方体表面积的教学 [J]. 教师之友 (12)：13 – 14.

卢江，杨刚 . 2007. 义务教育课程标准实验教科书 · 数学 [M]. 北京：人民教育出版社.

毛崇腾. 2004.《长方体和正方体的表面积》说课设计 [J]. 小学教学设计 (2): 34－35.
牛献礼. 2000. "长方体的认识" 教学设计 [J]. 湖南教育 (7): 39.
牛献礼. 2013. 从传授知识到发展思维: "长方体的认识" 教学设计与思考 [J]. 小学教学 (4): 26.
彭莹. 2000. "长方体、正方体的体积计算" 教学设计与评析 [J]. 江西教育: 管理版 (9): 43.
戚洪祥. 2011. "长方体和正方体的体积" 教学设计与说明 [J]. 教育研究与评论: 小学教育教学 (8): 52.
任玫, 马志刚. 2003. "长方体的认识" 教学纪实与评析 [J]. 黑龙江教育 (13): 6.
盛红亚. 2007. 巧设认知冲突, 引导自主探究 [J]. 小学教学参考 (3): 34－35.
宋乃庆, 张奠宙. 2008. 小学数学教育概论 [M]. 北京: 高等教育出版社: 33.
宋生刚, 王爱东. 2010. "长方体的体积" 课堂教学实录与评析 [J]. 辽宁教育 (4): 58－59.
王本溪. 2009. "长方体的体积" 教学设计 [J]. 中小学数学: 小学版 (9): 44.
王后雄. 2012. 高中数学: 立体几何 & 空间向量 [M]. 北京: 中国青年出版社.
王宁. 2006. 义务教育课程标准试验教科书・数学 [M]. 重庆: 西南师范大学出版社: 51.
王申怀. 2005. 普通高中课程标准实验教科书・数学: 第 2 册必修 A 版 [M]. 北京: 人民教育出版社: 3.
吴庭楼, 许万明. 2008. "长方体和正方体的表面积" 教学设计与评析 [J]. 云南教育: 小学教师 (1－2): 55－56.
徐有标. 1992. 超常儿童数学思维特点的研究 [J]. 教育科学研究 (1): 28.
薛金星. 2010. 中学教材全解: 高中数学: 必修 2 [M]. 西安: 陕西人民教育出版社: 4.
姚杏仁. 1987. "长方体的表面积" 教案设计 [J]. 小学教学研究 (11): 31.
郁汉冲, 董国超. 2013. 数学百科 [M]. 北京: 中国经济出版社.

曾婷 . 2011. “长方体和正方体的体积”教学设计与说明［J］. 教育研究与评论：小学教育教学（8）：49.

张洪江，王岚，王桂霞 . 2000. “长方体的认识”教学设计［J］. 黑龙江教育（1－2）：62.

张家明 . 2006. 动手操作与合作学习［J］. 四川教育（1）：44－45.

张天孝 . 2008. 九年义务教育小学实验教科书·数学［M］. 杭州：浙江教育出版社：98.

赵震，吴正宪 . 2008. “长方体和正方体的体积”课堂实录与评析［J］. 小学教学：数学版（7）：56－58.

朱国平，范新林 . 2011. “长方体和正方体的体积”教学实录与评析［J］. 小学数学教育（5）：27－28.

朱玉芝 . 2005. 开放的环境，自主的课堂：长方体的认识案例与反思［J］. 中国农村教育（1－2）：113.

附　　录

1　根据实验稿课标编写的“长方体的认识”教材图片

2　根据实验稿课标编写的“长方体的表面积”教材图片

3　根据实验稿课标编写的“长方体的体积”教材图片

4　“长方体的认识”前测卷

5　“长方体的表面积”前测卷

6　“长方体的体积”前测卷

7　“长方体的体积”后测卷

1　根据实验稿课标编写的“长方体的认识”教材图片

（按出版社名称音序排列）

北京师范大学出版社　五年级下册　2001 年

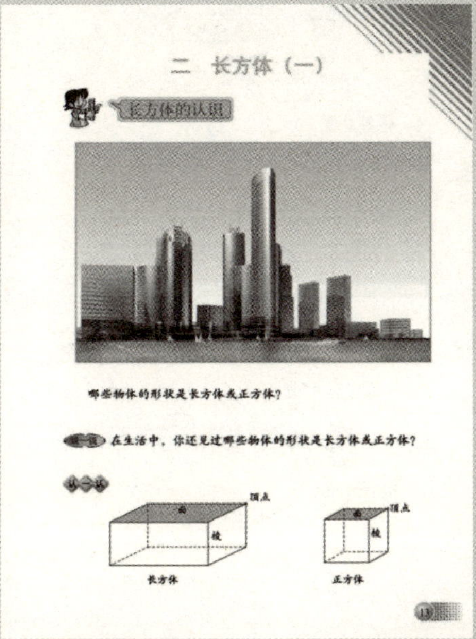

二　长方体（一）

长方体的认识

哪些物体的形状是长方体或正方体？

在生活中，你还见过哪些物体的形状是长方体或正方体？

13

试一试　长方体和正方体各有什么特点？与同学进行交流。

你还能找出其他特点吗？

	顶点	面			棱	
	个数	个数	形状	大小关系	条数	长度关系
（长方体图）						
（正方体图）						

14

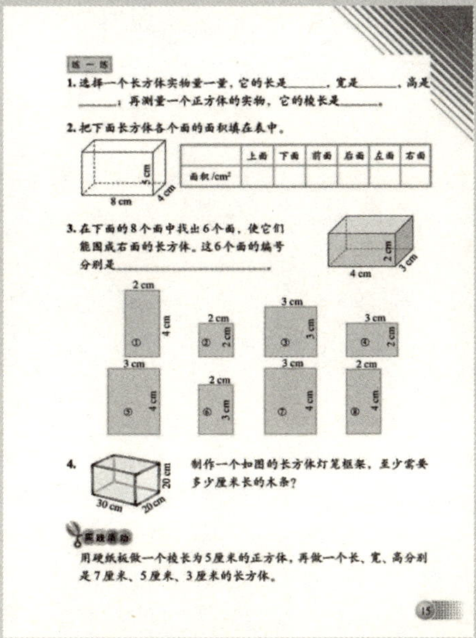

练一练

1. 选择一个长方体实物量一量，它的长是______，宽是______，高是______；再测量一个正方体的实物，它的棱长是______。

2. 把下面长方体各个面的面积填在表中。

	上面	下面	前面	后面	左面	右面
面积 /cm²						

3. 在下面的 8 个面中找出 6 个面，使它们能围成右面的长方体。这 6 个面的编号分别是______________。

4. 制作一个如图的长方体灯笼框架，至少需要多少厘米长的木条？

实践活动

用硬纸板做一个棱长为 5 厘米的正方体，再做一个长、宽、高分别是 7 厘米、5 厘米、3 厘米的长方体。

15

江苏教育出版社　六年级（上册）　2001 年

2 长方体和正方体

例1

说说生活中哪些物体的形状是长方体。

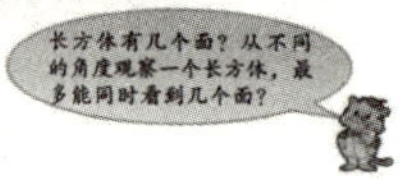

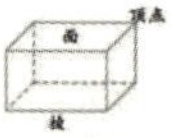

两个面相交的线叫做棱，三条棱相交的点叫做顶点。

长方体有几条棱和几个顶点？它的面和棱各有什么特征？看一看，量一量，比一比，先在小组交流，再填表。

长方体	面/个	棱/条	顶点/个
特　征			

10

长方体相交于同一顶点的三条棱的长度，分别叫做它的长、宽、高。

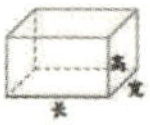

练一练

选择一个长方体实物，先指出它的面、棱和顶点，再量出它的长、宽、高。

例2 正方体有几个面、几条棱和几个顶点？它的面和棱各有什么特征？看一看，量一量，比一比，先在小组交流，再填表。

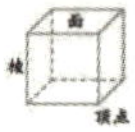

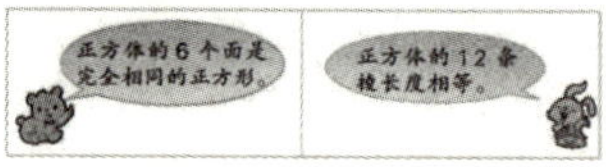

正方体	面/个	棱/条	顶点/个
特　征			

练一练

选择一个正方体实物，量出它的棱长。

11

例3 一个正方体纸盒，像下面这样依次沿着画有红线的棱剪开，就可以得到它的展开图。

试一试

拿一个长方体纸盒，沿着一些棱剪开，看看它的展开图，并与同学交流。

练一练

1. 把下面的长方体纸盒剪开，得到右边的展开图。你能在展开图上标出长方体的下面、后面和左面吗？

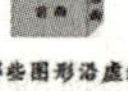

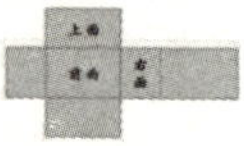

2. 下面哪些图形沿虚线折叠后能围成正方体？先想一想，再把第 121 页的图形剪下来试着折一折。

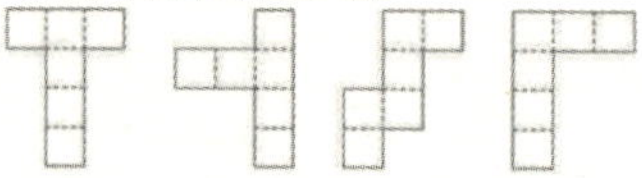

12

七　包装盒

——长方体和正方体

1

你能提出什么问题？

合作探索

长方体有哪些特点？

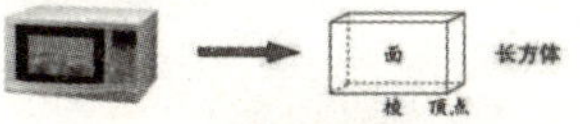

85

相交于一个顶点的三条棱的长度分别叫做长方体的长、宽、高。

正方体有哪些特点？

	面	棱	顶点
长方体	6个面 相对的面完全相同	12条棱 相对的棱长度相等	8个顶点
正方体			

想一想：正方体与长方体有什么联系与区别呢？

86

自主练习

1. 说一说。

（1）墨盒的上面是什么形状？与它相对的是哪个面？
（2）前面的长和宽各是多少？哪个面与它相同？
（3）哪个面的长是12厘米，宽是3厘米？

2. 说出每个长方体的长、宽、高各是多少。

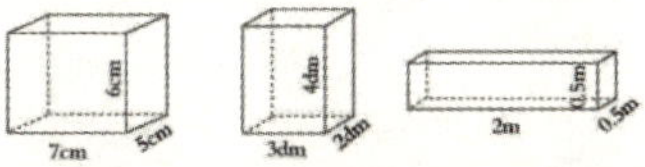

3. 量一量。

	[illegible]	[illegible]	……
长			
宽			
高			

以其中一种物品为例，说一说每个面的长和宽各是多少。

4. 哪几个面可以围成一个长方体？

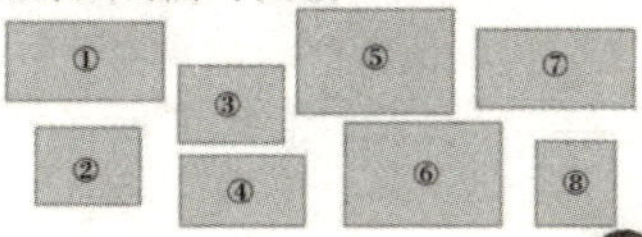

87

5. 选一选。

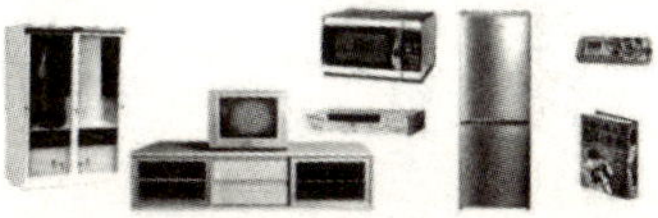

（1）一个物体长22厘米，宽10厘米，高2厘米。（选一学习用品）
（2）一个物体长4分米，宽3分米，高0.6分米。（选一家用电器）
（3）一个物体长1.2米，宽0.8米，高2米。（选一家具）

6. 用12个棱长是1厘米的小正方体摆成1个长方体。有几种不同的摆法？摆成的长方体的长、宽、高各是多少？

7.

一个长方体广告灯箱的长是5米，宽是0.5米，高是3米。灯箱的框架用铝条镶嵌。至少需要多少米铝条？

你知道吗？

方形西瓜

你见过方形西瓜吗？你知道它是怎样长成的吗？

瓜农们将幼瓜置于按一定规格做好的长方体形状的透明玻璃模具里，幼瓜最终就长成了方形西瓜。

这种瓜不仅为运输储藏带来方便，还会因外形奇特新颖而更加吸引消费者。

88

人民教育出版社　五年级下册　2001 年

3 长方体和正方体

1. 长方体和正方体的认识

我们周围许多物体的形状都是长方体或正方体（正方体也叫立方体）。

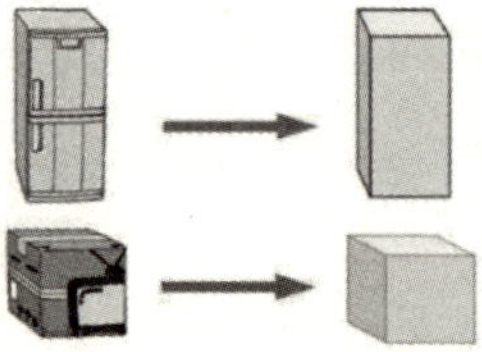

长方体

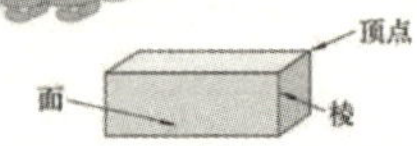

1 拿几个长方体的物品来观察，你能发现什么？

将小组同学的发现填在下面的表格中。

(1) 长方体有____个面。	(4) 长方体有____条棱。
(2) 每个面是什么形状的？____	(5) 哪些棱长度相等？____
(3) 哪些面是完全相同的？____	(6) 长方体有____个顶点。
	(7) 大家还有什么发现？____

通过以上的观察和讨论可以知道：长方体是由 6 个长方形（特殊情况有两个相对的面是正方形）围成的立体图形。在一个长方体中，相对的面完全相同，相对的棱长度相等。

2 用细木条和橡皮泥，小组同学共同做一个长方体的框架。

说一说，在制作的过程中你有什么发现？

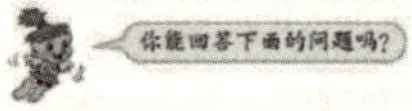

(1) 长方体的 12 条棱可以分成几组？
(2) 相交于同一顶点的三条棱长度相等吗？

相交于一个顶点的三条棱的长度分别叫做长方体的长、宽、高。

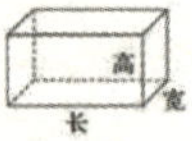

做一做

剪下附页 1 的图样。
(1) 把图样中完全相同的长方形涂上同样的颜色。
(2) 用这个图样做一个长方体。
(3) 量一量所做长方体的长、宽、高各是多少厘米。

正方体

拿一个正方体的物品来观察，想一想它有什么特点。

(1) 正方体的 6 个面________。
(2) 正方体的 12 条棱________。

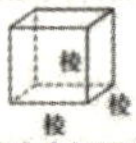

通过观察可以知道：正方体是由 6 个完全相同的正方形围成的立体图形。

做一做

剪下附页 2 的图样做一个正方体，再量出它的棱长是多少厘米。

正方体可以看成是长、宽、高都相等的长方体。我们可以用右图来表示长方体和正方体的关系。

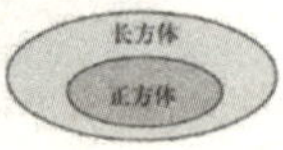

三、长方体　正方体

47

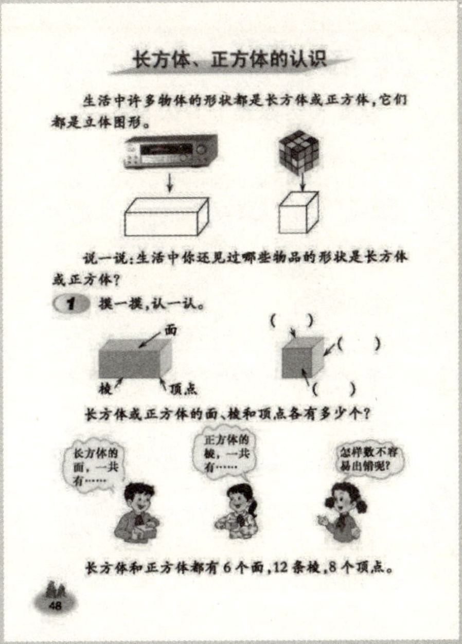

长方体、正方体的认识

生活中许多物体的形状都是长方体或正方体，它们都是立体图形。

说一说：生活中你还见过哪些物品的形状是长方体或正方体?

1 摸一摸，认一认。

长方体或正方体的面、棱和顶点各有多少个?

长方体和正方体都有 6 个面，12 条棱，8 个顶点。

48

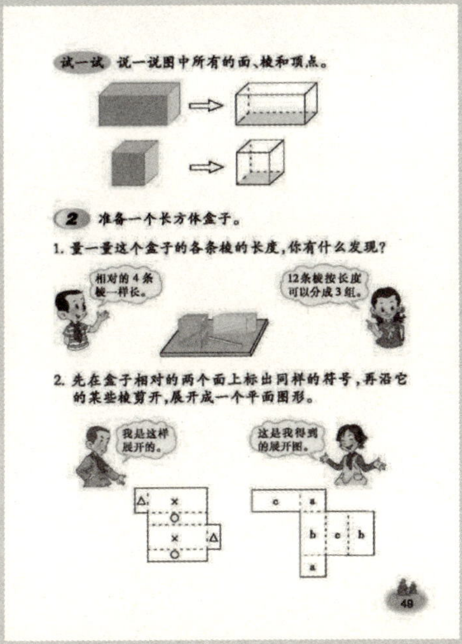

试一试 说一说图中所有的面、棱和顶点。

2 准备一个长方体盒子。

1. 量一量这个盒子的各条棱的长度，你有什么发现?

2. 先在盒子相对的两个面上标出同样的符号，再沿它的某些棱剪开，展开成一个平面图形。

49

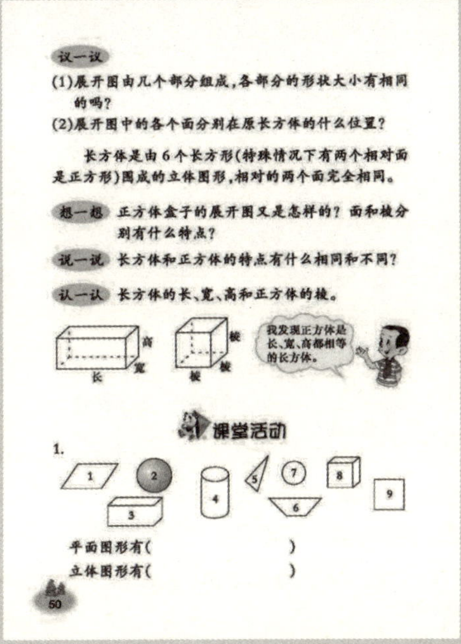

议一议

(1)展开图由几个部分组成，各部分的形状大小有相同的吗?

(2)展开图中的各个面分别在原长方体的什么位置?

长方体是由 6 个长方形(特殊情况下有两个相对面是正方形)围成的立体图形，相对的两个面完全相同。

想一想 正方体盒子的展开图又是怎样的? 面和棱分别有什么特点?

说一说 长方体和正方体的特点有什么相同和不同?

认一认 长方体的长、宽、高和正方体的棱。

课堂活动

1.

平面图形有(　　　　　　　　)

立体图形有(　　　　　　　　)

50

浙江教育出版社　五年级下册　2008 年

四 长方体和立方体

23 长方体和立方体的特征

观察与交流

1. 这些物体的表面是用什么图形围成的？哪些是长方体，哪些是立方体？

用长方形围成的物体是长方体。

用正方形围成的物体是立方体。立方体是特殊的长方体。

2. 取出一个长方体或一个立方体纸盒，照下图那样剪开。你发现了什么？

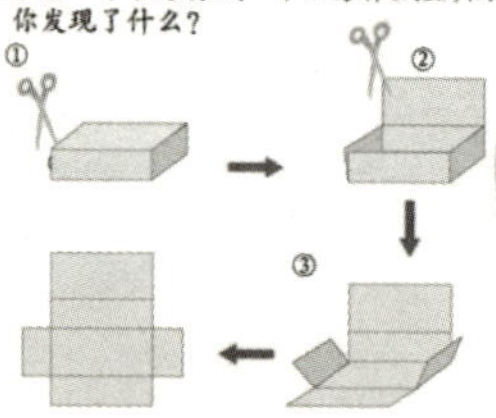

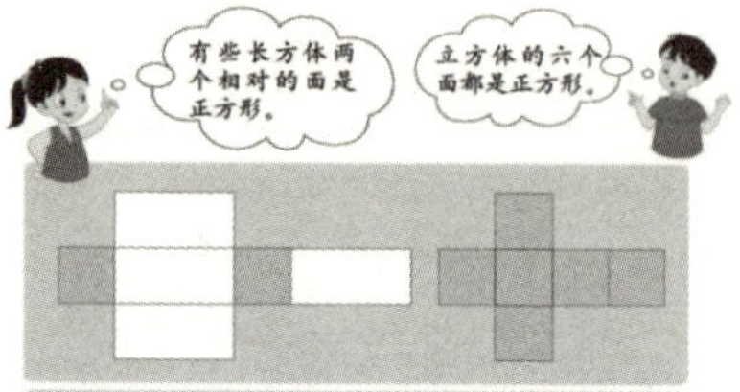

相邻两个面公共的边叫做棱。平行的四条棱长短相等。

三条棱相交的点叫顶点。相交成一个顶点的三条棱，分别叫长、宽、高。

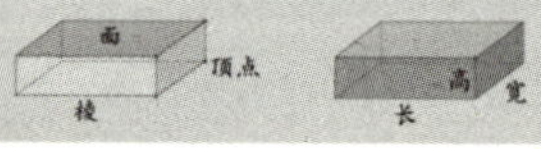

操作与交流

1. 用小圆球(顶点)和四种不同长度的小棒(棱)(分别以 A，B，C，D 表示)，制作长方体、立方体模型。

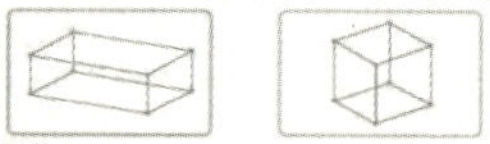

制作要求：

(1) 每组制作一个长方体和一个立方体。

(2) 制作前先小组讨论，填好领料单。

领 料 单

模型	顶点(小圆球)	棱(小棒)			
		A	B	C	D
长方体	个	条	条	条	条
立方体	个	条	条	条	条

(3) 按领料单领取材料。

(4) 制作完成后，讨论棱和顶点有什么特点。如果材料不够或有多余，请说明为什么。

2. 归纳长方体和立方体的特征，并填表。

	长方体	立方体
面		
棱		
顶点		

练习与应用

1. 下面的平面图形哪些能围成长方体或立方体？在○里打✓。

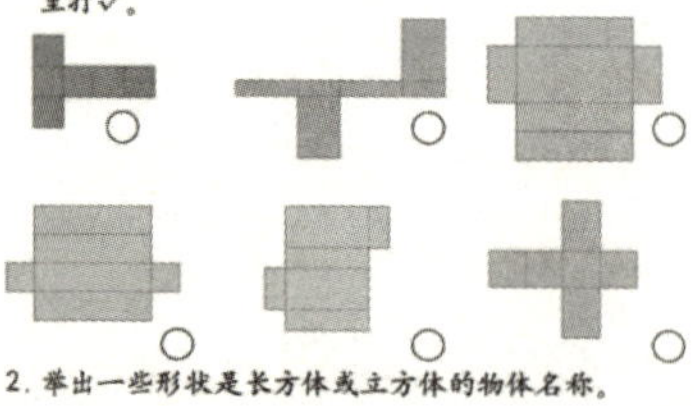

2. 举出一些形状是长方体或立方体的物体名称。

2　根据实验稿课标编写的“长方体的表面积”教材图片

（按出版社名称音序排列）

北京师范大学出版社　五年级下册　2001 年

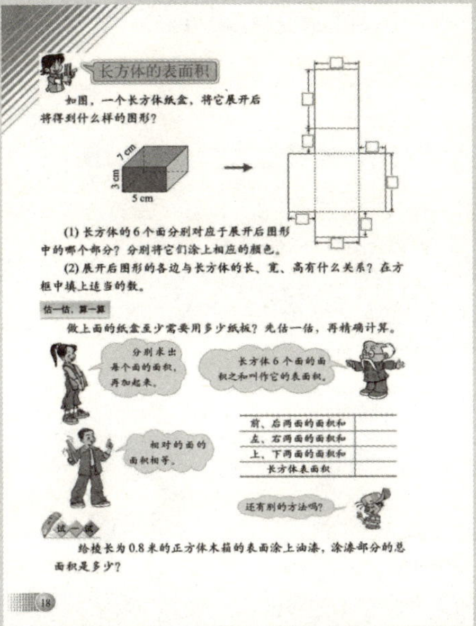

长方体的表面积

如图，一个长方体纸盒，将它展开后将得到什么样的图形？

(1) 长方体的6个面分别对应于展开后图形中的哪个部分？分别将它们涂上相应的颜色。

(2) 展开后图形的各边与长方体的长、宽、高有什么关系？在方框中填上适当的数。

估一估，算一算

做上面的纸盒至少需要用多少纸板？先估一估，再精确计算。

前、后两面的面积和	
左、右两面的面积和	
上、下两面的面积和	
长方体表面积	

试一试

给棱长为0.8米的正方体木箱的表面涂上油漆，涂漆部分的总面积是多少？

18

练一练

1. 求下列图形的表面积。（单位：厘米）

2. 一个长方体的饮料盒（如图），它的长、宽、高分别是6.5厘米、3.8厘米、10.5厘米。如果围着它贴一圈商标纸（上、下面不贴），这张商标纸的面积至少是多少？

3. 某型号电视机，底面长40厘米，宽35厘米，高30厘米。要给电视机做一个布罩，至少需要多大面积的布？

4. 一个无盖玻璃鱼缸的形状是正方体，棱长为3分米。制作这个鱼缸至少需要多大面积的玻璃？

5. 小兰的房间长3.5米，宽3米，高3米。除去门窗4.5米²，房间的墙壁和房顶都贴上墙纸。这个房间至少需要多大面积的墙纸？

6. 包装如图的长方体纸盒，你准备选择下面哪一种尺寸的包装纸？与同伴交流理由。（单位：厘米）

19

江苏教育出版社　六年级（上册）　2001 年

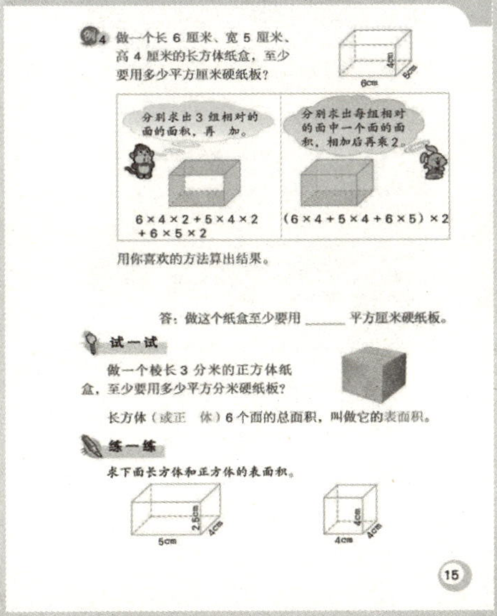

例4 做一个长 6 厘米、宽 5 厘米、高 4 厘米的长方体纸盒，至少要用多少平方厘米硬纸板？

用你喜欢的方法算出结果。

答：做这个纸盒至少要用 ______ 平方厘米硬纸板。

试一试

做一个棱长 3 分米的正方体纸盒，至少要用多少平方分米硬纸板？

长方体（或正　体）6 个面的总面积，叫做它的表面积。

练一练

求下面长方体和正方体的表面积。

15

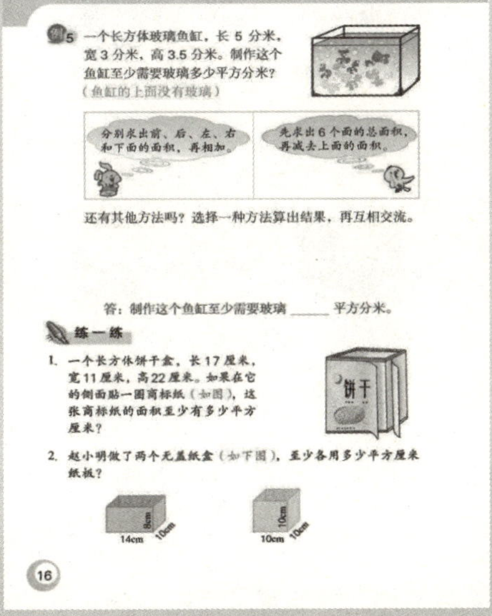

例5 一个长方体玻璃鱼缸，长 5 分米，宽 3 分米，高 3.5 分米。制作这个鱼缸至少需要玻璃多少平方分米？（鱼缸的上面没有玻璃）

还有其他方法吗？选择一种方法算出结果，再互相交流。

答：制作这个鱼缸至少需要玻璃 ______ 平方分米。

练一练

1. 一个长方体饼干盒，长 17 厘米，宽 11 厘米，高 22 厘米。如果在它的侧面贴一圈商标纸（如图），这张商标纸的面积至少有多少平方厘米？

2. 赵小明做了两个无盖纸盒（如下图），至少各用多少平方厘米纸板？

16

青岛出版社　五年级下册　2003 年

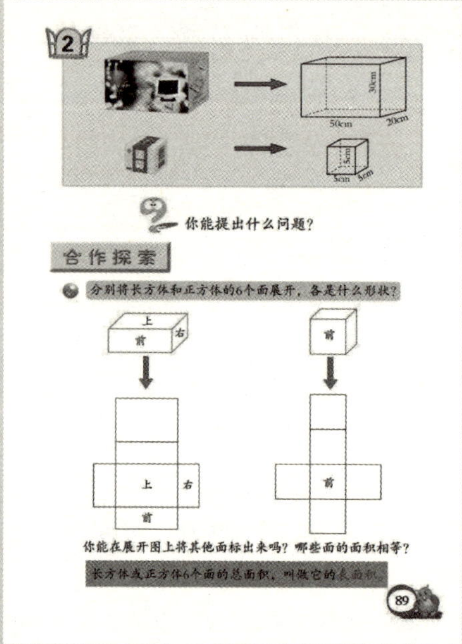

2

50cm　20cm　30cm

5cm　5cm　5cm

你能提出什么问题?

合作探索

分别将长方体和正方体的6个面展开，各是什么形状?

上　前　右

前

上　右　前

前

你能在展开图上将其他面标出来吗? 哪些面的面积相等?

长方体或正方体6个面的总面积，叫做它的表面积。

89

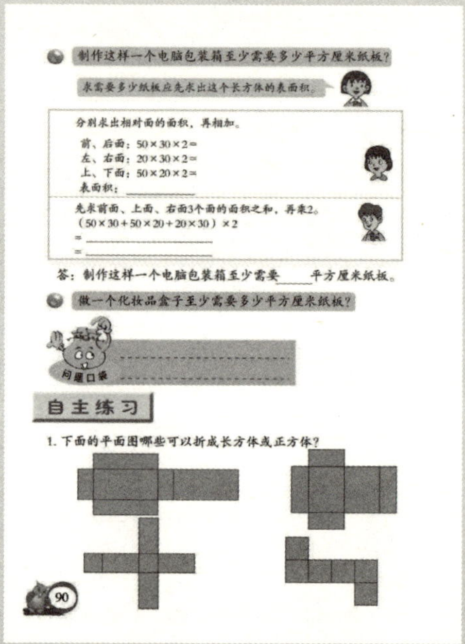

制作这样一个电脑包装箱至少需要多少平方厘米纸板?

求需要多少纸板应先求出这个长方体的表面积。

分别求出相对面的面积，再相加。

前、后面：50×30×2=

左、右面：20×30×2=

上、下面：50×20×2=

表面积：______

先求前面、上面、右面3个面的面积之和，再乘2。

（50×30+50×20+20×30）×2

=______

=______

答：制作这样一个电脑包装箱至少需要____平方厘米纸板。

做一个化妆品盒子至少需要多少平方厘米纸板?

问题口袋

自主练习

1. 下面的平面图哪些可以折成长方体或正方体?

90

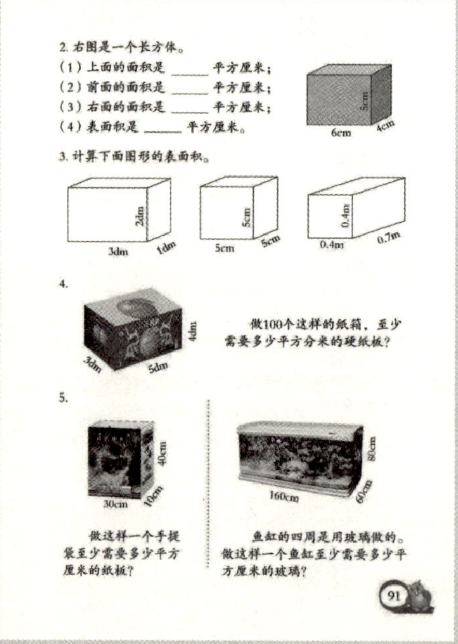

2. 右图是一个长方体。

（1）上面的面积是 ______ 平方厘米；

（2）前面的面积是 ______ 平方厘米；

（3）右面的面积是 ______ 平方厘米；

（4）表面积是 ______ 平方厘米。

6cm　4cm　5cm

3. 计算下面图形的表面积。

3dm　1dm　2dm　　5cm　5cm　5cm　　0.4m　0.7m　0.4m

4.

3dm　5dm　4dm

做100个这样的纸箱，至少需要多少平方分米的硬纸板?

5.

30cm　10cm　40cm

做这样一个手提袋至少需要多少平方厘米的纸板?

160cm　60cm　80cm

鱼缸的四周是用玻璃做的。做这样一个鱼缸至少需要多少平方厘米的玻璃?

91

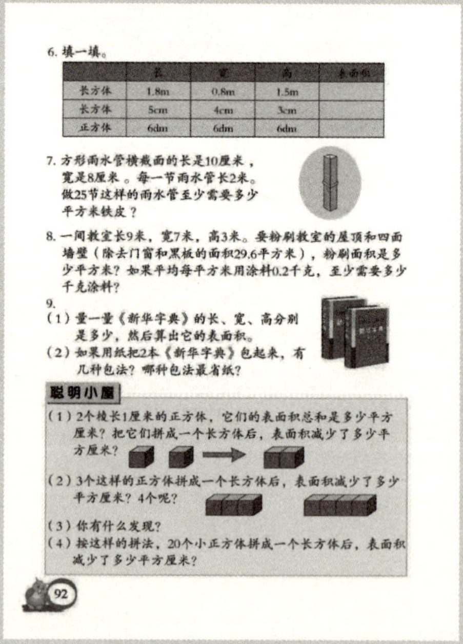

6. 填一填。

	长	宽	高	表面积
长方体	1.8m	0.8m	1.5m	
长方体	5cm	4cm	3cm	
正方体	6dm	6dm	6dm	

7. 方形雨水管横截面的长是10厘米，宽是8厘米。每一节雨水管长2米。做25节这样的雨水管至少需要多少平方米铁皮？

8. 一间教室长9米，宽7米，高3米。要粉刷教室的屋顶和四面墙壁（除去门窗和黑板的面积29.6平方米），粉刷面积是多少平方米? 如果平均每平方米用涂料0.2千克，至少需要多少千克涂料?

9.

（1）量一量《新华字典》的长、宽、高分别是多少，然后算出它的表面积。

（2）如果用纸把2本《新华字典》包起来，有几种包法? 哪种包法最省纸?

聪明小屋

（1）2个棱长1厘米的正方体，它们的表面积总和是多少平方厘米? 把它们拼成一个长方体后，表面积减少了多少平方厘米?

（2）3个这样的正方体拼成一个长方体后，表面积减少了多少平方厘米? 4个呢?

（3）你有什么发现?

（4）按这样的拼法，20个小正方体拼成一个长方体后，表面积减少了多少平方厘米?

92

2. 长方体和正方体的表面积

把一个长方体或正方体的纸盒展开是什么形状的呢？

把长方体和正方体的6个面分别展开，如下图。

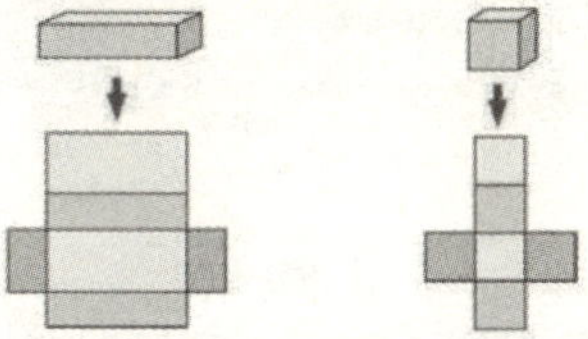

请在上面的展开图中，分别用“上”“下”“前”“后”“左”“右”标明6个面。

观察长方体展开图，哪些面的面积相等？每个面的长和宽与长方体的长、宽、高有什么关系？

长方体或正方体6个面的总面积，叫做它的表面积。

日常生活和生产中，经常需要计算一些长方体或正方体的表面积。

1 做一个微波炉的包装箱（如右图），至少要用多少平方米的硬纸板？

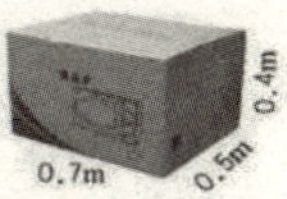

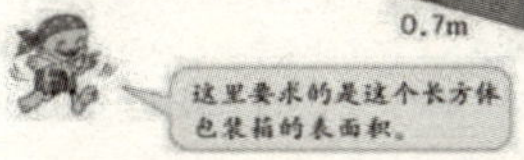

上、下每个面，长____，宽____，面积是____；
前、后每个面，长____，宽____，面积是____；
左、右每个面，长____，宽____，面积是____。

这个包装箱的表面积是：

____
=____________________
=____________________ (m^2)

答：至少要用______ m^2 硬纸板。

说一说：你是怎么计算的？

做一做

亮亮家要给一个长0.75m，宽0.5m，高1.6m的简易衣柜换布罩（如右图，没有底面）。至少需要用布多少平方米？

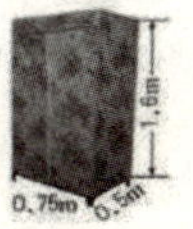

2 一个正方体礼品盒，棱长1.2dm，包装这个礼品盒至少用多少平方分米的包装纸？

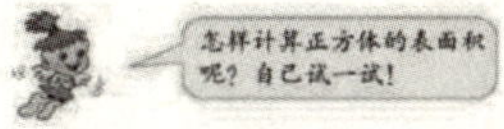

____
=____________________ (dm^2)

做一做

一个玻璃鱼缸的形状是正方体，棱长3dm。制作这个鱼缸时至少需要玻璃多少平方分米？（鱼缸的上面没有盖。）

几何学和欧几里得

几何学是数学学科的一个重要分支，它主要研究空间图形的有关问题。古希腊数学家欧几里得的著作《几何原本》在数学发展史上有着深远的影响。该书从17世纪初开始传入我国。

欧几里得

西南师范大学出版社 五年级（下） 2001 年

长方体、正方体的表面积

下面这些立体图形的表面是由几个面组成的？每个面各是什么形状？

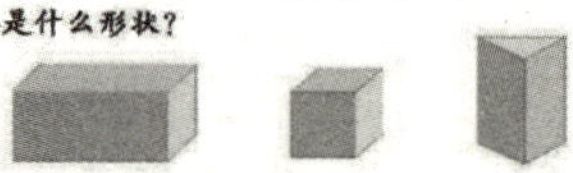

一个物体表面所有面的面积之和叫做它的表面积。

长方体的表面积是（　　）个面的面积之和。正方体的表面积呢？

1 制作右面这样一个长方体纸盒。至少要用多少 cm^2 的纸板？

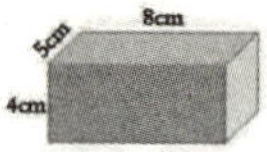

这是一个计算长方体表面积的问题，怎样算呢？

(4×8+5×8+5×4)×2
=

答：至少要用______cm^2 的纸板。

议一议 还有哪些算法？

53

2

25×35×2+____________________
=

答：至少需要________cm^2 的纸。

试一试 做这样一个灯笼（上、下都是空的），至少需要用多少红绸？

议一议 还有不同的算法吗？

说一说 在解决与长方体、正方体表面积有关的实际问题时，应当注意些什么？

课堂活动

1. 用 8 个棱长 1cm 的小正方体摆成不同形状的长方体或正方体。
   (1) 猜一猜它们的表面积会相等吗？
   (2) 摆一摆，算一算。
   (3) 表面积的大小是否与摆成的形状有关系？

54

2. 拿出一个长方体的盒子。
   (1)量一量，算出它的表面积（计算结果保留整数）。
   (2)将你的算法和同伴交流。
3. 如果要给本册数学课本做一个书皮，量一量，算一算，至少要用多少 cm^2 的书皮纸？

练习十一

1. 一个长方体的大小如右图。
   (1)它的上、下两个面的面积共________dm^2。
   (2)它的前、后两个面的面积共________dm^2。
   (3)它的左、右两个面的面积共________dm^2。
   (4)它的表面积是________dm^2。

2. 计算下面长方体和正方体的表面积。
   （单位：cm）

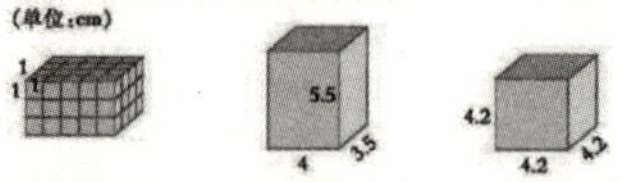

图 1　　图 2　　图 3

3. 一个长方体铁盒，长 12cm、宽 10cm、高 8cm。一个正方体铁盒的棱长是 10cm。做这两种铁盒哪种用料少些？
4. 某种电冰箱的包装箱形状是一个没有底面的长方体。做这个包装箱至少要用多少 cm^2 的纸板？

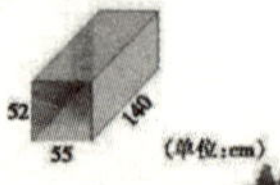

（单位：cm）

55

5. 小珂有一套书共 4 本，每本书长 21cm、宽 14cm、厚 5cm，她打算为这套书做一个盒套（如图）。做这样一个盒套至少需要用多少 cm^2 的硬纸板？

6. 暑假里，希望小学计划将全校的 12 间教室全部粉刷一遍。每间教室长 10m、宽 7m、高 3.5m，要粉刷教室的屋顶和四面墙壁（每间教室要除去门窗和黑板面 $27.5m^2$）。
   (1) 要粉刷的部分共有多少 m^2？
   (2) 1kg 涂料能粉刷 $4m^2$ 的墙面，至少要买多少 kg 的涂料？
   (3) 如果涂料的价格是 15 元/千克，学校买涂料至少应当准备多少钱（计算结果保留到百位）？

思考题

上面 3 堆积木，分别是由多少个小正方体堆成的？露在外面的面积各是多少 cm^2？如果照这样堆成 4 层呢？你发现了哪些规律？

56

表面积　24

观察与提问

思考与交流

1. 长方体的纸盒长6厘米，宽5厘米，高4厘米。用装饰纸贴面，求这个长方体的表面积。

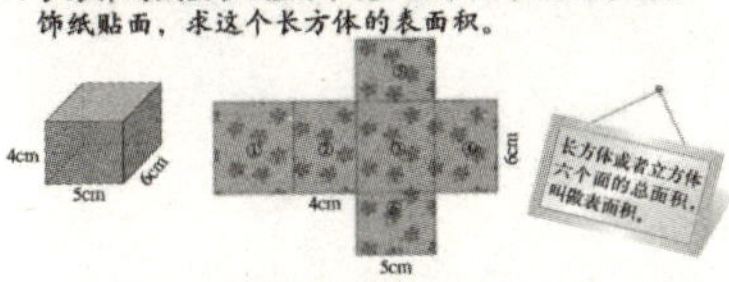

上、下(①、③)两个面的面积：$6 \times 5 \times 2 =$ ____ (cm^2)
前、后(⑤、⑥)两个面的面积：$5 \times 4 \times 2 =$ ____ (cm^2)
左、右(②、④)两个面的面积：$6 \times 4 \times 2 =$ ____ (cm^2)
长方体的表面积：____ + ____ + ____ = ____ (cm^2)

也可以这样计算：

$(6 \times 5 + 6 \times 4 + 5 \times 4) \times 2 = 74 \times 2 = 148(cm^2)$

答：它的表面积是148平方厘米。

97

长方体表面积的计算方法：

(长 × 宽 + 长 × 高 + 宽 × 高) × 2

用 a, b, c 分别表示长、宽、高，S 表示表面积，求长方体表面积的公式是：

$$S = (a \times b + a \times c + b \times c) \times 2$$

2. 一个立方体的棱长为4厘米，怎样计算它的表面积？

由于立方体六个面相等，而且是正方形，棱长为4厘米，就是正方形边长为4厘米，所以表面积是：

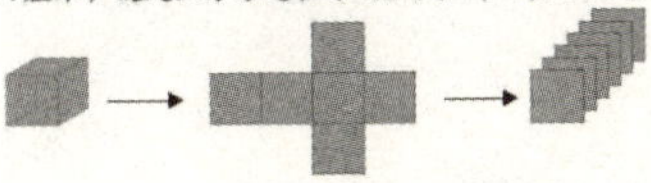

$4 \times 4 \times 6 = 96$ (平方厘米)

答：它的表面积是96平方厘米。

用 a 表示棱长，S 表示表面积，求立方体表面积的公式是：

$$S = a^2 \times 6$$

练习与应用

1. 一个长方体铁盒，长18厘米，宽15厘米，高12厘米。做这个铁盒至少要用多少平方厘米的铁皮？

2. 用硬纸做两个盒子，一个是立方体，棱长为4厘米；另一个是长方体，长、宽、高分别是4厘米、3厘米、5厘米。哪一个盒子的表面积大？大多少平方厘米？

98

3 根据实验稿课标编写的“长方体的体积”教材图片

（按出版社名称音序排列）

北京师范大学出版社 五年级下册 2001 年

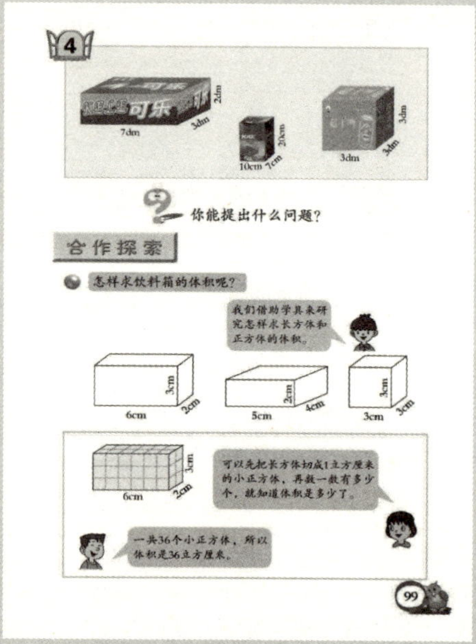

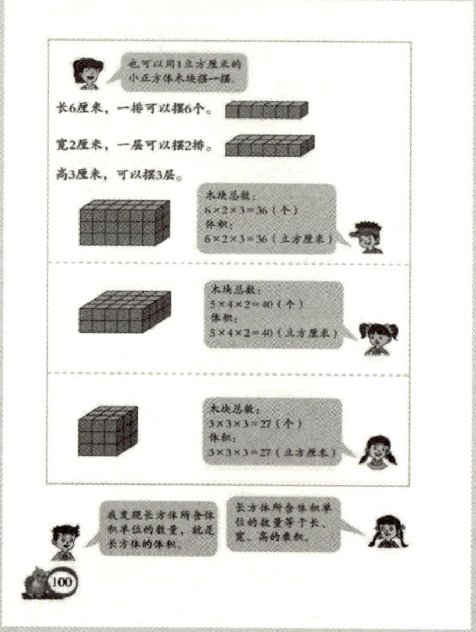

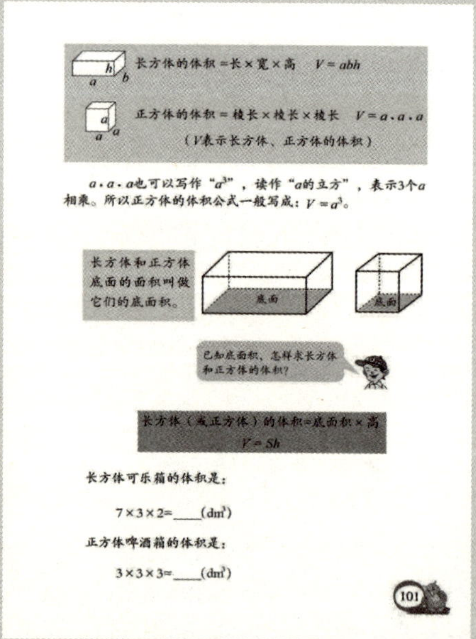

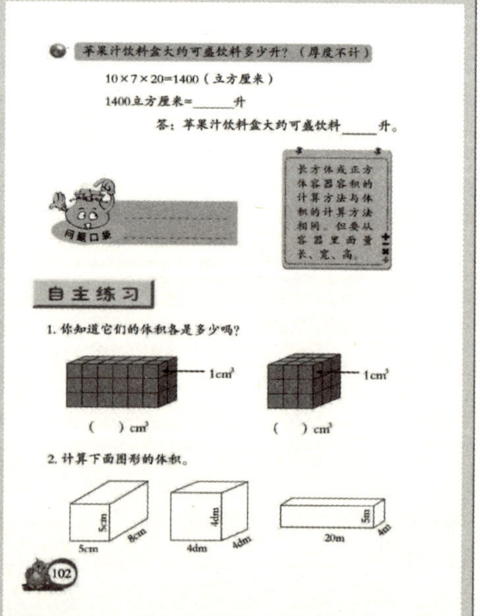

例9 用若干个 1 立方厘米的正方体摆出 4 个不同的长方体，并填写下表。

	长 / cm	宽 / cm	高 / cm	正方体的个数	体积 / cm^2
长方体①					
长方体②					
长方体③					
长方体④					

例10 用 1 立方厘米的正方体摆出下面的长方体，各需要多少个？先想一想，再摆一摆。

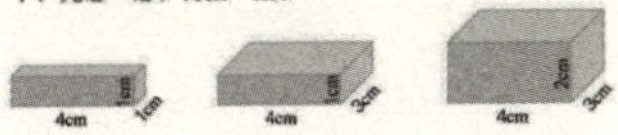

从例9、例10中，你发现长方体的体积与它的长、宽、高有什么关系？怎样求长方体的体积？在小组里交流。

长方体的体积＝长×宽×高

如果用 V 表示长方体的体积，用 a、b、h 分别表示长方体的长、宽、高，上面的公式可以写成：

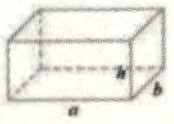

$$V=abh$$

正方体的棱长有什么特点？怎样求正方体的体积？在小组里交流。

正方体的体积＝棱长×棱长×棱长

如果用 V 表示正方体的体积，用 a 表示正方体的棱长，上面的公式可以写成：

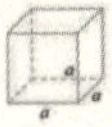

$$V=a\cdot a\cdot a$$

$a\cdot a\cdot a$ 也可以写成"a^3"，读作"a 的立方"，表示三个 a 相乘。正方体的体积公式一般写成：

$$V=a^3$$

试一试

算出右边两个包装盒的体积各是多少立方厘米。

练一练

1. 用 1 立方厘米的正方体摆成下面的长方体和正方体。
（1）长方体的长、宽、高各是多少？正方体的棱长呢？
（2）它们的体积各是多少？

2. 计算。
3^3　　5^3　　1^3　　10^3　　0.1^3

长方体和正方体底面的面积，叫做它们的底面积。

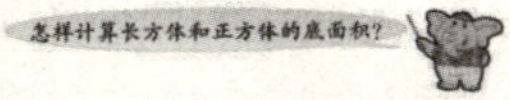

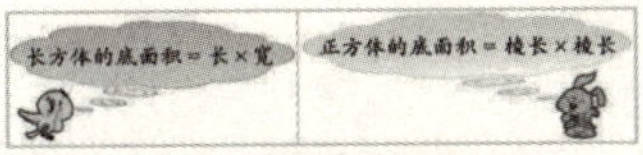

长方体和正方体的体积也可以这样来计算：

长方体（或正方体）的体积＝底面积×高

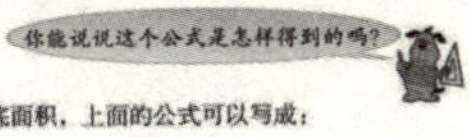

如果用 S 表示底面积，上面的公式可以写成：

$$V=Sh$$

练一练

1. 先计算长方体和正方体的底面积，再计算它们的体积。

2. 一个长方体的底面积是 15 平方厘米，高是 6 厘米。求它的体积。

青岛出版社　五年级下册　2003 年

长方体的体积

想一想 长方形的面积与长和宽有关，长方体的体积可能与什么有关？

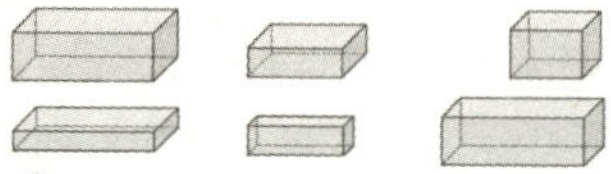

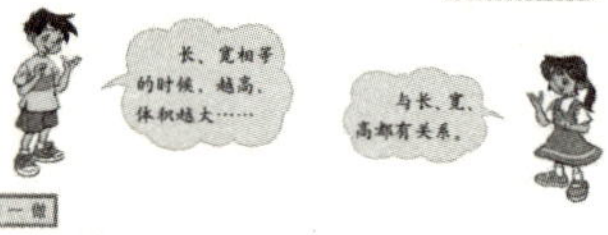

做一做

用一些相同的小正方体（棱长1厘米）摆出4个不同的长方体，记录它们的长、宽、高，并完成下表。

	长/cm	宽/cm	高/cm	小正方体数量/个	体积/cm^3
第一个长方体					
第二个长方体					
第三个长方体					
第四个长方体					

观察长方体的体积与它的长、宽、高有什么关系，与同学说一说你发现了什么。

长方体的体积＝长×宽×高

$V = a \times b \times h$

46

说一说 如何计算正方体的体积？与同学交流你的想法。

正方体的体积＝棱长×棱长×棱长

$V = a \times a \times a$

$= a^3$

试一试

1. 求下列图形的体积。（单位：分米）

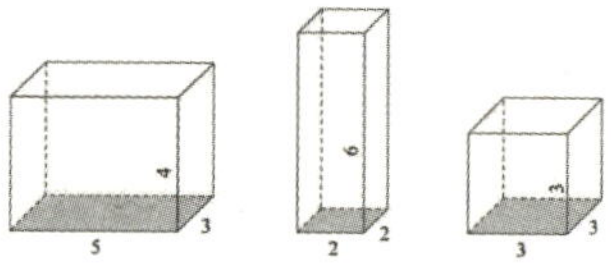

阴影部分的面积是上面各个图形底面的面积，称为底面积。想一想，知道了底面积和高，如何计算长方体（正方体）的体积？

长方体（正方体）的体积＝底面积×高

$V = s \times h$

2. 填一填。

长（正）方体					
	底面积/cm^2	10	25		9
	高/cm	8	6	7	
	体积/cm^3			105	37.8

47

人民教育出版社　五年级下册　2001 年

做一做

1. 说一说1cm、1cm^2、1cm^3分别是用来计量什么量的单位，它们有什么不同？

2. 下面两个长方体是用棱长1cm^3的小正方体拼成的，说出它们的体积各是多少。

怎样知道一个长方体的体积是多少呢？

大家动手做试验：用体积为1cm^3的小正方体摆成不同的长方体。

说一说你是怎么摆的。

40

(1) 把小组内摆法不同的长方体的相关数据填入下表。

长	宽	高	小木块的数量	长方体的体积

(2) 观察上表，你发现了什么？

长方体的体积＝＿＿＿＿＿＿＿＿

如果用字母V表示长方体的体积，用a、b、h分别表示长方体的长、宽、高，那么长方体的体积公式可以写成：

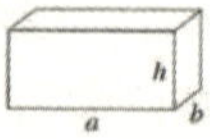

$V = abh$

41

1 一个长方体，长 7cm，宽 4cm，高 3cm，它的体积是多少？

$V=abh=7\times4\times3=$ ______ (cm^3)

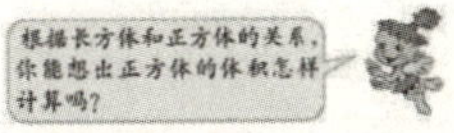

正方体的体积＝______________

如果用字母 V 表示正方体的体积，用 a 表示它的棱长，那么正方体的体积公式可以写成：

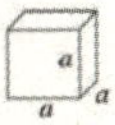

$V=a\cdot a\cdot a$

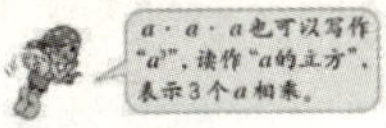

正方体的体积公式一般写成：

$V=a^3$

2 一块正方体的石料，棱长是 6dm，这块石料的体积是多少立方分米？

$V=a^3=6^3=6\times6\times6=$ ______ (dm^3)

答：这块石料的体积是 ______ dm^3。

长方体或正方体底面的面积叫做底面积。

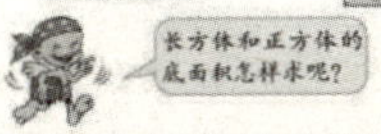

长方体的体积＝长×宽×高（长×宽：底面积）　正方体的体积＝棱长×棱长×棱长（棱长×棱长：底面积）

所以，长方体和正方体的体积也可以这样来计算。

长方体（或正方体）的体积＝底面积×高

如果用字母 S 表示底面积，上面的公式可以写成：

$V=Sh$

做一做

1．计算下面长方体和正方体的体积。

2．一根长方体木料，长 5m，横截面的面积是 $0.06m^2$。这根木料的体积是多少？

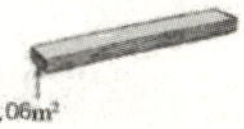

西南师范大学出版社　五年级（下）　2001 年

长方体和正方体的体积计算

1 用一些体积为 $1cm^3$ 的正方体积木拼长方体。

	长(cm)	宽(cm)	高(cm)	体积(cm^3)
长方体(1)				
长方体(2)				
长方体(3)				

说一说　从表中你发现了什么？

长方体的体积＝长×宽×高

如果长方体的体积用 V 表示，它的长、宽、高分别用 a,b,h 表示，那么，这个长方体的体积公式可以写成

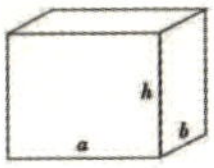

$V=a\cdot b\cdot h$

如果用一些体积为 $1cm^3$ 的正方体积木拼一个长方体模型（如图 2），那么，$a\cdot b$ 就表示模型中一层积木的个数（如图 1），h 就表示模型中积木层数。

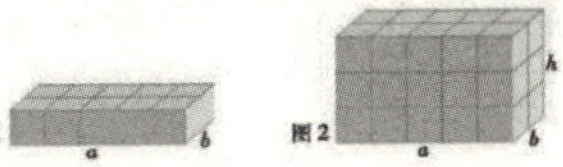

图 1　图 2

想一想　如何求正方体的体积？

正方体的体积＝棱长×棱长×棱长

如果正方体的体积用 V 表示，棱长用 a 表示，那么，它的体积公式可以写为

$V=a\cdot a\cdot a$

$a\cdot a\cdot a$ 也可以写作“a^3”，读作“a 的立方”，表示 3 个 a 相乘。一般地，正方体的体积公式可以写成

$V=a^3$

2 怎样计算这个电脑包装箱的体积？

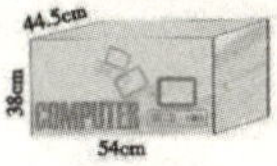

$V=54\times44.5\times38$

$=$

$=$

课堂活动

量一量，算一算。

文具盒的体积有多大？教室的空间有多大？

浙江教育出版社　五年级下册　2008 年

26 长方体与立方体的体积

观察与提问

长×宽×高：
100cm × 100cm × 100cm
是什么意思？

集装箱的体积有多大？

思考与交流

怎样求长方体的体积？我们一起来研究。

(1) 猜想。

用1立方厘米的立方体摆出长方体，摆几个就是几立方厘米。

长方形的面积与长和宽有关，长方体的体积与它的长、宽、高有关。

(2) 操作。用24个1立方厘米的立方体，摆成各种各样的长方体。

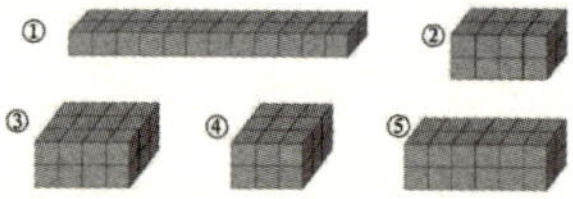

(3) 发现。找出体积是24立方厘米的长方体，观察它们的长、宽、高与体积的关系。

长/cm			
宽/cm			
高/cm			
体积/cm^3	24		

①号图形：12 × 2 × 1 = 24
③号图形：4 × 3 × 2 = 24
……

长方体的体积＝长×宽×高

(4) 验证。

②号图形：长×宽×高＝4 × 2 × 2，体积是16。

如果用字母V表示长方体的体积，用a,b,h分别表示长方体的长、宽、高，上面的公式可以写成：

$$V = a \cdot b \cdot h。$$

(5) 回顾。我们是怎样研究得出长方体体积的计算方法的？

怎样求立方体的体积？

长、宽、高相等的长方体，也就是棱长相等的立方体。

立方体的体积＝棱长×棱长×棱长

如果用字母V表示立方体的体积，用a表示它的棱长，那么上面的公式可以写成：

$$V = a \cdot a \cdot a。$$

$a \cdot a \cdot a$也可写成“a^3”，读做“a的立方”，表示三个a相乘，所以立方体的体积公式一般写成：

$$V = a^3。$$

练习与应用

1. 每个小立方体的体积都是1立方厘米，求下列长方体的体积。

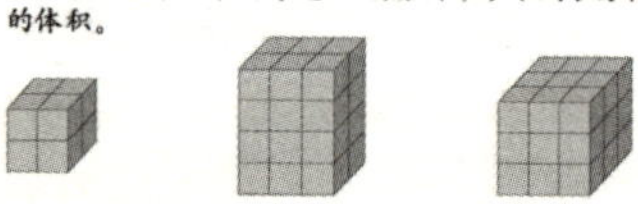

2. 计算下列长方体的体积。

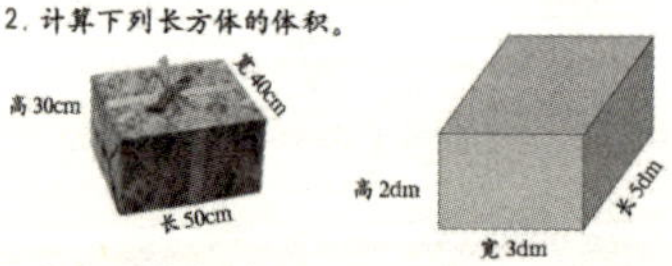

3. 每个小立方体的体积是1立方分米？哪一堆所占空间大？大多少？

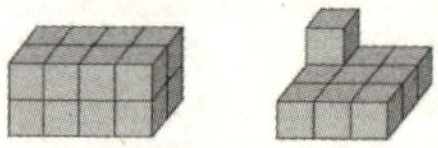

长方体长与宽的乘积是它的底面积，所以长方体的体积也可以表示为：
$V = S \cdot h$

4. 测量几个长方体物体的长、宽和高，计算它们的体积。

物体名称				
长/cm				
宽/cm				
高/cm				
体积/cm^3				

实践活动

4　“长方体的认识”前测卷

1. 你觉得怎样的图形叫作长方体？怎样的图形叫作正方体？

2. 你认为长方体有哪些特征？你认为正方体有哪些特征？

3. 你能否举出一些形状是长方体的物体？你能否举出一些形状是正方体的物体？

4. 哪些展开图能折叠成一个正方体？请你在展开图上打“★”。

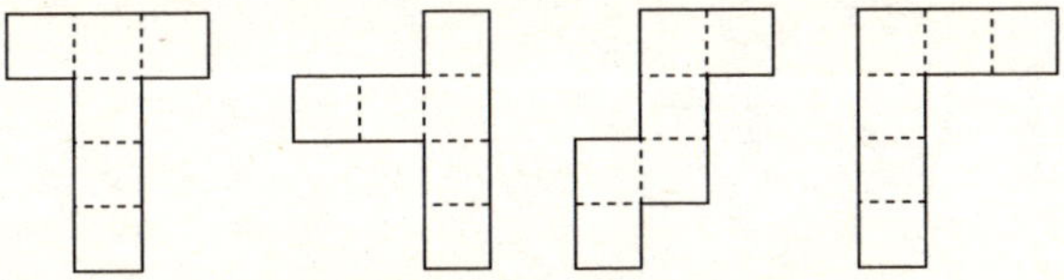

5. 把下面的长方体、正方体和相应的展开图用线连起来。

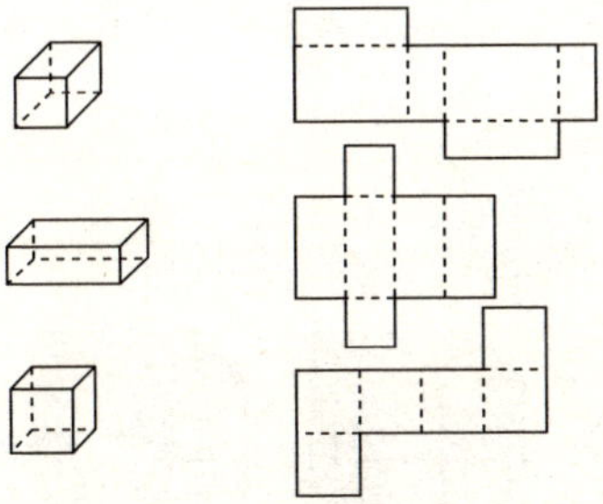

6. 下面五种形状的硬纸各有若干张，选择哪几种，每种选几张，正好可以围成一个长方体或正方体？

5 “长方体的表面积”前测卷

亲爱的同学们，老师提供你一份练习卷，请仔细看题，认真思考，独立完成。因为老师想知道你对长方体方面知识的了解情况，为我们继续学习做好准备。

一、回答下面的问题。

1. 在生活中你听说过“表面积”这个词吗？如果听到过，在哪里？

2. 你知道什么叫长方体的表面积吗？能不能用自己的话写一写你对这个概念的理解？

二、看图算一算。

3. 求下列各长方体的表面积。(单位：cm)

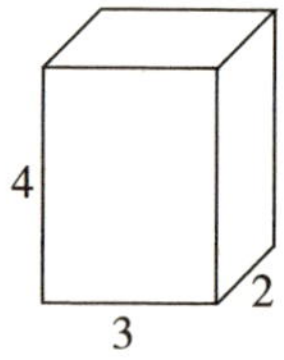

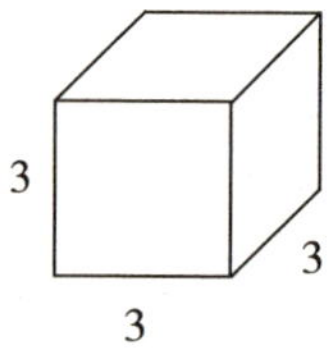

三、看看、想想、填括号。

4. 请选择，将正确的序号填在（　　）里。

(1) 用两个棱长均为 1 厘米的小立方体拼成一个长方体，长方体的表面积比原来两个小立方体表面积之和（　　）

A 减少了　　　B 增加了　　　C 不变

(2) 如右图，甲乙两个立体图形，比较它们的表面积，正确的结果是（　　）

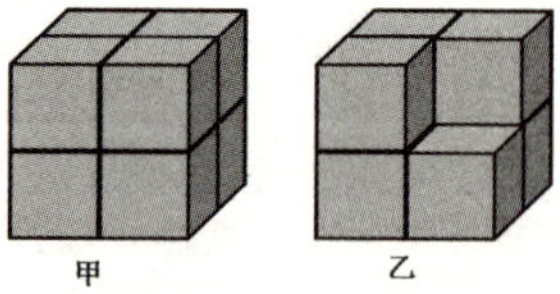

A 甲 > 乙　　　B 甲 < 乙　　　C 甲 = 乙　　　D 无法确定

(3) 一个长 5 厘米，宽 1 厘米，高 3 厘米的长方体，被切去一块后（见下图），剩下部分的表面积比原来（　　）

A 减少了　　　B 增加了　　　C 不变

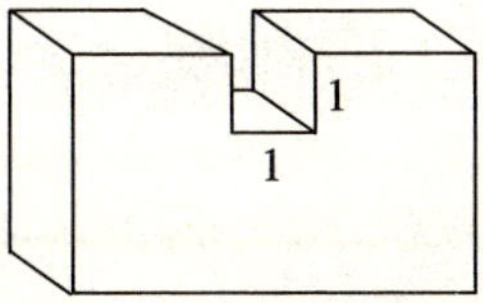

（4）一个棱长是5厘米的立方体（见下图），在它的前后、左右、上下的每个面的中心位置各挖去一个棱长是1厘米的小立方体。剩下图形的表面积和原来比较（　　）

A 减少了　　B 增加了　　C 不变

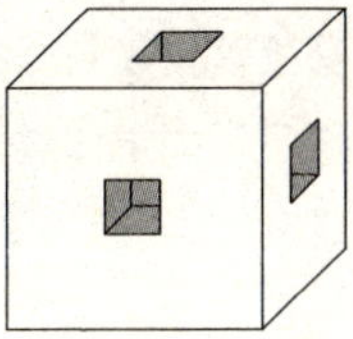

6　“长方体的体积”前测卷

亲爱的同学，这个学期我们将要学习长方体的体积，在学习之前，老师想要了解你对长方体的体积有多少认识，是否会计算长方体的体积，以便我们能更好地学习这方面的知识。请你认真读题、独立完成。

1. 你听说过体积吗？生活中，哪里需要用到体积？
2. 你知道怎样计算长方体的体积吗？如果知道，请写一写。
3. 棱长是 1 米的立方体，体积是（　　）。
棱长是 1 分米的立方体，体积是（　　）。
棱长是 1 厘米的立方体，体积是（　　）。
4. 求出下面两个图形的体积。(单位：厘米)

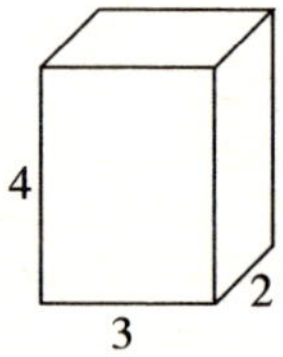

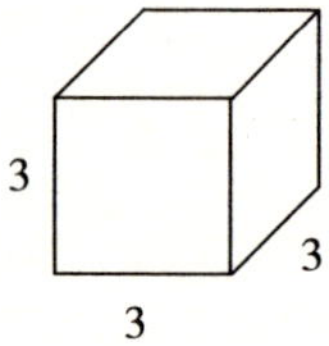

5. 一个粉笔盒底面积是 70 平方厘米，高 12 厘米，体积是多少立方厘米？

6. 一个长方体盒子体积是 100 立方厘米，高是 5 厘米，4 厘米，宽是多少厘米？

7. 一个长方体小木箱的体积是 960 立方厘米，高是 6 厘米。这个木箱的底面积是多少？

8. 一个长方体的底面周长是 12 厘米的正方形，高 2.5 厘米，这个长方体的体积是多少？

9. 把一个长 70 厘米、宽 50 厘米、高 50 厘米的长方体木块削成一个体积最大的正方体，削去部分的体积是多少立方分米？

7　“长方体的体积”后测卷

亲爱的同学，五年级时我们学习了长方体的体积，老师想了解关于这方面的知识你们学得怎么样，请你认真读题、独立完成。

1. 长方体的体积 =

2. 正方体的体积 =

3. 棱长是 1 米的正方体，体积是（　　）。

   棱长是 1 分米的正方体，体积是（　　）。

   棱长是 1 厘米的正方体，体积是（　　）。

4. 求出下面两个图形的体积。（单位：厘米）

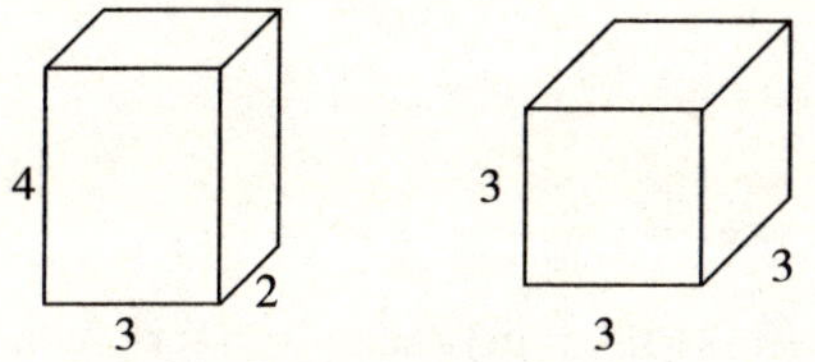

5. 一个粉笔盒底面积是 70 平方厘米，高 12 厘米，体积是多少立方厘米？

6. 一个长方体盒子体积是 100 立方厘米，高是 5 厘米，4 厘米，宽是多少厘米？

7. 一个长方体小木箱的体积是 960 立方厘米，高是 6 厘米。这个木箱的底面积是多少？

8. 一个长方体的底面周长是 12 厘米的正方形，高 2.5 厘米，这个长方体的体积是多少？

9. 把一个长 70 厘米、宽 50 厘米、高 50 厘米的长方体木块削成一个体积最大的正方体，削去部分的体积是多少立方分米？

后　记

这是我们在杭州市上城区“朱乐平小学数学名师工作室”的一份作业，一份最艰巨、最痛苦却又始终吸引着我们、鼓舞着我们的一份作业。以一节课为抓手，从不同的角度全方位、系统地进行研究，这样的研究我们没有现成的模式可以参照。5年来，我们曾为了收集资料奔赴宁波，我们曾为了提出一个好问题讨论到深夜……我们从最初的茫然，到找到一点微光的兴奋，从无数次的推翻重来、搁浅，到相互鼓励、提气，终于，在朱乐平老师的鼎力帮助下，慢慢地“堆”成今天的文字，并且，出乎意料地，它成为了一本书。也正是这份作业，让我们了解了备课需要深度、广度，让我们明白了再深、再广的历史背景与理论知识，最终都将落到具体的一节课上。

如前所述，这本书将紧紧围绕“长方体的认识”、“长方体的表面积”和“长方体的体积”这三节课，来呈现我们就这三节课所进行的不同时期课标或大纲教学要求差异研究、教材比较研究、学生情况分析、教学设计研究、学生错误研究等。在这些方面我们所占有的资料和所想到的观点，都将真诚地与读者共享，希望得到读者的共鸣和批评。

本书各个部分的撰写工作分别由以下老师负责。

上篇：严虹；中篇：徐雪霞；下篇：吕琼华。

另外，上篇的第1章和第5章第2节由吕琼华老师撰写，第6章由徐雪霞老师撰写，第7章由朱乐平老师撰写；中篇的第7章由翁秀萍老师撰写；吕琼华老师负责了上篇的修改；全书的统稿由徐雪霞老师完成。因三节课相互关联，我们很可能在文章的个别章节中关注了相同的问题，但都会联系各自的课具体展开。由于作者所持的研究逻辑和理论信念不尽相同，每章的体例和格式虽作基本统一，仍保留了各自的特色。

在研究过程中，我们得到了朱乐平老师细致的指导和热情的鼓励。另外，教育科学出版社的郑莉老师给我们的文风和文笔做了很多点拨。我们在文本中做了一些尝试，以增加与读者的互动，提高读者的阅读兴趣和乐趣。在此，谨向他们表达我们最诚挚的感谢。同时，我们的研究也借鉴、参考了不少很有价值的已有研究成果，在此也一并致谢。这是我们的第一次尝试，一定还有许多疏漏和不当之处，诚挚地希望得到专家、老师们的批评指正，我们一定会努力改进！

徐雪霞　吕琼华　严虹

2013 年 7 月于杭州